Bernd Lorenz Walter

Verantwortliche Unternehmensführung überzeugend kommunizieren

Bernd Lorenz Walter

Verantwortliche Unternehmensführung überzeugend kommunizieren

Strategien für mehr Transparenz und Glaubwürdigkeit

GABLER

Bibliografische Information der Deutschen Nationalbibliothek
Die Deutsche Nationalbibliothek verzeichnet diese Publikation in der
Deutschen Nationalbibliografie; detaillierte bibliografische Daten sind im Internet über
<http://dnb.d-nb.de> abrufbar.

1. Auflage 2010

Alle Rechte vorbehalten
© Gabler Verlag | Springer Fachmedien Wiesbaden GmbH 2010

Lektorat: Ulrike M. Vetter

Gabler Verlag ist eine Marke von Springer Fachmedien.
Springer Fachmedien ist Teil der Fachverlagsgruppe Springer Science+Business Media.
www.gabler.de

Umschlaggestaltung: KünkelLopka Medienentwicklung, Heidelberg
Gedruckt auf säurefreiem und chlorfrei gebleichtem Papier
Printed in Germany

ISBN 978-3-8349-2435-3

Ein guter Mensch sein? Ja, wer wär's nicht gern?
Doch leider sind auf diesem Sterne eben
Die Mittel kärglich und die Menschen roh.
Wer möchte nicht in Fried' und Eintracht leben?
Doch die Verhältnisse, sie sind nicht so!

Bertolt Brecht, Dreigroschenoper

Geleitwort

Ein gutes Fachbuch ist am gelungenen Sowohl-als-auch zu erkennen: So muss es zum Beispiel einerseits das anerkannte Wissen zu einem Fachgebiet möglichst umfassend darstellen, andererseits zudem eine spezifische Perspektive auf dieses Wissen anbieten.

Bernd Lorenz Walter gelingt das. Er untersucht das mittlerweile gängige Themenfeld der Corporate Social Responsibility unter dem Gesichtspunkt der damit verbundenen Kommunikation – und breitet dabei ein umfassendes, historisch gesättigtes Wissen aus. Seine spezifische Perspektive ergibt sich dabei aus der Betonung des Zuhörens. Er nimmt so den Begriff der Responsibility bzw. der Verantwortung ernst, denn bevor jemand wirklich antworten kann, muss er oder sie sich auf die Fragen der anderen einlassen können.

Mit dem Zuhören beginnt für Walter die Verantwortung der Unternehmen – und so, recht verstanden, verwandeln sich die oftmals als lästig empfundenen, kritischen Fragen der Anspruchsgruppen zu einem Geschenk an die Unternehmenskommunikation.

Ein zweites Sowohl-als-auch gelungener Fachbücher besteht in der Darstellung von theoretischen Reflexionen und praktischen Bezügen. Mancher verdiente Hochschullehrer glänzt bei der Theorie, muss aber – verständlicherweise – nach den praktischen Bezügen manchmal verzweifelt suchen. Dieses Buch ist nicht aus einer akademischen Situation oder aus Qualifizierungsnotwendigkeiten heraus entstanden, sondern weil der Autor bestimmten Fragestellungen mit wissenschaftlichen Mitteln auf den Grund gehen wollte. Deshalb kommt der Praxisbezug nicht als illustrierendes Beispielchen zu ausschweifenden Theoriekonstruktionen daher, sondern steht am Anfang der Überlegungen und der Argumentationen. Wer das Buch liest, spürt, dass es hier jemand genauer wissen wollte, um es besser machen zu können.

Ein drittes Sowohl-als-auch schließlich bezieht sich auf den Schreibstil. Man möge bei Fachbüchern den Stil zu Gunsten der Einprägsamkeit vernachlässigen, heißt es zuweilen. Dass das nicht nötig ist, zeigt der folgende Text. Klar strukturiert, pointiert geschrieben, dabei der Sache verpflichtet. Deshalb empfehle ich nur, mit dem Lesen zu beginnen – denn ein Appell zum Durchhalten erübrigt sich.

Berlin, Juli 2010   Prof. Dr. Klaus Streeck
Professor für Wirtschaftskommunikation an der HTW Berlin

Inhaltsverzeichnis

Vorwort und Einführung

Heutzutage gibt es kaum noch eine Vorstandsrede, die nicht explizit auf die Verantwortung des Unternehmens hinweist. Es gehört einfach zum guten Ton, obwohl das Handeln zuweilen noch Gegenteiliges zeigt. Das mag in der Vergangenheit in vielen Fällen durchaus funktioniert haben, auch wenn es manchmal einen faden Beigeschmack des Zweifels an der Redlichkeit hatte und bei den Zuhörern ein innerliches Raunen hervorrief. Heute, wo sich Unternehmen durch die virtuelle Vernetzung des Internets einer völlig neuen Transparenz gegenüber sehen, müssen die Worte des Vorstands genauer abgewägt werden. PR-Floskeln, die Schönwetter predigen, haben ausgedient. Großformatige Imageanzeigen in einschlägigen Tageszeitungen, die mit großen Lettern verkünden: „Wir übernehmen Verantwortung", werden von der aufgeklärten Leserschaft im besten Fall mit einem müden Schmunzeln quittiert.

Die neuen Bedingungen erfordern ein Umdenken in der Unternehmens- und Markenkommunikation – vom Manipulieren und Verführen hin zum Zuhören und (Ver-)Antworten. Allerdings konnte sich dieses neue Selbstverständnis von Kommunikation auch nicht im Rahmen der Debatte um das Trendthema CSR durchsetzen. Erschien doch CSR für PR-Verantwortliche wie ein willkommenes Geschenk: Endlich gibt es wieder etwas Gutes, worüber man reden kann! Mancher hat CSR gar als neues PR-Instrument verstanden. Doch kaum hatte man diesen Gedanken gefasst, ereilte einen schon der Vorwurf der „Feigenblattkommunikation". Das verwundert nicht, steht es doch mit der Glaubwürdigkeit von Unternehmen nicht gerade zum Besten.

Langsam setzt sich nun die Erkenntnis durch, dass es mit Aktionismus nicht getan ist, sondern dass die Kommunikation grundsätzlich überdacht werden muss. Denn Verantwortung übernehmen ist das eine, aber Verantwortung so zu kommunizieren, dass sie Teil der Gesamtverantwortung wird, ist das andere. Hier setzt das Buch an und eröffnet einen Überblick über das gesamte Spektrum der Kommunikation verantwortlicher Unternehmensführung. Das reicht von der verantwortlichen Gewinnerzielung, wie es das Konzept der CSR im Kern vorsieht, bis hin zur Ertragsverwendung, verstanden als philanthropische Investition in die Gesellschaft zum beiderseitigen Vorteil. Wichtig ist dabei, den Zusammenhang zwischen verantwortlicher Unternehmensführung und Kommunikation zu erkennen, um die daraus resultierenden Besonderheiten für das Kommunikationsmanagement zu berücksichtigen.

Allem voran geht es in dem Buch zunächst darum, die zentrale Herausforderung der Kommunikation verantwortlicher Unternehmensführung zu erkennen und kritisch zu beleuchten. Diese macht sich im Wesentlichen an dem Grundkonflikt der Unternehmensethik fest, der sich im Spannungsfeld zwischen dem Gewinnstreben und der Moral bewegt. Es ist der Ausgangspunkt und Kern jeglicher Anstrengungen, verantwortliche Unternehmensführung zu kommunizieren, was wiederum voraussetzt, dass die Übernahme von Verantwortung eines Unternehmens auch tatsächlich ethische Aspekte berücksichtigt. Erst dann kann unternehmerisches Handeln durch die Übernahme von gesellschaftlicher Verantwortung legitimiert werden. Im Mittelpunkt für die Kommunikation steht in diesem Zusammenhang, Vertrauen zu gewinnen, um Glaubwürdigkeit herzustellen.

Darauf basierend geht das Buch in einem weiteren Schritt auf die strategischen und konzeptionellen Anforderungen an die Kommunikation verantwortlicher Unternehmensführung ein. Dabei werden vor allem die wesentlichen Voraussetzungen glaubwürdiger Kommunikation in Bezug auf ein ethisch fundiertes Wertesystem näher beleuchtet. Denn die Kernaufgabe der Kommunikation von gesellschaftlicher Verantwortung des Unternehmens liegt vor allem darin, Verantwortung als Wert und Verhaltensmaxime in der Identität und Kultur des Unternehmens zu verankern und sie glaubwürdig durch Dialog und Engagement zu kommunizieren. Es geht nicht zuletzt auch darum, CSR aktiv authentisch zu gestalten und aus der sich rechtfertigenden, spendenscheckgeprägten Opferrolle herauszutreten.

Des Weiteren werden konkrete Instrumente und Maßnahmen vorgestellt, die für eine erfolgreiche Kommunikation verantwortlicher Unternehmensführung letztlich zum Tragen kommen. In diesem Zusammenhang wird nochmals deutlich betont, dass die Kommunikation verantwortlicher Unternehmensführung als integraler Bestandteil des Kommunikationsmanagements zu verstehen ist. Eine isolierte Betrachtung würde ansonsten über kurz oder lang der Reputation nur schaden.

Das Unternehmen sieht sich unzähligen Ansprüchen und Interessen gegenüber, die von unterschiedlichen Stakeholdern an das Unternehmen herangetragen werden. Diese zu erkennen und in ihrer Bedeutung für die Performance des Unternehmens richtig einzuschätzen, davon handelt ein weiteres Kapitel. Dabei wird beispielhaft auf die wichtigsten Stakeholder eingegangen, um die teilweise stark divergierenden Interessen darzustellen und Maßnahmen vorzustellen, diesen dialogorientiert zu begegnen.

Abschließend greift das Buch als wichtigen Bestandteil verantwortungsvoller Unternehmensführung den philanthropischen Ansatz auf. Hier geht es im Wesentlichen darum, wie das Unternehmen als korporativer Teil der Gesellschaft seinen Bürgerpflichten nachkommt. Dazu werden Instrumente angeführt, die einen strategischen Ansatz berücksichtigen und stets sowohl gesellschaftliche als auch unternehmerische Interessen gleichermaßen im Auge haben.

Doch bevor Sie nun inhaltlich in das Thema einsteigen, gestatten Sie mir noch einen weiteren Hinweis zur Lektüre. Dieses Buch besetzt die Schnittstelle zwischen Wissenschaft und Praxis. Insofern wendet sich das Buch vorwiegend an Personen, die Wert auf eine wissenschaftlich fundierte Lektüre legen, deren Inhalt sie konkret in der beruflichen Praxis anwenden und umsetzen können.

Das Buch bietet einen ersten Überblick über die gesamte Bandbreite der Kommunikation verantwortlicher Unternehmensführung und eröffnet gleichzeitig tiefergehende thematische Einblicke, um wichtige Zusammenhänge zu verdeutlichen. Die Instrumente und Maßnahmen, die in dem Buch vorgestellt werden, geben Ihnen Anregungen, zeigen Möglichkeiten auf und sensibilisieren Sie für das Thema.

Kommunikation und Verantwortung werden von Land zu Land sehr unterschiedlich wahrgenommen. Letztlich drückt sich dadurch eine ganze Kultur aus. Diesem Umstand wird in diesem Buch so weit wie möglich Rechnung getragen. Vorwiegend beziehen sich die Ausführungen auf den deutschen bzw. innereuropäischen Markt und in wichtigen Punkten greifen sie die US-amerikanische Perspektive auf. Das geschieht letztlich auch deshalb, um die unterschiedlichen Ansätze zu illustrieren.

Viel Spaß beim Lesen mit hoffentlich vielen Anregungen, die Sie in Ihrem beruflichen Alltag verwenden können.

Berlin, Juli 2010   Bernd Lorenz Walter

1   Gewinn und Moral – Herausforderung für die Kommunikation

Unternehmen, Gesellschaft und Verantwortung

Stand in der Vergangenheit die Politik im Fokus moralischer und ethischer Bewertung, so ist es heute die Wirtschaft, die sich einer zunehmend kritischen Öffentlichkeit gegenübersieht. Die wachsende Macht der Wirtschaft und deren Auswirkung auf soziale und ökologische Belange stellen heute neue Anforderungen an Unternehmen. Die Globalisierung verbunden mit der Verringerung von Mobilitätskosten und der Erhöhung der Kommunikationsgeschwindigkeit konfrontiert Unternehmen mit ethisch motivierten Forderungen unterschiedlicher Interessen- und Anspruchsgruppen, den sogenannten Stakeholdern. Immer häufiger geraten unternehmerische Entscheidungen in Konflikt mit ethischen Maßstäben gesamtgesellschaftlicher Interessen. Das stellt im Zweifel auch die Legitimationsbasis eines Unternehmens, die „license to operate" in Frage. Der Ruf nach einem stärkeren ethischen Wertebewusstsein der Wirtschaftstreibenden drückt sich in der neuen Kapitalismuskritik aus, die in der Bankenkrise von 2008/2009 ihren vorläufigen Höhepunkt hatte. Wachstum, Credo und Lebenselixier der Wirtschaft, müsse neu definiert werden und sich an neuen Werten orientieren, so die Forderung immer breiterer Gesellschaftsgruppen. Gesinnungsethik müsse endlich durch Verantwortungsethik ersetzt werden.[1] Der Bürger und Konsument verlangt von Unternehmen schlichtweg mehr Anstand und Moral – und ein bisschen mehr Respekt.

Unternehmen überschreiten immer wieder die Grenzen ihrer Freiheit, die mit der Übernahme von Verantwortung immanent verbunden sind. Nämlich die Pflicht, nicht zum Schaden Dritter zu handeln. „Man kann Moral nicht erzwingen, ohne Freiheit aufzugeben."[2] Schon Plato hielt seinerzeit fest: „Gute Menschen brauchen keine Gesetze, um verantwortlich zu handeln, während schlechte Menschen einen Weg finden, Gesetze zu umgehen." Missbrauchen Unternehmen den Vertrauensvorschuss hinsichtlich ihrer Verantwortung, ist die Einschränkung bzw. Regulierung ihrer Freiheit durch den Gesetzgeber folglich unerlässlich: „Regulation follows Responsibility."[3] Will das Unternehmen seine gesellschaftlich ermöglichten Handlungsspielräume behalten, muss es demnach freiwillig Verantwortung übernehmen. Das ist im Grunde nichts Neues, nur die gesellschaftlichen Maßstäbe und Erwartungshaltungen an die Verantwortung von Unternehmen sind heute weitaus höher und vielschichtiger als in der Vergangenheit. Diese zu verstehen und darauf entsprechend angemessen zu reagieren, ist die zentrale Herausforderung an die Unternehmens- und Markenkommunikation. Doch bevor man ver**antwortet**, muss man erst mal richtig zu**hören**! Eine Disziplin, die für die Kommunikationsbranche ungewohnt und relativ neu ist.

Während die Stakeholder von Unternehmen sich in den letzten 60 Jahren hinsichtlich ihrer Quantität, ihrer Komplexität und ihrer Möglichkeiten der Einflussnahme auf unternehmerische Entscheidungen grundlegend verändert haben, begegnet man ihnen in der Kommunikation weitgehend mit unveränderten Mitteln. Spätestens aber das Internet, vor allem das sogenannte Web 2.0, hat das Kommunikationsverhalten und die Medienlandschaft entscheidend verändert. Die Unternehmen sehen sich dadurch einer Transparenz gegenüber, an die sie sich vielerorts noch gewöhnen müssen. Das Internet gibt Stakeholdern eine Stimme und die Möglichkeit, sich kultur- und länderübergreifend zusammenzuschließen, um dadurch einen größeren Einfluss auf Unternehmen auszuüben. Als Kontroll- und Lenkungsfunktion für Stakeholder ist das Internet der fruchtbare Boden, auf dem das Konzept der gesellschaftlichen Verantwortung gedeihen konnte und sich wider Erwarten vieler „Traditionalisten" etablierte. Es geht einerseits darum, Verantwortung für das Resultat der Verantwortungslosigkeiten der Vergangenheit zu übernehmen, was sich vor allem in den teils irreparablen Umweltschäden niederschlägt. Andererseits wird von den Unternehmen erwartet, Verantwortung für die kommenden Generationen zu übernehmen, was sich im Konzept der Nachhaltigkeit widerspiegelt. Vor diesem Hintergrund werden Unternehmen von der Gesellschaft größtenteils noch als Teil des Problems und nicht als Teil der Lösung wahrgenommen. Außerdem, so Bernhard Freiherr von Loeffelholz, muss sich „… Die herrschende Wirtschaftswissenschaft […] fragen lassen, ob ihr Bild vom Menschen als Konsument, den die Wirtschaft befriedigen soll, nicht den Blick dafür verstellt, dass der Mensch von einem bestimmten Konsumniveau an mehr Erfüllung finden kann in dem, was er schafft, als was er konsumiert."[4]

Viele Unternehmen haben bereits die Chance erkannt, diese veränderten Rahmenbedingungen konstruktiv für sich zu nutzen. Sie verstehen, dass sie an ihrem eigenen Ast sägen, wenn sie die Zeichen der Zeit nicht erkennen. Nichts tun wird teurer. Außerdem wird ihnen bewusst, dass eine Zusammenarbeit mit ihren Stakeholdern gemeinsame Vorteile erzeugen kann und der Vorteil des einen mithin nicht zwangsläufig der Nachteil des anderen sein muss. Im Gegenteil, effizientes Wirtschaften und gesellschaftliche Verantwortung sind keine Gegensätze, sondern bedingen einander. Die Übernahme von gesellschaftlicher Verantwortung ist nicht als Wohltätigkeit zu verstehen, sondern als eine Investition in die Gesellschaft und damit auch in die unternehmenseigene Zukunft.

Das Verhältnis zwischen Unternehmen und Gesellschaft war immer wieder Gegenstand der Wirtschaftswissenschaften und wurde modellhaft sehr divergierend interpretiert. Das klassisch- und neo-liberale Wirtschaftsmodell, aufbauend auf einer atomistischen Marktstruktur mit funktionierendem Wettbewerb, betrachtet das Wirtschaftssubjekt Unternehmen noch als weitgehend autonomes Glied gegenüber der Gesellschaft. Demgegenüber stellt sich zunehmend die Frage, ob nicht sogar institutionelle Änderungen im Rahmen einer Mitwirkung der Öffentlichkeit in Unternehmen als Steuerungs- und Kontrollfunktion erforderlich sind. Der Wirtschaftsethiker Peter Ulrich spricht in diesem Zusammenhang vom Unternehmen, das mit zunehmender Größe zu einer „quasi-öffentlichen Institution"[5] heranwächst. Die Entwicklung der theoretischen Ansätze, die sich im Wesentlichen auf das Operationalisieren von gesellschaftlicher Verantwortung der Unternehmen konzentrieren, lässt erkennen, dass Unternehmen zunehmende Sensibilität gegenüber gesellschaftlichen Ansprüchen zeigen. Unternehmen geraten immer mehr unter Erwartungsdruck der Stakeholder, da die Bedeutung der Wirtschaft innerhalb der Gesellschaft sich gewissermaßen in einer Ideenkrise befindet.[6]

Diese Entwicklung mag vor allem darin begründet sein, dass das Wirtschaftswachstum und der allgemeine technische Fortschritt als weitläufig bekannte unternehmerische Ziele nicht mehr unbedingt mit dem der Gesellschaft korrespondieren. Denn der durch das Wirtschaftswachstum stetig steigende materielle Wohlstand führt unweigerlich dazu, dass dieser zunehmend seine sinn- und legitimationsbildende Funktion verliert, da dieses Wachstum sein eigenes Resultat, die Verfügbarkeit von Massenkonsumgütern, trivialisiert und kulturell entwertet.[7] Hinzu kommen die „Wachstumskosten der Produktion"[8] wie die Umweltverschmutzung oder die sich ständig erweiternde soziale Schere, was eine zunehmende Ablehnung von Teilen der Bevölkerung gegenüber dem Wirtschaftswachstum und deren Akteuren zur Folge hat. Selbst die Bundeskanzlerin, Angela Merkel, fordert, „über neue Formen des Wohlstands [zu] reden"[9], an denen sich das Wachstum neu ausrichtet, und verweist in diesem Zusammenhang auf die Arbeiten des Nobelpreisträgers Joseph Stiglitz, der im Auftrag der französischen Regierung eine alternative Messgröße zum Bruttoinlandsprodukt (BIP) entwickelt hat.[10]

Bisher mussten sich Unternehmen kaum mit der Evolution des Wertesystems beschäftigen, da sich der Mensch vorwiegend als „homo oeconomicus" verhielt, d. h. in erster Linie von materialistischen Zielen motiviert war. Bernhard Freiherr von Loeffelholz bemerkte dazu treffend: „Mit der Frage ‚was bringt's' weist sich der Mensch unserer Tage als verlässliches und berechenbares Glied einer rational gesteuerten Gesellschaft aus."[11] Demzufolge identifizierte sich unsere Kultur bislang am nachhaltigsten mit der Leistung, die sich im materiellen Wohlstand niederschlägt. Doch im Hinblick auf die inzwischen eindeutig erwiesene Änderung bzw. Evolution des kulturellen Wertesystems vom Materialismus hin zum „Post-materialismus"[12] oder anders formuliert vom Kapitalismus zum „Valurismus"[13] gewinnt die Erforschung ethischer Werte wieder an Bedeutung und knüpft an die ursprüngliche Idee von Adam Smith und John Maynard Keynes, der Ökonomie als „Moral Science" an [14]. Eingefordert wird eine Bewegung vom „homo oeco-nomicus" hin zum „homo culturalis".[15] Jeremy Rifkin erkennt in dieser „dritten Revolution", die ein neues soziales Modell von Marktwirtschaft voranbringen soll, sogar evolutionsbedingt ein zunehmendes Empathievermögen der Men-schen.[16]

Das geht an den Unternehmern und Managern nicht spurlos vorüber. Sie bekla-gen sich, wie schlecht die Wirtschaft in der Öffentlichkeit angesehen ist. Daher sind sie zunehmend darum bemüht, diesem negativen Urteil und dem damit verbundenen Erwartungsdruck durch eine selbstdefinierte soziale Verantwor-tung gerecht zu werden – auch wenn dies mancherorts eher als Reflex einer Unsi-cherheit, als ein überzeugendes, strukturiertes Wirken betrachtet werden kann. Vielerorts sträuben sich Unternehmen noch, ihren Stakeholdern Einwirkungs-möglichkeiten einzuräumen, da dies immer auch mit einer Begrenzung der bisher erworbenen Macht in Verbindung steht. In diesem Zusammenhang ist aber zu betonen, dass jeder Machtgebrauch dem ethischen Grundprinzip Gerechtigkeit unterliegt, wonach eine Ethik der wirtschaftlichen Macht immer auch kulturelle Dimensionen berücksichtigen muss. Ethik und Verantwortungsbewusstsein kön-nen natürlich unterschiedlich interpretiert werden. Man sollte sie bei Unterneh-men aber nicht in Verbindung mit wohltätigen Altruismus bringen; ein ökono-misch-rationaler Ansatz ist schon aus Verantwortung gegenüber den Kapitalge-bern, Mitarbeitern und anderen Stakeholdern notwendig.

Allein die Tatsache, dass ein Unternehmen Gewinne erwirtschaftet, ist aber für viele Menschen schon moralisch verwerflich. Es impliziert nämlich gewisserma-ßen, dass die Gewinne auf Kosten anderer erwirtschaftet sind. Insbesondere im deutschsprachigen Raum wird der Verantwortungsübernahme von Unternehmen oftmals unterstellt, dass sie allein der Imagepflege des Unternehmens zugute komme. „Die wollen ja nur ihr Image aufpolieren und Gewinne machen ...", tönt es zuweilen an deutschen Stammtischen, was prinzipiell negativ konnotiert ist. Für den Friedensnobelpreisträger Mohammad Yunus schließen sich das Gewinn-streben und die glaubwürdige Übernahme von gesellschaftlicher Verantwortung sogar grundsätzlich gegenseitig aus.[17] Er wirbt daher für „Sozialunternehmen", die ausschließlich dem Gemeinwohl verpflichtet sind. Unbeschadet des durchaus löblichen und unterstützenswerten Engagements von Mohammad Yunus, ist es fraglich, ob sich das Gewinnstreben und die Moral tatsächlich gegenseitig aus-schließen. Letztlich unterliegt diese Einschätzung einer Vielzahl von Interpretationen und wird von Land zu Land sehr unterschiedlich wahrgenommen. Fakt bleibt, dass ein Unternehmen systembedingt Verantwortung trägt, genauso wie es auch Gewinne erwirtschaftet. Es kann also nur darum gehen, die Verantwortung bewusst wahrzunehmen, sie strategisch auszurichten und den Kreis derer, für die das Unternehmen Verantwortung übernimmt, auf alle Stakeholder auszuweiten – auch wenn ein Unternehmen in erster Linie seinen Eigentümern verpflichtet bleibt. Es liegt also letztlich an ihnen, inwieweit „ihr" Unternehmen gesellschaftliche Verantwortung wahrnimmt oder nicht.

Die negative Wahrnehmung der Wirtschaft hat sicher auch etwas mit den Skandalen zu tun, die mit persönlicher Raffgier einzelner Entscheider verbunden sind. So stehen immer wieder die Managergehälter und Boni im Fokus medialer Kritik, zumal sie die gefühlte soziale Ungerechtigkeit in der Bevölkerung bestätigen. Das verdeutlichen auch die Ergebnisse des Ethik-Monitors schon vor der Bankenkrise 2008/2009 (**Abbildung 1.1** und **Abbildung 1.2**).

Abbildung 1.1   Umfrage: Wie stehen Sie zu unseren Wirtschaftsführern?

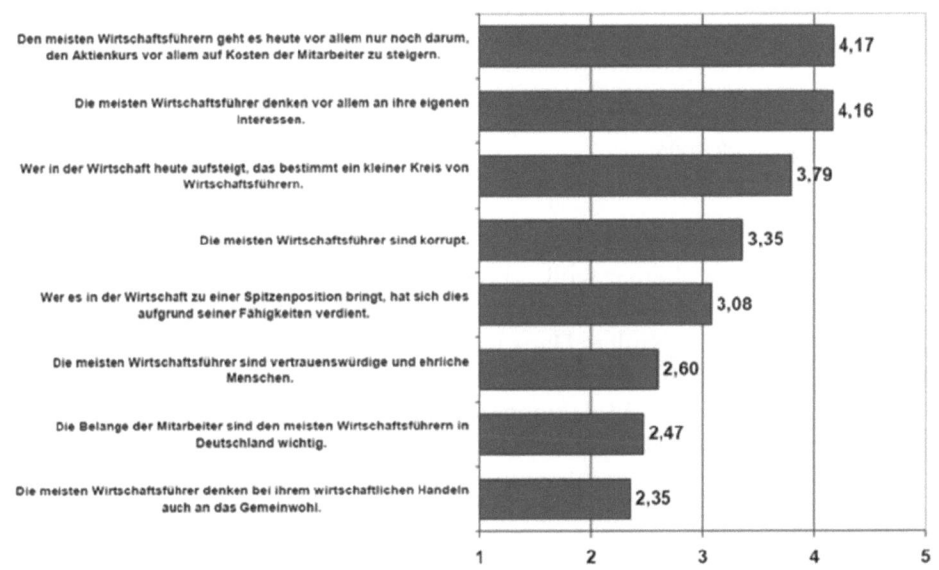

Grundlage: Zustimmung/Ablehnung auf einer Skala von 1 („Stimme überhaupt nicht zu.") bis 5 („Stimme voll und ganz zu.")

Quelle: Behnke, J./Hergert, S./Bader, F. erstellt von Bader, F., Ethik-Monitor, Bamberg, 16.08.2006

Abbildung 1.2   Ist unser Wirtschaftssystem gerecht?

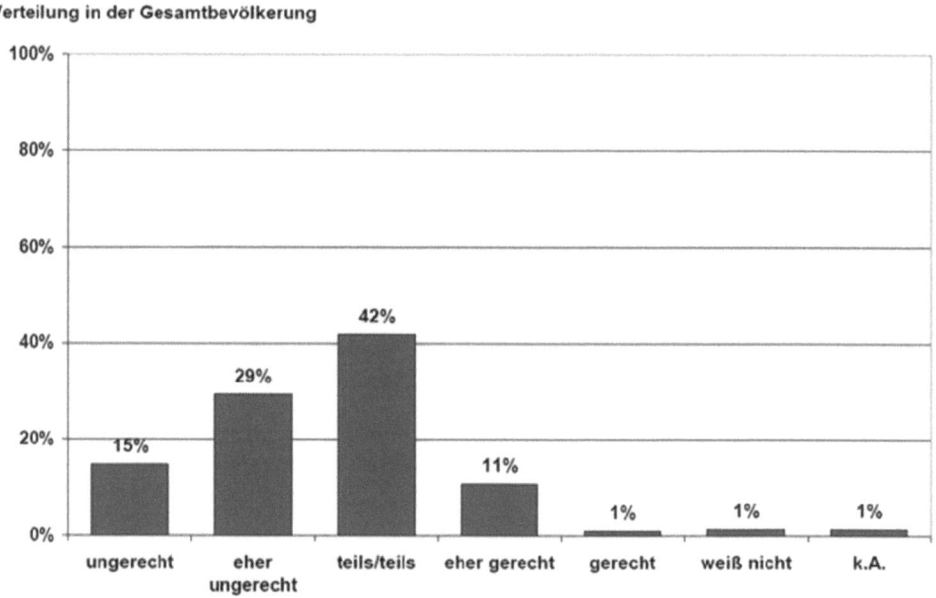

Quelle: Behnke, J./Hergert, S./Bader, F. erstellt von Bader, F., Ethik-Monitor, Bamberg, 16.08.2006

Es kommt hinzu, dass den meisten Menschen schlichtweg das Wissen über wirtschaftliche Zusammenhänge fehlt. „Wer nichts von Ökonomie weiß, muss viel glauben"[18], fasst der renommierte Streiter für eine fundierte ökonomische Bildung in Deutschlands Schulen, Hans Kaminski, Leiter des Instituts für Ökonomische Bildung, lakonisch zusammen. Führungskräfte großer Konzerne pflichten bei, dass es ihnen noch nicht gelungen ist, der Bevölkerung komplexe, ökonomische Zusammenhänge zu erklären. „Die größte Herausforderung besteht in der Kommunikation", sagt Dennis Snower, Präsident des Instituts für Weltwirtschaft, und Norbert Walter, Chef-Volkswirt der Deutschen Bank, bestätigt: „Wir legen zu wenig Sorgfalt auf Kommunikation", es fehle an der Durchschlagskraft von Argumenten allein schon deshalb, weil Unternehmensvertretern von vornherein unredliche Motive unterstellt werden, „bevor wir gackern, müssen wir daher überlegen, wer die richtige Leihmutter für unsere Idee ist."[19] Auch der Wirtschaftsethiker Andreas Suchanek betont: „Es ist erschreckend, was für ein Unverständnis darüber existiert, wie Wirtschaft funktioniert. Wir werden nicht erwarten können, dass die Menschen ihrem Verhalten und ihrer Einschätzung der Regeln der Marktwirtschaft und der Demokratie moralische Werte zu Grunde legen, wenn ihnen diese Werte nicht vermittelt worden sind … Ich sehe hier eine grundlegende Herausforderung für die Zukunft."[20] Andererseits ist es nicht minder erschreckend, wie wenig Führungskräfte in der Wirtschaft über ethische Zusammenhänge wissen. „Wer heute Wirtschaft studiert, setzt sich mit dem Thema Verantwortung – zumindest im Rahmen seines Studiums – so gut wie nie auseinander. Im Gegenteil: Die Gesetze des Marktes werden zur Religion erklärt – und entbinden den Einzelnen von seiner persönlichen Verantwortung. Soziales Verhalten wird so regelrecht abtrainiert."[21]

Gewinn oder Moral?

Vor dem Hintergrund der dargestellten Rahmenbedingungen für Unternehmen werden Verantwortung und Nachhaltigkeit zum zentralen gesellschaftlichen Zukunftsprinzip. Für die Wirtschaft hat dieses Prinzip aber bei weitem nicht nur etwas mit Anstand und Moral zu tun, sondern auch mit der rein ökonomischen Erkenntnis, dass sich dadurch Kosten reduzieren und Gewinne steigern lassen. In diesem Sinne ist es letztlich der wirtschaftliche Sachverstand und das damit verbundene Gewinnstreben, die ethische Werte voranbringen. Ressourceneffizienz, demografischer Wandel und Klimawandel sind Trendthemen, mit denen sich heute nahezu jedes Unternehmen in irgendeiner Weise auseinandersetzen muss, sei es für den eigenen Wertschöpfungsprozess oder für das angebotene Produkt- und -Dienstleistungs-Portfolio. So müssen sich beispielsweise Energieunternehmen zunehmend mit der absehbaren Endlichkeit der klassischen Energieressourcen auseinandersetzen, Lebensmittelhersteller sehen sich immer aufgeklärteren Konsumenten gegenüber und Immobilienanbieter werden ihre Immobilien nicht mehr los, wenn sie es versäumen, zur Reduzierung der Lebenszykluskosten ökologische und soziale Kriterien einfließen zu lassen.

Das wird auch schon für den einfachen Konsumenten relevant, vor allem dann, wenn es um die „Total Costs of Ownership" bei größeren, langlebigeren Anschaffungen geht. Der Energieverbrauch steht dabei an erster Stelle und spielt aufgrund der hohen Energiekosten mittlerweile eine zentrale Rolle bei der Kaufentscheidung. Dabei sieht der Konsument in erster Linie seinen Geldbeutel und dann erst die Interessen des Gemeinwohls – quasi als schönen, gewissenberuhigenden Nebeneffekt. Das ist bei vielen Unternehmen systembedingt nicht anders, wobei dieser „Nebeneffekt" eine beachtliche Dimension erreichen kann, wenn der Geist des Gemeinwohlinteresses erst einmal aus der Flasche gelassen wurde. Das ahnen die Unternehmen, die heute noch versuchen, die Flasche verschlossen zu halten. Einmal geöffnet, geht es plötzlich nicht mehr nur um betriebswirtschaftliche Kennziffern, sondern auch um Moral und Ethik. Denn das Unternehmen gibt damit gleichzeitig Antworten auf gesamtgesellschaftliche Fragen und Herausforderungen. Verantwortung wird zur „Value Proposition", gleich ob die Motivation für die Übernahme von Verantwortung der Verbesserung der Performance dient oder dem Druck der Stakeholder entspringt.[22] Es geht schließlich um ethische Werte, die für die Reputation eines Unternehmens eine ausschlaggebende Rolle spielen.

Nach dem gelernten Bonmot der Public Relations „Tue Gutes und rede darüber"[23] lag es auf der Hand, aus dem vermeintlichen „Guten", was die Übernahme von Verantwortung letztlich impliziert, Reputationskapital herauszuschlagen. Allerdings ging, wie bereits erwähnt, die Rechnung nicht auf. Stattdessen „verschleuderten die Unternehmen ... viel Geld und Vertrauen, indem Kommunikationsabteilungen alles zusammenklaubten, was ihr Unternehmen ‚Gutes' tut, um dann die Marke CSR darauf zu kleben"[24]. Sie scheiterten kläglich und müssen sich heute des Vorwurfs der „Feigenblattkommunikation" erwehren.

Die Unternehmen scheiterten vor allem an der unterschiedlichen Auffassung von Verantwortung und dem Grundkonflikt der Unternehmensethik, nämlich dem Konflikt zwischen Gewinn und Moral.[25] Dieser Konflikt, der zahllosen unternehmerischen Entscheidungen als ethisches Dilemma zugrunde liegt, wird naturgemäß unterschiedlich diskutiert. Das reicht vom Primat der Moral, wie ihn beispielsweise die „integrative Unternehmensethik"[26] der St. Galler Managementschule verfolgt, bis zur totalen Ablehnung moralischer Aspekte bei der Gewinnerzielung, wie ihn der frühere Nobelpreisträger Milton Friedman vertritt, dessen berühmter Aufsatz „The social responsibility of business is to increase its profit"[27] immer wieder zur Darstellung dieser neo-liberalen Position angeführt wird.

Das Konzept von Corporate Social Responsibility (CSR) löst nur scheinbar diesen Konflikt auf, indem es vorsieht, dass eine Win-Win-Situation für das Unternehmen (respektive den Gewinn) und die Gesellschaft (respektive die Moral) gleichermaßen angestrebt werden soll. Doch dafür müssen zunächst einmal die Voraussetzungen geschaffen werden, was Andreas Suchanek als „goldene Regel" in seinem Imperativ formuliert: „Investiere in die Bedingungen der Zusammenarbeit zum gegenseitigen Vorteil!"[28] Er setzt voraus, dass moralische Werte wie Integrität, Loyalität oder Leistungsbereitschaft tatsächlich auch als Vermögenswerte betrachtet werden, in deren Bedingungen es sich lohnt zu investieren. Dabei gilt es für jedes Unternehmen zunächst einmal zu prüfen, welche Werte wie hoch eingeschätzt werden, um die nötige Investition und den zu erwartenden Return on Investment (ROI) festzulegen. Kein leichtes Unterfangen, zumal dieser ROI langfristig angelegt ist, moralische Werte sich nur schwer kalkulieren bzw. zurechnen lassen und schließlich die wirtschaftlichen Erträge sehr unsicher sind. Außerdem muss damit gerechnet werden, dass die Anforderungen der Stakeholder tendenziell eher steigen werden und die Meinungen darüber divergieren, wie Verantwortung von Unternehmen definiert wird, was das Leben lebenswerter macht und welchen Beitrag Unternehmen dazu leisten können. Das ethische Dilemma macht sich im betrieblichen Alltag also nicht nur an dem Spannungsfeld zwischen Gewinn und Moral fest, sondern durchaus auch an den unterschiedlichen moralisch begründeten Interessen. So stehen oftmals ökologische Interessen sozialen Ansprüchen entgegen. „Nichts ist in sich gut. Erst durch soziale Verabredung wird das Gute vom Bösen und das moralisch Richtige vom Falschen getrennt."[29] Steht für den einen die Erosion der Werte im Zentrum der Betrachtung, ist es für den anderen der Klimawandel. Wenn beispielsweise Energiekonzerne auf Atomkraft setzen, so mag das für einen großen Anteil der Bevölkerung als verantwortlich gelten, zumal damit, nach deren Meinung, eine bezahlbare Versorgungssicherheit gewährleistet ist.[30] Betrachtet man die verhaltene, teilweise „verschönt" wirkende Kommunikation der Energiekonzerne zu diesem Thema, gewinnt man jedoch den Eindruck, dass die Energiekonzerne selbst ein moralisches Problem mit der Atomkraft zu haben scheinen.

Der Grundkonflikt zwischen Gewinn und Moral steht im Zentrum der Überlegung hinsichtlich der Kommunikation verantwortlicher Unternehmensführung. Denn hier macht sich die Glaubwürdigkeit von CSR am ehesten fest. Der Erfolg der Kommunikation von CSR wird sich daran messen lassen müssen, inwieweit dieser Grundkonflikt bewältigt werden kann (**Abbildung 1.3**). Sie vermittelt den Stakeholdern, für was das Unternehmen steht und inwieweit dem Unternehmen Verantwortlichkeit und Integrität zugesprochen werden kann. Erst dadurch kann sich überhaupt ein ROI oder besser gesagt ein „Return on Responsibility" einstellen.

In der Pharmabranche wird der Konflikt zwischen Gewinn und Moral am deutlichsten. Obwohl die Produkte der Pharmaindustrie tagtäglich Leben retten, Kranke heilen und Leben verlängern, ist ihr negatives Image in der Bevölkerung mit dem der gesundheitsschädlichen Tabak- und Alkoholindustrie vergleichbar.

Abbildung 1.3   Ethische Dilemmata als Herausforderungen für die Kommunikation

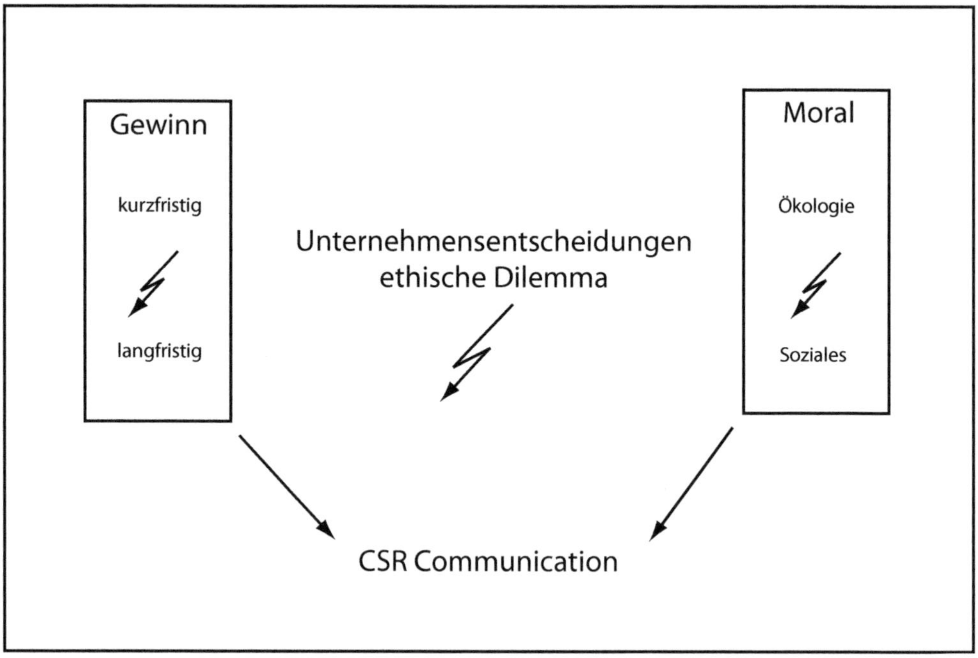

```
    ┌──────────┐                                                    ┌──────────┐
    │  Gewinn  │                                                    │  Moral   │
    │          │                                                    │          │
    │ kurzfristig                Unternehmensentscheidungen           Ökologie │
    │    ⚡                            ethische Dilemma                   ⚡     │
    │          │                              ⚡                      │          │
    │ langfristig                                                     Soziales │
    └──────────┘                                                    └──────────┘
           ╲                                                          ╱
            ╲                 CSR Communication                      ╱
```

An dieser Stelle soll aber nicht unerwähnt bleiben, dass gerade diejenigen, die den Finger gegenüber Unternehmen mahnend erheben, selbstreflexiv ihren eigenen gesellschaftlichen Beitrag untersuchen sollten. Sei es der Verbraucher, der durch sein Kaufverhalten verantwortungsvolles Handeln honoriert, die Politik, die sich in ihrem Beschaffungsmanagement an Nachhaltigkeitskriterien orientiert, oder der Kapitalanleger, der sein Geld in nachhaltige Aktien investiert, und vieles mehr. Man stelle sich vor, das Unternehmen findet keine Käufer mehr für seine Produkte, keine Geldgeber, keine Mitarbeiter, keine Ressourcen etc. Das rein utilitaristische Denken, was dem Unternehmen als Organisationsform negativ anhaftet, kann also durchaus für soziale und ökologische Zwecke urbar gemacht werden – wenn wir, die Stakeholder, das so wollen.

Es besteht zuweilen die Tendenz, alles Schlechte auf die Unternehmen zu projizieren. Das kann aber nicht davon ablenken, dass ein Unternehmen existenziell in eine Vielzahl von Abhängigkeiten eingebettet ist, worauf es keinen direkten Einfluss hat. Um das zu verstehen, sollte man weniger übereinander, sondern vielmehr miteinander sprechen.

Ethisch verantwortungsvolles Wirtschaften bei Migros

Ein anschauliches Beispiel für die praktische Durchführbarkeit ethisch verantwortlichen Handelns bietet das größte Detailhandelsunternehmen der Schweiz,
der Migros-Genossenschafts-Bund (MGB) in Zürich und seine angeschlossenen
Mitgliedsgenossenschaften (83.780 Mitarbeiter/ca. 25 Mrd. Franken Umsatz).
Der Gründer Gottlieb Duttweiler setzte sich gemeinsam mit seiner Frau Adele
Duttweiler seit der Grundsteinlegung 1925 für einen „Mittelweg zwischen Kapitalismus und Sozialismus"[31] ein, der sich in dem Motto: „Soziales Kapital"[32]
widerspiegelt. Das dominiert auch heute noch die Geschäftspolitik: „Wir müssen wachsender eigener materieller Macht stets noch größere soziale und kulturelle Leistungen zur Seite stellen."[33] Gegenwärtig sind über 2 Mio. Genossen-
schafter, das heißt fast die Hälfte aller Schweizer Haushalte, an der Migros beteiligt und können so ihre Interessen an der Genossenschaft wahrnehmen. Ein-
zigartig ist der in den Statuten festgelegte „Kulturprozent", wonach der MGB
verpflichtet ist, jährlich mindestens ein Prozent seines Umsatzes im Durch-
schnitt von vier Jahren, auch bei rückläufigem Geschäftsjahr für kulturelle, soziale und wirtschaftspolitische Zwecke aufzuwenden. „Die Migros Kulturarbeit
trägt [somit] ihren Wert in sich selbst, ist Ziel und nicht Mittel zum Zweck."[34]
Nach der Idee Duttweilers sind die Ausgaben für soziale, kulturelle und wirtschaftspolitische Zwecke freiwillig übernommene Verpflichtungen. „Die
Macht, die uns gegeben ist, ist Macht vom Volk ..."[35] Der MGB selbst fasst sein
Ideengut in dem Zitat des chinesischen Dichters und Philosophen Lao Tse zusammen:

„Schaffen – nicht besitzen

Wirken – nicht gewinnen

Überwachsen – nicht überwältigen."[36]

2 Corporate Social Responsibility – ein neues Kommunikationsinstrument?

Das Konzept der verantwortungsvollen Unternehmensführung macht sich letztlich an dem Terminus Corporate Social Responsibility (CSR) fest, der in den letzten Jahren in den Führungsetagen der Unternehmen verstärkt Einzug gehalten hat. Seit der ersten nennenswerten Erwähnung von Howard Bowen im Jahre 1953 konnte sich allerdings bis heute keine allgemein anerkannte Definition des Begriffes durchsetzen. Folglich interpretiert ihn jeder anders. Der Grund für die Interpretationsvielfalt mag vielleicht darin begründet sein, dass es allein schon kulturbedingt eine Vielzahl von Dimensionen von Verantwortung gibt und diese sich auch über die Zeit verändern. Howard Bowen formulierte CSR noch als eine Verpflichtung: „The obligations of businessmen to pursue those policies, to make those decisions, or to follow those lines of action which are desirable in terms of the objectives and values of our society." [37] Während die Definition der Europäischen Kommission 2001 bereits von einem Konzept spricht: „Die CSR ist ein Konzept, das den Unternehmen als Grundlage dient, auf freiwilliger Basis soziale Belange und Umweltbelange in ihre Unternehmenstätigkeit und in die Wechselbeziehungen mit den Stakeholdern zu integrieren."[38] Dabei erstrecken sich die Handlungsfelder von CSR über den gesamten Wertschöpfungsprozess und beziehen alle Unternehmensbereiche ein (**Abbildung 2.1**).

Unabhängig von den verschiedenen Definitionen von CSR, die schwerpunktmäßig auf vermeintlichen Bedingungen eingehen, die zu erfüllen sind, zielt John Eklington mit dem „Triple-Bottom-Line Accounting"[39] auf die Wirkungsebenen von CSR ab. Er fordert die ökonomische Rechenschaftspflicht, um die der ökologischen und sozialen Rechnungslegung zu erweitern. Eklington lässt offen, wie man das erreicht, bindet aber die Wertschöpfung für alle Stakeholder gleichermaßen in seinen formulierten Anspruch ein. Der Triple-Bottom-Line-Ansatz ist aber auch gewissermaßen eine „magische Dreiecksbeziehung" teilweise konträrer Ansprüche mit ausreichend Potenzial an ethischen Dilemmas. Dennoch steckt es den groben Handlungsrahmen der CSR ab, was letztlich auch für die Kommunikation maßgeblich ist.

Abbildung 2.1　　Modell der Unternehmensverantwortung

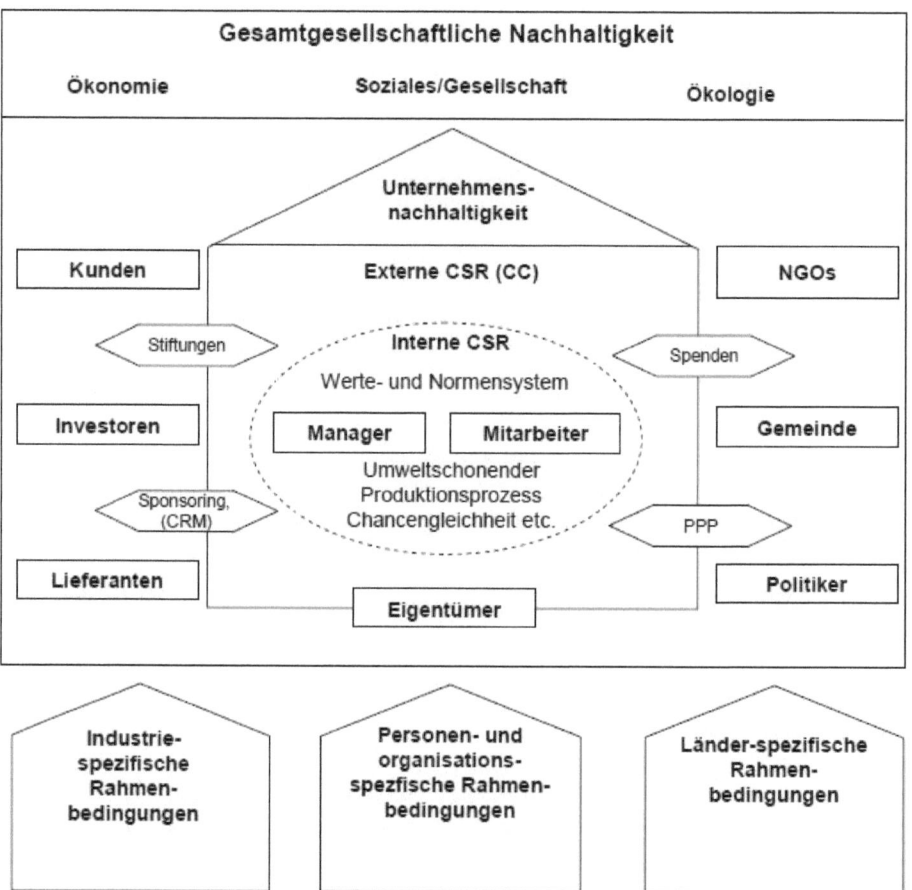

Quelle:　Schwalbach, J./Schwerk, J., Corporate Responsibility in der akademischen Lehre, Studie veröffentlicht in Centrum Corporate Citizenship Deutschland, Berlin 2008

Unter den zahlreichen Definitionen hat sich interessanterweise Archie B. Carrolls CSR-Pyramide zumindest in der wissenschaftlichen Auseinandersetzung weitgehend durchgesetzt. Aufbauend auf der rein ökonomischen Verantwortung werden hier kaskadiert weitere Verantwortungsbereiche angeführt (**Abbildung 2.2**). Kritiker beklagen das damit implizierte Primat der ökonomischen Verantwortung und bezweifeln die Adaptionsfähigkeit des Modells außerhalb des US-amerikanischen Raums.[40] Die Form der Pyramide ist tatsächlich missverständlich gewählt, zumal Verantwortlichkeiten integrativ und holistisch wirken. Sie sind weder getrennt voneinander noch aufeinander aufbauend zu betrachten. Franz Fehrenbach, der Vorsitzende der Bosch-Geschäftsführung, brachte es auf den Punkt: „Wir übernehmen Verantwortung nicht, wir unternehmen sie."[41] Außerdem wäre die Priorisierung von Verantwortlichkeiten im Konfliktfall nicht nachvollziehbar. Folgt man dieser Logik, würde das beispielsweise bedeuten, dass man aus ökonomischen Verantwortungsinteressen heraus Gesetze bricht. Andererseits gibt es wiederum Länder, in denen ethische Verantwortung mangels ausreichender Gesetzgebung an Bedeutung gewinnt. Bei aller Kritik gibt das Modell aber einen ersten Anhaltspunkt, um die unterschiedlichen Ebenen der Verantwortung zu systematisieren. Darauf aufbauend definieren Archie B. Carroll und Ann K. Buchholtz CSR folgendermaßen: „CSR encompasses the economic, legal, ethical, and philanthropic expectations placed on organizations by society at a given time."[42] Diese Definition ist auch Grundlage für das Verständnis von CSR der nachfolgenden Ausführungen.

Abbildung 2.2   Carolls CSR-Pyramide

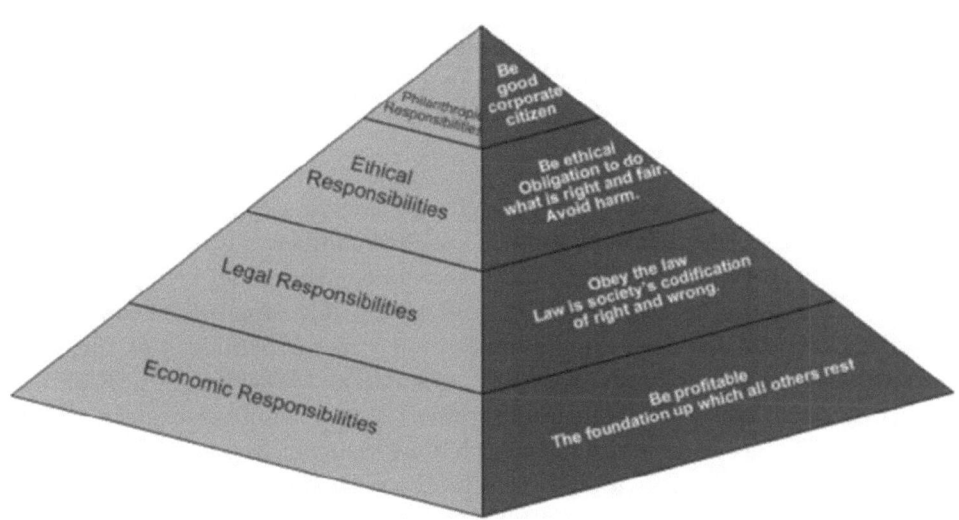

Quelle: Carroll, A.B., The pyramid of corporate social responsibility, in: Business Horizons, Juli-August, S. 39-48, 1991

Nimmt man Archie B. Carrolls Pyramide als Grundlage, so konzentriert sich die externe Kommunikation von CSR auf die oberen beiden Ebenen, d. h. der „ethischen Verantwortung" und der „philanthropischen Verantwortung", die aber im Kontext mit der ökonomischen Verantwortung zu verstehen sind. Nicht nur aus Sicht der Kommunikation ist es fraglich, ob das Einhalten von Gesetzen als Verantwortung bezeichnet werden darf oder dies nicht als Selbstverständlichkeit erachtet werden sollte. Zumal hier das mit der Verantwortung verbundene Freiheitsprinzip nicht gegeben ist. Man stelle sich vor, man liest einen Presseartikel, worin verkündet wird, dass das Unternehmen alle Gesetze befolgt hat! Demgegenüber spielen Compliance-Systeme wiederum in ihrer Vermittlung und Durchsetzung für die interne Kommunikation eine zentrale erfolgskritische Rolle.

Mit dem wichtigen Vermerk in Carolls und Buchholtz Definition „at a given time" wird die Dynamik von CSR deutlich. Denn was wir heute als CSR wahrnehmen, mag in zehn oder zwanzig Jahren selbstverständlich sein.[43] Es kann sich sogar ins Negative, in die Unverantwortlichkeit, verkehren. Gut gemeinte Ansätze, wie die der Energiegewinnung aus Pflanzen, münden dann in Vorwürfe, die sich später in negativen Schlagzeilen niederschlagen, wie „Food vs. Fuel"[44] oder „Biomass or Biomess"[45].

Aber auch die Bedeutung von CSR für das Unternehmen selbst hat sich über die Jahre verändert. Verstand man früher unter Verantwortung tatsächlich noch, dass man gesetzeskonform gehandelt hat, eröffnet CSR heute bereits neue Märkte. Die „CSR Value Curve" von IBM macht diese Entwicklung aus Sicht eines Unternehmens besonders deutlich (**Abbildung 2.3**).

Es gibt in Unternehmenskreisen aber auch Kritiker von CSR. Sie verurteilen CSR als „neumodischen Kram" verträumter Sozialromantiker, der nur Kosten verursacht und bis auf ein paar Pluspunkte beim Image nicht viel bringt: „simply a burden, a cost, or a PR instrument.[46]" CSR sei ein Instrument für Unternehmen aus den USA, die aus dem Reputationskapital schlagen wollen, was für uns in Europa längst gelebter Standard ist. Für „gestandene Manager" sei CSR ohnehin nur „moderner Ablass-Kapitalismus" initiiert von „Verantwortungsimperialisten".[47] Der Ehrenpräsident von Nestlé, Helmut Maucher, setzte noch eins drauf: „Es gibt Manager, die lassen sich ein schlechtes Gewissen einimpfen und dann am gesellschaftspolitischen Nasenring durch die Arena führen ... Und deshalb warne ich vor der gefährlichen Tendenz, in einigen Unternehmen beispielsweise gewisse NGOs durch Umarmung zu besänftigen. Man darf soziale Verantwortung nicht mit Kuschelkapitalismus verwechseln."[48]

Abbildung 2.3   Die Entwicklung der Bedeutung von CSR

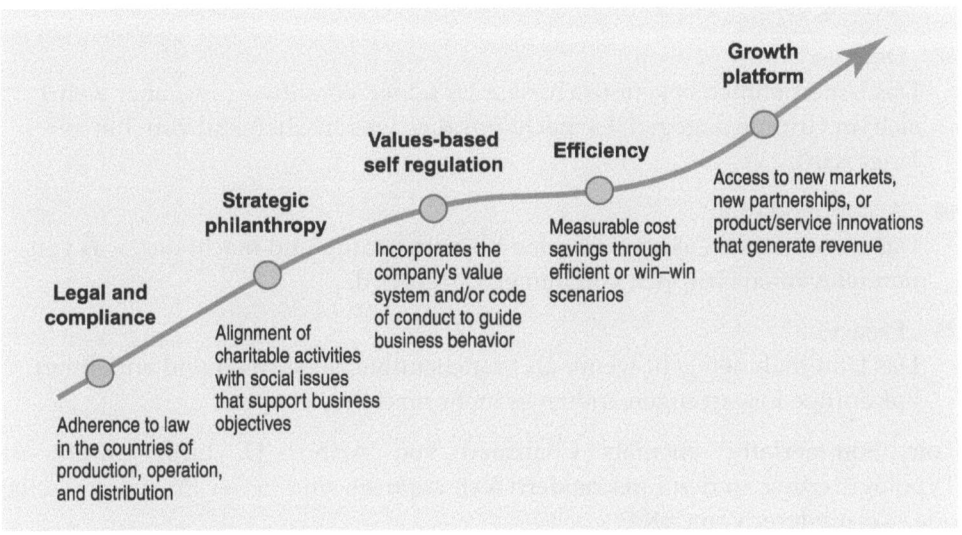

Quelle: IBM Institute for Business Value, in: www.qfinance.com/.../40/i3g/
          46_3437_50.png

Es hat an dieser Stelle wenig Sinn, sich mit dieser Kritik näher auseinanderzusetzen, zumal aus der Argumentation deutlich wird, dass sie offenbar der mangelnden Auseinandersetzung mit dem Konzept von CSR entspringt. Das aber wiederum würde eine einheitliche Definition von CSR voraussetzen, die eine Mitte
zwischen Beliebigkeit und zwanghafter Vereinheitlichung findet. Es bleibt zu
hoffen, dass die in Arbeit befindliche ISO 26000 zur „Standardisierung von CSR"
dazu einen wertvollen Beitrag leisten wird.[49] Spätestens vor dem aktuellen Hintergrund, dass viele Länder bereits dazu übergegangen sind, bestimmte Bereiche
der Wirtschaft gesetzlich zu verpflichten, CSR-Kriterien zu berücksichtigen, ist
ein länderübergreifendes einheitliches Verständnis von CSR unersetzlich.[50]

Die Wahrnehmung gesellschaftlicher Verantwortung hat auch etwas damit zu
tun, inwieweit Unternehmen überhaupt die Kompetenz und den Willen haben,
auf gesellschaftliche Fragen zu antworten. Es geht also um ein soziales Bewusstsein des Unternehmens, das William C. Frederick[51] folgendermaßen definiert: „Corporate Social Responsiveness refers to the capacity of a corporation to
respond to social pressures." Die Ausprägungen können sehr unterschiedlich
sein. Archie B. Carroll hat diese in Anlehnung an die CSR-Pyramide folgendermaßen unterschieden:[52]

■ „Reaction"
Das Unternehmen lehnt jegliche Übernahmen von gesellschaftlicher Verantwortung ab.

■ „Defense"
Das Unternehmen bekennt sich zwar zu seiner Verantwortung, aber wehrt
sich im Grunde dagegen. Es macht nur das, was anscheinend von ihm verlangt wird.

■ „Accommodation"
Das Unternehmen akzeptiert seine Verantwortung und macht das, was von
den relevanten Gruppen von ihm erwartet wird.

■ „Proaction"
Das Unternehmen geht weiter als branchenübliche Normen und antizipiert
zukünftige Erwartungen, indem es mehr macht als erwartet.

Tom Sommerlatte, ehemals Chairman von Arthur D. Little, macht die
Typologisierung an den Entscheidern fest, denn sie sind in der Praxis die Treiber
oder Verhinderer von CSR:[53]

■ „Entscheider A,
der aus eigener moralischer, humanistischer, religiöser Grundeinstellung überzeugt ist, dass ein Unternehmen neben seiner strategisch-wirtschaftlichen Aufgabe eine soziale, kulturelle und gesellschaftspolitische Verantwortung trägt,

■ Entscheider B,
der gesellschaftliches Engagement für Marketing-, Image- und Relationship-
Zwecke instrumentalisieren zu können glaubt, so dass es sich im Endeffekt in
Umsatz und Ertrag niederschlagen wird,

■ Entscheider C,
der die Mitarbeiter des Unternehmens in Aufgaben gesellschaftlichen Engagements involvieren will, um ihre soziale Kompetenz zu steigern, so dass sie
ihre Führungs- und Kooperationsfähigkeiten verbessern und erfolgreicher für
das Unternehmen agieren,

■ Entscheider D,
der zwar Mitarbeiter und Kunden stärker an das Unternehmens binden will,
der aber in Frage stellt, ob soziales, kulturelles und gesellschaftspolitisches
Engagement diesem Ziel wirkungsvoll nützt,

■ Entscheider E,
der bereit ist, in begrenztem Maß äußerem oder innerem Druck nachzugeben
und das Unternehmen durch ein paar Spenden oder Sponsorenengagements
als konform erscheinen zu lassen, und schließlich

■ Entscheider F,
   der überzeugt ist, dass gesellschaftliches Engagement betriebswirtschaftlich
   nichts bringt und dass das Unternehmen durch die hohe Steuerlast ohnehin
   schon genügend geschröpft wird."

Diese Typologisierung kommt besonders dann zum Tragen, wenn der Entscheider und der Inhaber des Unternehmens in einer Person vereint sind, was vor
allem bei klein- und mittelständischen Unternehmen der Fall ist. Sie entspricht
aber in jedem Fall am ehesten der Realität. Denn man wird nur schwer einen
„Entscheider F" dazu bewegen können, gesellschaftliche Verantwortung zu
übernehmen. Schließlich geht es hier um eine grundsätzliche Haltung.

Assoziierte Aspekte und Begrifflichkeiten

Verantwortung

Für das Verständnis der nachfolgenden Ausführungen ist es wichtig, bestimmte
Aspekte und Begrifflichkeiten, die in Verbindung mit der Kommunikation von
verantwortlicher Unternehmensführung stehen, kurz näher zu beleuchten. Dabei
geht es nicht um eine erschöpfende wissenschaftliche Auseinandersetzung, sondern lediglich um die Darstellung wesentlicher Zusammenhänge, die den weiteren Ausführungen zugrunde liegen.

Allem voran die Verantwortung selbst. Sie fordert Antworten für das Tun und
Lassen vor einer „rechenschaftsfordernden Instanz"[54]. Übertragen auf das Unternehmen als korporativer Akteur wirft das eine Reihe von Fragen auf, die jedes
Unternehmen für sich beantworten muss:

■ Wer im Unternehmen trägt welchen Teil der gesellschaftlichen Gesamtverantwortung des Unternehmens? Wie kann daraus eine gemeinsame Idee einer
   korporativen Unternehmensverantwortung entstehen?

■ Was bedeutet Verantwortung in der modernen Gesellschaft und konkret für
   das Unternehmen? Wohin wird sie sich entwickeln?

■ Ist das Unternehmen überhaupt im Sinne der Verantwortlichkeit rechenschaftspflichtig und wenn ja, für wen und für was?

■ Welche Ansprüche können die Mitglieder der Gesellschaft vernünftigerweise
   an Unternehmen stellen? Welche Ansprüche werden bereits konkret an das
   Unternehmen herangeführt?

■ Wie machen sich Kulturunterschiede in der Wahrnehmung von Verantwortung fest und wie kann man diesen begegnen – intern wie extern?

■ Wo liegen die Grenzen der unternehmerischen Verantwortung? Inwieweit
sind die Folgen des eigenen Handelns abzusehen?

Grundsätzlich geht es für das Unternehmen daher zunächst darum, Verantwortung für sich selbst zu definieren. In diesem Zusammenhang gilt es genau herauszuarbeiten und klar zu kommunizieren, für was und für wen das Unternehmen überhaupt „rechenschaftspflichtig" sein kann und sein will. Das ist ein Prozess, der im Dialog mit den Stakeholdern in Gang gesetzt werden kann, deren Erwartungshaltungen an das Unternehmen wiederum den Referenzrahmen bestimmen. Für eine glaubwürdige Kommunikation ist maßgeblich, dass sich die Übernahme von Verantwortung letztlich am konkreten Handeln festmacht. Bekenntnisse zu verantwortlichem Handeln reichen nicht aus und führen unter Umständen zu gegenteiliger Wirkung, vor allem dann, wenn man bereits absehen kann, dass diese nicht zeitnah eingelöst werden können.

Nachhaltigkeit

Verantwortung und Nachhaltigkeit werden oft in einem Zug genannt, obwohl die Begriffe für sich genommen unterschiedlich in ihrer Bedeutung sind. Nachhaltigkeit ist in jedem Fall aber ein wichtiger Aspekt der Verantwortung, die man gegenüber kommenden Generationen schon heute übernimmt: „Verantwortung verlangt Nachhaltigkeit, also das Denken in zumindest mittleren Fristen ... Verantwortung hat was mit der Zeitspanne zu tun, in der und für die Entscheidungsträger denken und handeln."[55] Das Handeln heute muss demnach die Wirkung in der Zukunft berücksichtigen. Hans Jonas formulierte diesen Zusammenhang in Anlehnung an Kants kategorischen Imperativ treffend: „Handle so, dass die Wirkungen deiner Handlung verträglich sind mit der Permanenz echten menschlichen Lebens auf Erden."[56]

Kaum ein seriöses Unternehmen würde heute behaupten, dass es keine Verantwortung übernehme und sein Handeln nur kurzfristig ausrichte. Das korrespondiert auch mit der Einstellung einer breiten Bevölkerungsschicht. Immerhin 90 Prozent der Bundesbürger erachten es für wichtig, Prinzipien nachhaltiger Entwicklung zu verfolgen. In diesem Zusammenhang werden Generationsgerechtigkeit, fairer Handel und schonender Ressourcenverbrauch für sehr wichtig erachtet.[57] Allerdings gewinnt man zuweilen den Eindruck, dass dem Begriff Verantwortung Ähnliches droht wie dem Begriff Nachhaltigkeit, das zum „Gesumms ..., also zum Passepartout" wird, „das bald leer genug geschwätzt sein wird, so dass jeder hineinstecken kann, was er will", so zumindest hat es der Biologe und ehemalige Präsident des Max-Planck-Instituts Hubert Markl formuliert und fügt hinzu „Alle reden nachhaltig von Nachhaltigkeit: das Ergebnis nachhaltiger Gehirnwäsche, will mir scheinen."[58] Deutliche Worte, die auch vor Augen führen, wie weit sich der Begriff von seiner ursprünglichen Bedeutung aus der Forstwirtschaft entfernt hat.[59] In das Bewusstsein der heutigen Gesellschaft hat den Begriff die UN World Commission on Environment and Development 1987 in ihrem veröffentlichten Brundtland-Bericht gebracht: „Sustainable development is development that meets the needs of the present without compromising the ability of future generations to meet their own needs."[60] Diese Übersetzung von Nachhaltigkeit in die heutige Zeit wird auch als weitgehend anerkannte Definition des Begriffs herangeführt. Das legte den Grundstein für weitere UN-Initiativen, wie die 1992 auf dem „Rio Summit" verabschiedete „Agenda 21", die vor allem ökologische Probleme wie den Klimawandel oder die Biodiversität im Blick hatte.[61] Wichtig ist aber in diesem Zusammenhang zu betonen, dass Nachhaltigkeit nicht nur als Umweltschutz interpretiert wird, sondern vielmehr als Kultur- und Bildungsaufgabe verstanden wird.

Auch die Wissenschaft, im Speziellen die Wirtschaftswissenschaften, haben die Notwendigkeit nachhaltigen Wirtschaftens wiederholt artikuliert. In dem preisgekrönten Artikel „The Link Between Competitive Advantage and Corporate Social Responsibility" haben Michael E. Porter und Mark R. Kramer[62] nochmals herausgestellt, wie wichtig es ist, nachhaltiges Wirtschaften in das Kerngeschäft eines Unternehmens zu implementieren, um proaktiv auf die sozialen, ökologischen und ökonomischen Herausforderungen reagieren zu können. Das spiegelt auch Chris Laszlos Konzept der nachhaltigen Werte „sustainable value"[63] wider. Es sieht darüber hinaus vor, dass Unternehmen ihre Stakeholder als Geschäftspartner wahrnehmen, aus deren Sicht sie die Welt betrachten und entlang der gesamten Wertschöpfungskette untersuchen, welche Auswirkungen auf Stakeholder stattfinden. Nicht zuletzt ist Nachhaltigkeit auch als politischer Wille parteiübergreifend bereits in vielen Ländern formuliert.

Ethik

Mit dem Einzug des Konzepts der CSR ist auch die Debatte über die Ethik in Unternehmen neu entbrannt. Auch wenn das Begriffspaar Unternehmensethik sich für den einen oder anderen von vornherein gegenseitig ausschließen mag[64], so sind doch die Menschen, die in und für Unternehmen arbeiten, bewusst oder unbewusst tagtäglich mit ethischen Fragen konfrontiert. Das kommt spätestens dann zum Tragen, wenn das eigene Gewissen im Rahmen eines Entscheidungsfindungsprozesses angestrengt wird – denn es geht immer um die große Frage, ob richtig oder falsch. Nicht selten lehnt das eigene Gewissen aus moralischen Erwägungen eine bestimmte Handlung ab, während die unternehmerische Logik, aufgebaut auf gewinnorientierten Algorithmen, die Handlung einfordert. Folgt man dann in einem solchen Falle gegen sein Gewissen zugunsten der ökonomischen „Vernunft", wird in der Kommunikation dennoch die vermeintliche Moralität dieser Entscheidung zur Begründung vorgeschoben. So hört man oft: „Zur Sicherung unserer Arbeitsplätze sind wir gezwungen …" Ein klassisches ethisches Dilemma, das sich bei weitem nicht nur auf den Wertekonflikt zwischen Gewinn und Moral als vermeintlichen Gegensatz beschränkt, sondern auch auf moralischer Ebene anzutreffen ist, d. h. auch wenn „Gutes" mit „Gutem" in Konflikt gerät.

Die Moralität, die sich auf einem bestimmten Normen-, Werte- und Glaubensverständnis in einem sozialen Prozess für den Einzelnen als richtig oder falsch erschließt[65], sucht in der Ethik eine gemeinsame Grundlage. So gehen viele Unternehmen dazu über, ethische Prinzipien und Regeln, d. h. Antworten auf die Frage richtig oder falsch, als gemeinsame Handlungsnormen festzulegen. Das ist durchaus vergleichbar mit Geboten und Verboten, die man von Religionen kennt. Hier sind die Handlungsnormen konkret festgelegt. Aber hier wird auch die Problematik deutlich, ethische Grundsätze für ein Unternehmen zu formulieren, insbesondere dann, wenn mehrere Kulturkreise und Glaubensbekenntnisse adressiert werden und diese sich in gemeinsamen ethischen Leitbildern widerspiegeln sollen. Letztlich ist das Normen- und Werteverständnis weltweit zu unterschiedlich, als dass man es auf einen gemeinsamen Ethikkodex reduzieren könnte, auch wenn es die zunehmende Globalisierung im Grunde einfordert und es das internationale Zusammenspiel immens erleichtern würde.[66] Dennoch spielt Ethik für Unternehmen eine zentrale Rolle, um sowohl ein tieferes Verständnis für die Rolle des Einzelnen im Unternehmen als auch die Rolle des Unternehmens in der Gesellschaft zu gewinnen. Erst mit dieser Auseinandersetzung sind wichtige Zusammenhänge zu erkennen. Begreift man die Übernahme von Verantwortung als Teil eines Wertekanons, was das Konzept der CSR mitunter vorsieht, ist es ohnehin unumgänglich, sich mit Ethik näher auseinanderzusetzen. Vor allem dann, wenn man die unterschiedlichen Interessen der „rechenschaftsfordernden Instanzen" verstehen und ihnen adäquat begegnen will.

Doch ein moralischer Anspruch wiegt schwer und wirkt oftmals belehrend. Er lädt nicht gerade ein zum Fröhlichsein. „Mag sie [die Moral] seine [dem Geist] größte Lehrmeisterin sein, so ist sie doch seine Spielverderberin."[67] Das kann bei dem einem oder anderen auch Abwehrreflexe hervorrufen, was bis zum Vorwurf der Heuchelei reichen kann.[68] Hier liegt die besondere Herausforderung der Kommunikation, dieses Vorurteil zu entkräften.

Markt- und Wirtschaftskommunikation

Zu guter Letzt soll noch kurz auf die Markt- und Wirtschaftskommunikation eingegangen werden, da sie für das Verständnis der weiteren Betrachtung von Kommunikation verantwortlicher Unternehmensführung von Bedeutung ist.

Spätestens mit der Veröffentlichung des damaligen Bestsellers und heutigen Kultbuchs „Die geheimen Verführer"[69] des US-amerikanischen Konsumkritikers Vance Packard im Jahr 1957 fand die Kritik am Einfluss der Werbung auf unser Kaufverhalten ihren vorläufigen Höhepunkt. Im Kern kritisierte er die Überredung des Konsumenten zu Kaufentscheidungen, die weder mit seinen tatsächlichen Bedürfnissen noch mit der Qualität des angebotenen Produkts zu tun haben.

Heutzutage ist es eine allgemein anerkannte Tatsache, dass man Sach- wie Dienstleistungen nicht nur einen Gebrauchs- oder Tauschwert, sondern auch einen symbolischen Wert zuschreiben kann, der durch die Markt- und Wirtschaftskommunikation aufgeladen wird. Produkte können auf jeweils unterschiedliche Art und Weise dazu benutzt werden, anderen gegenüber etwas über sich mitzuteilen[70] oder bestimmte semiotische Signale zu setzen. Die Markt- und Wirtschaftskommunikation ist heute selbstverständlicher Teil unserer Kultur geworden. Sie ist allgegenwärtig und aus unserem Alltag nicht mehr wegzudenken. Längst bedienen sich nicht nur Unternehmen der Erkenntnisse der Markt- und Wirtschaftskommunikation. Auch Spendenorganisationen, Kirchen oder Parteien wissen Kommunikation für sich und ihre Sache zu nutzen. So ist beispielsweise das heutige Umweltbewusstsein in breiten Bevölkerungsschichten nicht zuletzt der Organisation Greenpeace zu verdanken, die erstmals mit medial perfekt inszenierten Aktionen und kreativen, aufmerksamkeitsstarken Kampagnen auf die Missstände verwies. Das passt nicht jedem Umweltaktivisten, der moralische, meist auch ideologisch geprägte, systemkritische Bedenken meldet, wenn man sich der Instrumente der vermeintlichen Gegner bedient.

Für Unternehmen besteht im Grunde die Aufgabe der Kommunikation darin, den Unternehmensleistungen, das heißt den „der Natur entnommenen Stoffen und Kräften, eine kulturelle Äußerung, unter Einsatz schöpferischer Phantasie immaterielle Eigenschaften, hinzuzufügen, denen aus der Sicht der Käufer menschlicher Wert zukommt"[71]. Unabhängig von der Frage vieler Kritiker, ob beispielsweise von Werbung als Instrument des Marketings „moralischer Zwang" im Sinne von Manipulation ausgeht, bleibt überwiegend unbestritten, dass Marketing mit dazu beiträgt, die ästhetische und kulturelle Umwelt des modernen Menschen zu prägen. Er will sich damit in erster Linie verständigen, aber auch einbeziehen, gemeinsam fühlen und beteiligen – getragen durch permanente Interaktion.[72] Wichtig ist, dabei Paul Watzlawick weitverbreitetes Axiom der Metakommunikation zu berücksichtigen: „Man kann nicht nicht kommunizieren." In diesem Sinne sind unterlassene Handlungen auch eine Form der Kommunikation. Nichtsdestotrotz haftet der Kommunikation aber nach wie vor das Stigma der professionellen Manipulation und Schönfärberei an, was für die Ausgangssituation der Kommunikation von CSR von nicht unerheblicher Bedeutung ist.

Das Spektrum der Kommunikationsbranche ist mittlerweile groß, zumal das Umfeld und die Anforderungen immer anspruchsvoller geworden sind. Aber letztlich sind Strategie und Kreativität maßgeblich für den Erfolg der Markt- und Wirtschaftskommunikation. Daher auch die enge Beziehung zur Kunst, die Guido Zurstiege einmal als „Systemflirt"[73] bezeichnet hat.

Als eine wichtige Disziplin der Kommunikationswirtschaft hat sich parallel zur absatzorientierten Werbung die Öffentlichkeitsarbeit bzw. Public Relations (PR) als wichtiges Instrument der Kommunikation entwickelt. Spätestens mit der ersten PR-Vorlesung unter dem Titel „On the principles, practices und ethics of the new profession of public relations" an der New York University 1923 von Edward L. Bernays hielt die PR auch Einzug in die wissenschaftliche Auseinandersetzung. Die Funktionen der PR sind unterschiedlich und reichen von der Absatzunterstützung (Marken-PR) bis hin zum Reputationsaufbau (Unternehmenskommunikation), wo es konkrete Schnittstellen zur Kommunikation von CSR gibt, worauf im folgenden Kapitel nochmals näher eingegangen werden soll.

CSR versus Kommunikation

Aus Sicht der Kommunikationsbranche

Aufgrund der vermeintlichen inhaltlichen Nähe von CSR zur PR sind viele Unternehmen dazu übergegangen, CSR in die Hände ihrer Kommunikationsabteilungen zu geben. Selbstverständlich unter der Maßgabe, dass die PR des Unternehmens ohnehin proaktiv und professionell das Image und die Reputation des Unternehmens sichert und ausbaut. So wähnt man CSR dort am besten aufgehoben. Für die Kommunikationsbranche scheint es ohnehin so, dass sich wieder einmal nur ein neuer Begriff für Altbekanntes eingestellt hat. „Public Relations and CSR have similar objectives; both disciplines are seeking to enhance the quality of the relationship of organization among key stakeholder groups. Both disciplines recognize that to do so makes good business sense."[74] Mancherorts sträubt man sich noch, sich mit CSR zu beschäftigen. „Verantwortung ja, CSR nein" – so paradox das auch klingen mag.

Es hat sich aber mittlerweile die Erkenntnis durchgesetzt, dass CSR keine kommunikative Erhöhung oder gar ein neues Kommunikationsinstrument ist, sondern unternehmensstrategische Substanz. Schließlich ist Verantwortung eine wertebasierte Handlungsmaxime, die sich in sämtlichen Unternehmensentscheidungen niederschlägt. Die Durchsetzung von CSR ist demnach vor allem eine Führungsaufgabe.[75] Die PR übernimmt als „institutionalisierte Grenzstelle von Unternehmen [allenfalls] eine Leistungsrolle der CSR."[76] Jedoch mit der Erkenntnis, dass die Kommunikation von CSR eine in vielen Teilen völlig neue Herangehensweise auf Basis eines fundamental überarbeiteten Selbstverständnisses der Wirtschaftskommunikation erfordert, um dem vorher geschilderten ethischen Dilemma zwischen Gewinn und Moral adäquat zu begegnen. Denn wer dachte, die gelernte Verfahrensweise der Kommunikationswissenschaften einfach eins zu eins nach dem Motto „Jetzt ködern wir eben mal mit Verantwortung unsere Fische"[77] auf die Kommunikation von CSR übertragen zu können, ist gescheitert.

Beratungsunternehmen und PR-Agenturen, die in einem einschlägigen CSR-Fachmagazin auch einmal als „Nebenerwerbsethiker"[78] bezeichnet wurden, lassen sich das Neugeschäft natürlich nicht entgehen. Besonders das Erstellen von CSR-Berichten verspricht einen lukrativen Umsatz, wo Agenturen oft die Funktion der „verlängerten Werkbank"[79] für Unternehmen wahrnehmen. Der wirtschaftliche Zwang der Agenturen steht aber einer neutralen und unabhängigen Beratungsleistung oftmals entgegen. In diesem Sinne werden vermeintliche Beratungsgespräche zuweilen eher zu Verkaufsgesprächen degradiert. Gerade in der Kommunikation von verantwortlicher Unternehmensführung, wo strategisches Schweigen auch eine bedeutende Rolle spielt, ist das besonders problematisch. Denn letztlich leben die Agenturen hauptsächlich von der operativen Umsetzung von Maßnahmen und weniger von der strategischen Beratung.

Fakt bleibt, dass CSR zu den wichtigsten Entwicklungsthemen in der Unternehmenskommunikation zählt. Der European Communication Monitor 2008[80] bestätigt den allgemeinen Trend. Demnach wird CSR bereits im Jahr 2011 zu den fünf wichtigsten Disziplinen im Kommunikationsmanagement gehören und ist neben der „Internen Kommunikation" die am schnellsten wachsende Disziplin der Unternehmenskommunikation. Mit den Themen Verantwortung und Nachhaltigkeit richtig umgehen zu können, wurde von den Befragten als die zweitgrößte Herausforderung der näheren Zukunft beschrieben, während heute schon 75 Prozent der befragten PR-Experten in CSR-Prozesse involviert sind (**Abbildung 2.4**). Die relativ hohe Zahl ist aber mit der Maßgabe zu betrachten, dass, wie bereits angeführt, jeder unter CSR etwas anderes verstehen mag und das Thema unzählige Verbindungen zu anderen Prozessen im Unternehmen aufweist. Gerade für die zentralen Bereiche der Unternehmenskommunikation wie Public Affairs, Issues Management oder Change Communications sind CSR-Themen immanent. Vor allem aber im Reputationsmanagement spielt CSR eine herausragende Rolle. Dies lässt unter anderem auf die zunehmende Wichtigkeit schließen, die CSR sowohl in den Unternehmen als auch in der Öffentlichkeit einnimmt.

Abbildung 2.4   Drei von vier PR-Fachleuten sind bereits in CSR-Aktivitäten involviert

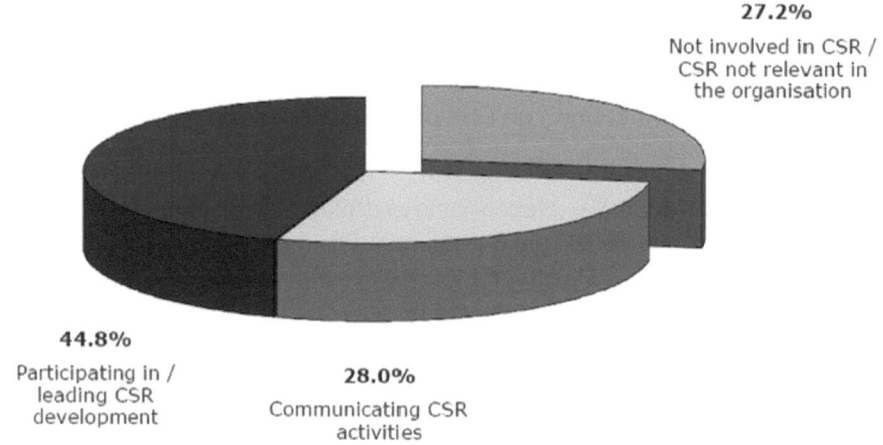

27.2%
Not involved in CSR /
CSR not relevant in
the organisation

44.8%
Participating in /
leading CSR
development

28.0%
Communicating CSR
activities

Quelle: Zerfass, A./Moreno, A./Tench, R.,/Verčič, D./ Verhoeven, P., European Communication Monitor 2009. Trends in Communication Management and Public
Relations - Results of a Survey in 34 Countries (Chart Version), Brüssel: Euprera, September 2009

Aus Sicht der Öffentlichkeit

Im Gegensatz zur Sichtweise, die die Unternehmen und im Speziellen die Kommunikationswirtschaft auf CSR einnimmt, schließen sich CSR und PR für weite
Teile der interessierten Öffentlichkeit gegenseitig aus. Ein Oxymoron, ähnlich
dem Begriffspaar Unternehmensethik: „The two fields of enquiry are not on the
same plane of discourse."[81] „Verantwortung übernimmt man, darüber redet man
nicht", so der Tenor der Kritiker, alles andere sei „Greenwashing". „In der Regel
handelt es sich bei der CSR Kommunikation um Wortmüll, der zwar gut klingt,
weil er von PR-Profis verfasst wurde, aber mit den Herausforderungen der unternehmerischen Realität nichts zu tun hat."[82] Diese Einstellung rührt vor allem
von den Vorurteilen her genährt durch das zuvor dargestellten Stigma der Kommunikation und schlichtweg das Unwissen über die Zusammenhänge und Tragweite von Kommunikationsmanagement. Unterstützt wird der Eindruck durch
den teilweise unsensiblen Umgang der Kommunikationsbranche mit dem Thema
CSR in der Vergangenheit. Das oftmals von Aktionismus geprägte Auflegen diverser CSR-Programme, losgelöst von einem gesamtstrategischen Konzept, hat
der Glaubwürdigkeit von CSR keinen Dienst erwiesen. Im Gegenteil, Vertrauen,
eines der wertvollsten intangiblen Unternehmenswerte, muss wieder aufgebaut
werden. Das braucht Zeit.

Außer Frage bleibt, dass CSR keinesfalls ausschließlich „communication-driven" sein darf. Nicht nur, dass man dadurch Glaubwürdigkeit in der Übernahme von Verantwortung verlieren würde. Vielmehr würde man der gesamten Tragweite von CSR nicht gerecht werden. Man muss daher immer das Ganze im Blick behalten. Das betrifft nicht nur die Kommunikation verantwortlicher Unternehmensführung, sondern auch alle anderen Bereiche der CSR.

Problem: „Greenwashing"
Eine sehr ernst zu nehmende Kritik an der Kommunikation von CSR ist das bereits erwähnte „Greenwashing". „Greenwashing" bedeutet im übertragenen Sinne, dass sich das Unternehmen ökologisch korrekt gibt, um damit sein „Gewissen reinzuwaschen". Oder anders ausgedrückt, dass das, was Unternehmen sagen, zu dem, was sie tatsächlich tun, in keinem Verhältnis steht. Das trifft natürlich vor allem dann zu, wenn zum Beispiel die Kommunikationskampagne teurer ist als die beworbene Maßnahme selbst. Das Oxford English Dictionary hält folgende Definition für „Greenwashing" bereit: „disinformation disseminated by an organization so as to present an environmentally responsible public image. Derivatives greenwashing (n). Origin from green on the pattern of whitewash."[83]

Immerhin elf Prozent der Deutschen stehen Corporate Social Responsibility grundsätzlich skeptisch gegenüber und verdächtigen Unternehmen, sich mit Wohltaten in erster Linie nur schmücken zu wollen.[84] Der Ex-Arbeitsminister der USA und Politikprofessor Robert Reich erhöht in seiner Attacke auf den „Superkapitalismus": „Ein Unternehmen habe nun einmal die Aufgabe, das Spiel der Wirtschaft so aggressiv zu spielen wie möglich … Big Business greift die CSR-Mode nur auf, um die Öffentlichkeit zu beschwichtigen und Gesetze zu verhindern, die seine exorbitanten Profite beschneiden könnten."[85]

Während sich das „Greenwashing" auf Umweltfragen konzentriert, findet der Terminus seine Erweiterung in „White Washing" (weiße Weste) oder „Blue Washing", wenn es um das „reinwaschen" durch UN-Themen geht. „Blue Washing" steht oft in Verbindung mit dem Global Compact, dem sich Unternehmen offiziell anschließen, aber sich damit nur ein positives Image anheften wollen, während die Realität eine andere Sprache spricht. Dem Umstand Rechnung getragen, dass immer mehr Unternehmen mit einem starken Lokalbezug werben, spricht man mittlerweile auch von „Local Washing".[86]

Kulturell geprägt, werden „Greenwashing" und andere Arten der Feigenblattkommunikation von Land zu Land sehr unterschiedlich wahrgenommen. Die Grenzen sind fließend. Wo „Greenwashing" anfängt und wo es aufhört, wird in der Praxis divergierend interpretiert und reicht von einer grundsätzlichen Ablehnung gegenüber Unternehmen bis hin zu einem Verständnis dafür, dass das Unternehmen legitime Imagepluspunkte erwarten darf. In jedem Fall aber drückt sich durch diesen Vorwurf ein Misstrauen gegenüber dem Unternehmen aus, das in der Regel auf einer schlechten Erfahrung aus der Vergangenheit aufbaut. Hunter Lovins kann dem noch etwas Positives abgewinnen und konstatiert: „Hypocricy is the first step toward real change."[87]

Die Gefahr des „Greenwashing-Vorwurfes" veranlasst viele Unternehmen, das Thema CSR erst gar nicht in Erwägung zu ziehen. Besonders Unternehmen, die durch ihr Produkt-Portfolio schon am gesellschaftlichen Pranger stehen und denen man ohnehin mit großem Misstrauen begegnet, sehen sich schnell Pauschalverurteilungen gegenüber. Nach dem Motto: „Wenn du Kernkraftwerke herstellst, dann kannst du ja nur schlecht sein." Das wurde bei der Verleihung des Deutschen Nachhaltigkeitspreises 2009 besonders deutlich, bei der der Tabakkonzern Reemtsma zu den Sponsoren zählte. Dieser Umstand rief unmittelbar zahlreiche Kritiker auf den Plan. Tabak könne wohl kaum einen Beitrag zur Nachhaltigkeit leisten, wenn jährlich Hunderttausende an seinem „Genuss" sterben. Doch ist ein Unternehmen tatsächlich per se unverantwortlich, nur weil es „unverantwortliche" Produkte herstellt? Vielerorts ist mit dem Greenwashing-Vorwurf eher eine Systemkritik verbunden, die man dann am Verhalten einzelner Unternehmen, meist multinationaler Konzerne, festmacht. Ohnehin neigt die breite Öffentlichkeit dazu, vom Verhalten Einzelner auf die ganze Branche zu schließen.

Für die Kommunikation bedeutet der richtige Umgang mit „Greenwashing" eine echte Herausforderung. Denn auch wenn die Kommunikation mit der Wahrheit im Einklang steht, was für die Kommunikation von CSR ohnehin Voraussetzung ist, kann sie auch als „Greenwashing" interpretiert werden. Der bereits vorher genannte Friedensnobelpreisträger Mohammad Yunus wurde auf einer Pressekonferenz von einem Journalisten gefragt, ob er denn damit kein Problem habe, als Testimonial für Danone-Produkte herzuhalten, die ein schlechtes Image hätten. Seine Antwort: Wenn es der Sache dienlich sei, während es gleichzeitig Danone zu einem besseren Image verhelfe und Danone damit mehr Produkte verkaufen könne, so könne im Grunde nichts Besseres passieren. Eine nüchterne, ausgewogene Betrachtung, die aber die Ausnahme ist.

Ein Kandidat für „Greenwashing" ist ein Unternehmen auch immer dann, wenn es auffällig viel Gutes tut.

Naturgemäß haben sich vor allem Umweltschutzorganisationen dem Thema „Greenwashing" verschrieben. Sie verstehen sich als Richter über „Greenwashing" und vertreiben Ratgeber, woran man „Greenwashing" erkennt. Hier werden zwei repräsentative Beispiele vorgestellt. Während „Futerra" mehr die Erkennungsmerkmale von Greenwashing auf das Erscheinungsbild legt, setzt „Greenpeace" stärker bei den inhaltlichen Unstimmigkeiten an.

Beispiel: Spotting the '10 Signs of Greenwash'

In the 'U.K. Guide to Greenwash' Futerra conducted an analysis of online, print, broadcast, and in-person communication to distill ten signs of greenwash. The signs are intended to enable consumers to spot it, companies to avoid it, and others to prevent it.

1. Fluffy language. Words or terms with no clear meaning (e.g. "eco-friendly").

2. Green product vs. dirty company. Such as efficient lightbulbs made in a factory that pollutes rivers.

3. Suggestive pictures. Green images that indicate a (unjustified) green impact (e.g. flowers blooming from exhaust pipes).

4. Irrelevant claims. Emphasizing one tiny green attribute when everything else is not green.

5. Best in class. Declaring you are slightly greener than the rest, even if the rest are pretty terrible.

6. Just not credible. "Eco friendly" cigarettes, anyone? "Greening" a dangerous product doesn't make it safe.

7. Jargon. Information that only a scientist could check or understand.

8. Imaginary friends. A "label" that looks like third party endorsement—except that it's made up.

9. No proof. It could be right, but where's the evidence?

10. Out-right lying. Totally fabricated claims or data.

Quelle: Horiuchi, R./Schuchard, R./Shea, L./Townsend, S., Understanding and Preventing Greenwash: A Business Guide, Futerra, Juli 2009

Beispiel: Greenpeace Greenwash Criteria

There are many ways in which corporations greenwash. The following are the criteria we use in our investigations.

Dirty Business
Touting an environmental program or product, while the corporation's product or core business is inherently polluting or unsustainable. For example, if a company brags about its boutique green R&D projects but the majority of spending and investment reinforces old, unsustainable, polluting practices.

Ad Bluster
Using targeted advertising and public relations campaigns to exaggerate an environmental achievement in order to divert attention away from environmental problems or if it spends more money advertising an environmental achievement than actually doing it. For example, if a company were to do a million dollar ad campaign about a clean up that cost less.

Political Spin
Advertising or speaking about corporate "green" commitments while lobbying against pending or current environmental laws and regulations. For example, if advertising or public statements are used to emphasize corporate environmental responsibility in the midst of legislative pressure or legal action.

It's the Law, Stupid!
Advertising or branding a product with environmental achievements that are already required or mandated by existing laws. For example, if an industry or company has been forced to change a product, clean up its pollution or protect an endangered species, then uses PR campaigns to make such action look proactive or voluntary.

Quelle: Greenpeace, http://stopgreenwash.org/criteria, August 2009

CSR Communication

Überblick
Bei aller Kritik an der Kommunikation, die sich am vorher beschriebenen Stigma festmacht, muss festgehalten werden, dass die Unternehmens- und Markenkommunikation einen wichtigen Beitrag zu seriöser CSR liefern kann und vice versa. Dazu gehören:

- der Dialog und Aufbau von Vertrauen mit den Stakeholdern, um Werte des Unternehmens zu vermitteln und Antworten auf die Ansprüche der Stakeholder zu geben,

- die Analyse der gesellschaftlich relevanten Themen und Erwartungen,

- die strategische Auseinandersetzung mit den Werten des Unternehmens und/oder der Marke,

- sowie die Verankerung und Koordination der CSR-Prozesse im Unternehmen.

Wesentliche konzeptionelle Bestandteile von CSR sind Transparenz und Dialog. Beides ist ohne Kommunikation nicht zu leisten. Kommunikation bildet die Schnittstelle zwischen dem Unternehmen und seinen Stakeholdern, was in dem Modell des strategischen Kommunikationsmanagements anschaulich illustriert wird (**Abbildung 2.5**). Dabei sind die Möglichkeiten, die Schnittstellen zu belegen, vielfältig und hier nur beispielhaft dargestellt.

Abbildung 2.5 Unternehmensstrategischer Rahmen des Kommunikationsmanagements

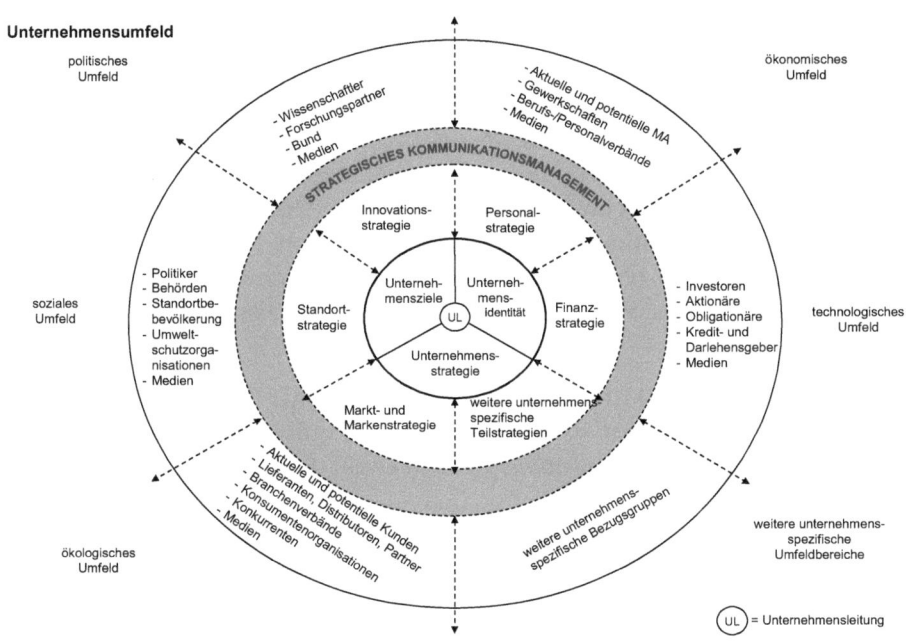

Quelle:	Modell des Integrierten Kommunikationsmanagements FHNW/HSLU Fachhochschule Nordwestschweiz/Hochschule für Wirtschaft, http://www.fhnw.ch/wirtschaft/weiterbildung/mas-corporate-communication-management/kommunikationsmanagement, geladen 23.03.2010

CSR setzt voraus, dass die Übernahme von Verantwortung im gesamten Wertschöpfungsprozess integriert ist. Zentraler Bestandteil der Wertschöpfung ist unter anderem die Kommunikation selbst. Demnach ist die Kommunikation von CSR, die mit dem Begriff CSR Communication Einzug in die wissenschaftliche Literatur gehalten hat, eine Disziplin des Unternehmensmanagements, das Kommunikation rund um die CSR und das Stakeholder-Engagement einbezieht.

Im Gegensatz zum bisherigen Verständnis der klassischen Marktkommunikation ist CSR Communication geprägt von folgenden Wesensmerkmalen:

■ Zuhören

Das Zuhören erfordert ein grundsätzliches Umdenken in den Kommunikations-abteilungen, die bislang mehr auf das Reden, Beeinflussen und Überzeugen ausgerichtet sind und weniger auf das Zuhören, Verstehen und Verinnerlichen. Adidas formulierte das treffend in einem Claim: „Listening to what people are concerned about is the heart of being a responsible company." [88] Weniger „Push-Communication", mehr „Pull-Communication". Die Kommunikation von CSR bedeutet, auch einmal nur durch „Handeln" zu kommunizieren. Metaphorisch gesprochen, geht es um die hohe Kunst des laut Schweigens, d. h. das Handeln strategisch anlegen, dass es für sich selbst spricht bzw. andere darüber reden. Es geht aber vor allem um das Zuhören bzw. Hinhören, das Screening von Informationen und dann erst im weiteren Sinne um die strategische Ausrichtung und Positionierung der Kommunikation. Ansätze dafür sind im „Issue Management" bereits erfasst, während das Internet unter dem Stichwort „Social Media" ideale Voraussetzungen für das „Zuhören" bietet.

■ Dialogisieren

Der Dialog ist erfolgskritisch für den Aufbau und die Pflege guter Beziehungen zu den Stakeholdern. Er zeigt auf, wo der Einflussbereich des Unternehmens liegt und wo die Verantwortlichkeit endet. Es geht darum, den in der klassischen Markenkommunikation innewohnenden „performativen Ansatz, der zu einer präventiven Perfektion neigt, ohne dass überhaupt konkrete Wünsche geäußert wurden"[89], in einen dialogorientieren Ansatz umzukehren. Ein Dialog ist aber nur sinnvoll, wenn beide Parteien bereit für einen Perspektivwechsel sind. Das erfordert Zeit, Geduld und Mut, doch „progress is impossible without change, and those who cannot change their minds cannot change anything"[90].

■ Involvieren

Entsprechend dem auch in den AccountAbility **AA1000** Series[91] formulierten Grundprinzip der Inklusivität, geht es darum, die Stakeholder in die Entwicklung und Umsetzung einer verantwortlichen und strategischen Reaktion auf die Herausforderungen der Nachhaltigkeit einzubinden und im Rahmen der „Reaktivität" angemessene Antworten auf die Ansprüche der Stakeholder zu finden. Diese spielen besonders bei der Entwicklung von Richtlinien, Mission Statements, Codes of Conduct etc. eine Rolle, die die Mitarbeiter von Beginn an mit einbezieht.

Prinzipiell ist es wichtig, mit Fingerspitzengefühl und der notwendigen Ernsthaftigkeit an CSR Communication heranzugehen. „CSR Communication is a delicate issue."[92] Sie ist ein langfristig angelegter Prozess, in dessen Zentrum der Aufbau und die Pflege von Glaubwürdigkeit als zentrale Voraussetzung stehen.

Die Kommunikation von CSR ist demnach kein neues Kommunikationsinstrument, sondern beschreibt vielmehr eine Disziplin, Kommunikationsinstrumente einzusetzen und auszurichten, um die Ansprüche der Stakeholder zu verstehen und entsprechend CSR-Botschaften zielgenau zu entwickeln und positionieren. Der Dialog mit den Stakeholdern spielt dabei eine herausragende Rolle.

Unternehmen „schulden" internen wie externen Stakeholdern eine Antwort auf unterschiedlichen Ebenen. Das kulturelle Umfeld spielt dabei eine besondere Rolle. Ein Bananenbauer in Nicaragua sucht andere Antworten als der Bananenkonsument in Europa. Die Herausforderung an die Kommunikation ist, den legitimen Ansprüchen beider Parteien gerecht zu werden und sie gleichzeitig mit den Interessen des Unternehmens zu vereinbaren. Der Stakeholder erfährt immer nur Fragmente der Informationen, die ein Unternehmen aktiv oder passiv verbreitet. Diese Fragmente reichen aber oftmals schon aus, ein Unternehmen zu beurteilen, auch wenn die Informationen aus dem Kontext genommen einen ganz anderen Sinn ergeben oder Meldungen sich als falsch erweisen. Jedes Informationsfragment muss demnach die DNA des gesamten Unternehmens in sich tragen.

Eine weitere zentrale Herausforderung für CSR Communication ist, das komplexe Thema CSR verständlich zu übersetzen – einfach, aber nicht einfältig. Daher ist es für die glaubwürdige Kommunikation eines Unternehmens Voraussetzung, dass die Identität und Persönlichkeit eines Unternehmens von einem nach ethischen Maßstäben verantwortlichen Handeln geprägt, d. h. in der oben beschriebenen DNA des Unternehmens festgeschrieben sind. Erfolgreiche Kommunikation von CSR zeichnet sich entsprechend vor allem dadurch aus, wie glaubwürdig man Verantwortung in die Gesamtkommunikation integriert. So wie Verantwortung immanenter Bestandteil des unternehmerischen Denkens und Handelns sein muss, ist auch die Kommunikation zu gestalten. In diesem Sinne steckt die Kommunikation von CSR in einem permanenten dialogorientierten Austausch mit den Stakeholdern den Gestaltungsrahmen für die Verantwortung des Unternehmens ab, der naturgemäß von Unternehmen zu Unternehmen stark variiert.

Wenn Unternehmen nicht kommunizieren, tun es andere für sie (Bürgerjournalisten, Whistleblower etc.). Vor dem Hintergrund, dass die Reputation noch nie zuvor so hinterfragt wurde wie heute und diese Tendenz eher zunimmt, bietet CSR Communication die Chance zu demonstrieren, dass CSR im Kerngeschäft des Unternehmens verankert ist. Damit schafft man die besten Voraussetzungen für eine gute Reputation und erfolgreiche Markenbildung, während sie gleichzeitig einen Beitrag für eine gesellschaftliche Entwicklung leistet („doing good to do well and doing well to do good").

Voraussetzungen

Es gibt eine Reihe von Voraussetzungen dafür, dass CSR Communication greifen kann und der gewünschte Erfolg sich einstellt. Diese werden im Folgenden näher erörtert.

Zu den wichtigsten Voraussetzungen gehören allgemein die Glaubwürdigkeit und Integrität verbunden mit einem offenen und ehrlichen Stakeholder-Dialog. Vor dem Hintergrund des Utilitaristischen und Opportunistischen, das mit der systembedingten Gewinnmaximierung von Unternehmen zusammenhängt, haben viele Stakeholder eine gewisse Grundskepsis hinsichtlich der Glaubwürdigkeit von Unternehmen. Das Unternehmen ist daher gefordert, seine Glaubwürdigkeit und Integrität gegenüber diesen und den anderen Stakeholdern immer wieder von Neuem unter Beweis zu stellen. Folgt man dem Ethik-Monitor 2009, haben vor allem große Unternehmen darin einen enormen Nachholbedarf. (**Abbildung 2.6**).

Es ist ihnen bislang noch nicht gelungen, die Basis für CSR Communication zu schaffen, während sie interessanterweise im Widerspruch dazu immer wieder versuchen, durch CSR-Programme Vertrauen zu gewinnen. Ganz anders sieht das im Mittelstand aus. Er genießt einen großen Vertrauensvorschuss, der laut Ethik-Monitor 2009 sogar vor dem Vertrauen in die Justiz liegt. CSR trifft hier auf einen ganz anderen Resonanzboden und setzt damit grundlegend andere Voraussetzungen für die Kommunikation.

Mit zunehmender Größe eines Unternehmens liegt es daher auf der Hand, im Rahmen des CSR Communication Managements größte Sorgfalt darauf zu legen, dass die „Verantwortungsbotschaften" auch als wahrhaftig verstanden werden. Entscheidend dafür ist die Transparenz. Ein Begriff, der ins Russische übersetzt als „Glasnost" bekannt geworden ist und letztlich zu einer tiefgreifenden Umstrukturierung, der „Perestroika", geführt hat. Übertragen auf Unternehmen haben Andrew Crane und Dirk Matten Transparenz treffend definiert: „Transparency is the degree to which corporate decisions, policies, activities and impacts are acknowledged and made visible to relevant stakeholders."[93] Folgt man dieser Definition, ist es entscheidend, dass der „Grad der Visibilität" dem entspricht, Vertrauen dem zu schenken, was das Unternehmen kommuniziert. Der Unternehmer Dr. Arend Oetker eröffnet beispielsweise vor dem gesamten Betriebsrat seiner Schwartau-Werke, welchen Teil des Gewinns er privat entnimmt. Darüber hinaus erklärt er, wie er den Gewinn verwendet – teilweise erörtert er sogar die Verwendung seines Privatanteils.

Abbildung 2.6   Umfrage: Wem vertrauen Sie am meisten?

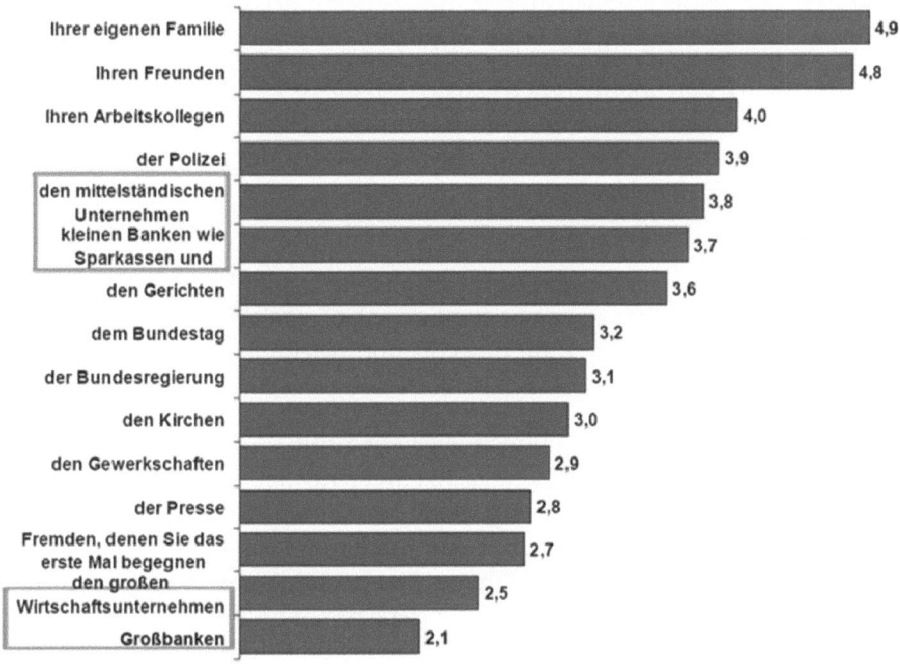

Grundlage: Vertrauen auf einer Skala von 1 („Vertraue überhaupt nicht.") bis 5 („Vertraue voll und ganz.")

Quelle: http://www.wertvolle-zukunft.de/index.php?section=155.

„Vertrauen ist ein Kapital. Es muss lange erarbeitet und angespart werden und ist schnell zum Fenster ‚rausgeworfen'." [94] Nach der Definition von Verantwortlichkeit (Accountability) der AA1000 Series ist Transparenz eine der drei wichtigsten Voraussetzungen.[95] Kein Wunder, dass auch der in Arbeit befindliche CSR-Standard (ISO 26000) sich dieser Thematik intensiv widmet.[96] Robert Bosch erkannte die Bedeutung von Vertrauen schon damals und fasste kurz und knapp zusammen: „Lieber Geld verlieren als Vertrauen." (Weimer, W., Kapitäne des Kapitals, Frankfurt, 1995)

Hat man das Vertrauen einmal verloren, ist es in Anlehnung an den Wirtschaftsethiker Josef Wieland ratsam, folgendermaßen vorzugehen: [97]

■ Klares Bekenntnis zu Unrecht und Leid, das geschehen ist.

■ Strukturell bedingte Gründe für den Vertrauensbruch müssen genau benannt werden.

■ Sanktion der Verantwortlichen quer durch alle Etagen und Gremien – auch im Sinne der Wahrnehmung der Sorgfaltspflicht.

Die Authentizität der unternehmerischen Aktivitäten ist der entscheidende Faktor. Daher muss Transparenz im Wertekanon und der „Verfassung" des Unternehmens verankert sein. Nur so wird das Fundament der Glaubwürdigkeit und Integrität ganzheitlich gelegt.

Für und Wider

Nachdem in den vorangegangen Kapiteln auf die Spezifika und die Voraussetzungen der Kommunikation verantwortlicher Unternehmensführung eingegangen wurde, soll nun noch kurz auf die Vor- und Nachteile der CSR Communication eingegangen werden.

In der Funktion als Wertschöpfungstreiber wird mit CSR neben dem Potenzial der höheren Leistungsfähigkeit bei gleichzeitiger Kostenreduzierung das verbesserte Risiko- und Reputationsmanagement verbunden. Beides gehört gewissermaßen zu den Königsdisziplinen der Kommunikation, worauf später noch detaillierter eingegangen wird. Darüber hinaus bietet CSR Communication noch eine Vielzahl anderer Vorteile, die unternehmensspezifisch unterschiedlich ausgeprägt sind. Die folgende Auswahl gibt darüber einen ersten Überblick:

■ Stakeholdern kann zufriedenstellend begegnet werden. Im besten Fall können sie sich positiv mit dem Unternehmen identifizieren, woraus sich langfristige und tragfähige Strategien der Wertschöpfung entwickeln lassen.

■ Verantwortung und andere ethische Werte eines Unternehmens und/oder einer Marke werden sichtbar und erlebbar.

■ Möglichkeiten der Positionierung im Wettbewerb als eindeutiges Differenzierungsmerkmal. Auf gesättigten Märkten kann die Übernahme von Verantwortung sogar ein Alleinstellungsmerkmal sein (z. B. HIPP, The Body Shop).

■ Das Unternehmens-/Marken-Image kann positiv aufgeladen werden:

  – Kunden können gebunden und neue Zielgruppen gewonnen werden.
  – Die Übernahme von Verantwortung kann für bestimmte Zielgruppensegmente kaufbestimmend sein (z. B. Ausschluss von Kinderarbeit[98])
  – Leichtere Werbung von qualifizierten Mitarbeitern („war of talents").
    Die Chefin von PepsiCo Inc., Indra Nooyi, hielt in diesem Zusammenhang treffend fest: „Soziales Verhalten macht ein Unternehmen attraktiv für gute junge Leute."[99]

– Gerade bei „kritischen" Unternehmen (Öl, Tabak etc.) zeigt die Kommunikation von CSR, dass man auf dem richtigen Weg ist und sich bemüht. Die chemische Industrie hat hier vorbildliches geleistet.

■ Mitarbeiter sind motiviert, weil sie stolz auf ihr Unternehmen sind, wenn sie beispielsweise ihr Unternehmen in den Medien positiv wahrnehmen. Außerdem nehmen Mitarbeiter die Sinnhaftigkeit ihrer Arbeit und ihre Rolle im Gesamtkontext besser wahr. Die sich dadurch einstellende Mitarbeiterzufriedenheit wirkt sich positiv auf die Arbeitsmoral und Verbundenheit zum Unternehmen aus und fördert nachweislich die Produktivität.

■ Im Rahmen der Risikoprävention erkennt das Unternehmen auch vielfältige Chancen und Potenziale.

Grundsätzlich ist es Teil der Verantwortung, den Stakeholdern mitzuteilen, für was das Unternehmen steht und für was es konkret Verantwortung übernimmt. Kommuniziert man nicht, muss man heute davon ausgehen, dass das Unternehmen keine Verantwortung übernimmt.

Es gibt aber auch kritische Stimmen gegenüber der Kommunikation von CSR, die oft damit zusammenhängen, dass sich die Kritiker über die Tragweite und Bedeutung von Kommunikation für das Gelingen von CSR nicht bewusst sind. So wird als pauschale Hauptkritik argumentiert, dass das alles viel zu teuer und der Nutzen nur marginal sei. Gegenüber den Shareholdern sei das unverantwortlich, zumal es deren Geld ist, was man ausgibt. Im Zweifel müsste man entstehende zusätzliche Kosten auf die Preise aufschlagen, was die Wettbewerbsfähigkeit gefährden könnte. Aus dieser Argumentation wird deutlich, dass man die Kommunikation von CSR als Kostenfaktor sieht und daher wohl eher mit der publikumswirksamen Vergabe von „Almosen-Schecks" verbindet.

Darüber hinaus quälen Kritiker und Skeptiker weitere Befürchtungen. Sie haben Angst

■ vor kritischer Öffentlichkeit,

■ vermeintliche Schwächen zuzugeben (ggf. „Leichen im Keller"),

■ dem Thema nicht gewachsen zu sein,

■ Anspruchshaltungen zu wecken, die im Zweifel nicht erfüllt werden können. Das betrifft vor allem Spendenanfragen oder sonstige Anforderungen von Stakeholdern, denen man weder vom Know-how noch organisatorisch, personell oder finanziell nachkommen könne. Vor allem perspektivisch in schlechten Zeiten befürchtet man, der CSR nicht adäquate Rechnung tragen zu können (sozusagen ethischen Dilemmas präventiv vorbeugen).

In Anlehnung an das Leitbild des „ehrbaren Kaufmanns"[100], verbinden klein- und mittelständische Betriebe, die vorwiegend familiengeführt sind, mit CSR auch oft ein tradiertes Understatement – nach dem Motto: „Darüber spricht man nicht." Häufig ist damit auch verbunden, den Nachwuchs den verantwortlichen Umgang mit dem Vermögen zu lehren. Dennoch läuft man auch hier Gefahr, alimentierende Wohltätigkeit mit der bewussten Übernahme von Verantwortung als Investition in die Kernaufgaben des Unternehmens und der Gesellschaft zu verwechseln.

3 CSR Communication - Strategie und Konzept

Grundlagen

Auf Grundlage der bisherigen Ausführungen, die den kontextualen Zusammenhang zwischen CSR und der Markt- und Wirtschaftskommunikation unter Berücksichtigung der Klärung relevanter Begrifflichkeiten und Aspekte erörterte, werden im Folgenden die Spezifika und Komponenten für die Strategie- und Konzeptentwicklung vorgestellt. Dabei geht es zunächst um grundsätzliche Fragen der strategischen Ausrichtung von CSR Communication.

Wie bereits in den vorangegangen Kapiteln dargestellt, umfasst CSR Communication ein breites Spektrum an Themen und adressiert eine Vielzahl von Stakeholdern, die unterschiedliche Erwartungen in variierender Ausprägung an das Unternehmen herantragen. CSR Communication richtet die Schnittstelle der CSR zwischen dem Unternehmen und seinem internen und externen Umfeld strategisch aus.

Folgt man dem „neuen St. Galler Management-Modell"[101] (**Abbildung 3.1**), das diesem Ansatz am nächsten kommt, besteht für die CSR Communication die Herausforderung, Antworten auf die Fragestellungen fünf verschiedener Themenkomplexe zu geben: Leistungsangebot, Fokus der Wertschöpfung, Kooperationsfelder, Kernkompetenzen und die Anspruchsgruppen.

Dabei kommen folgende grundlegende Anforderungen zum Tragen, die in jedem Fall für die Strategieentwicklung von Bedeutung sind:

- Ethische Dilemmas dialogorientiert kommunizieren und gegebenenfalls demokratisieren, d. h. Einflussnahme der Stakeholder auf die Entscheidungsfindung zulassen oder gar einfordern, wie es das Konzept der „Stakeholder Democracy"[102] vorsieht. Dabei muss auch das legitime Eigeninteresse sachlich formuliert werden.

- CSR Communication nicht isoliert betrachten, sondern in die Gesamtkommunikation integrieren. Da CSR Communication kein eigenständiges Kommunikationsinstrument ist und sich vielmehr einem Mix von Kommunikationsinstrumenten bedient, sind diese entsprechend integrativ zu vernetzen und in ausgewogenem Maße einzusetzen. Der Schwerpunkt liegt dabei auf der interinstrumentellen Integration der Kommunikation von CSR, d. h. die Berücksichtigung von CSR bei der strategischen Planung aller Kommunikationsmaßnahmen. (s. **Abbildung 3.2**). Dadurch ist gewährleistet, dass CSR als Teil der DNA des Unternehmens auch tatsächlich so wahrgenommen wird.

Abbildung 3.1   Das neue St. Galler Management-Modell: Such-, Entscheidungs- und Handlungsfelder im Management

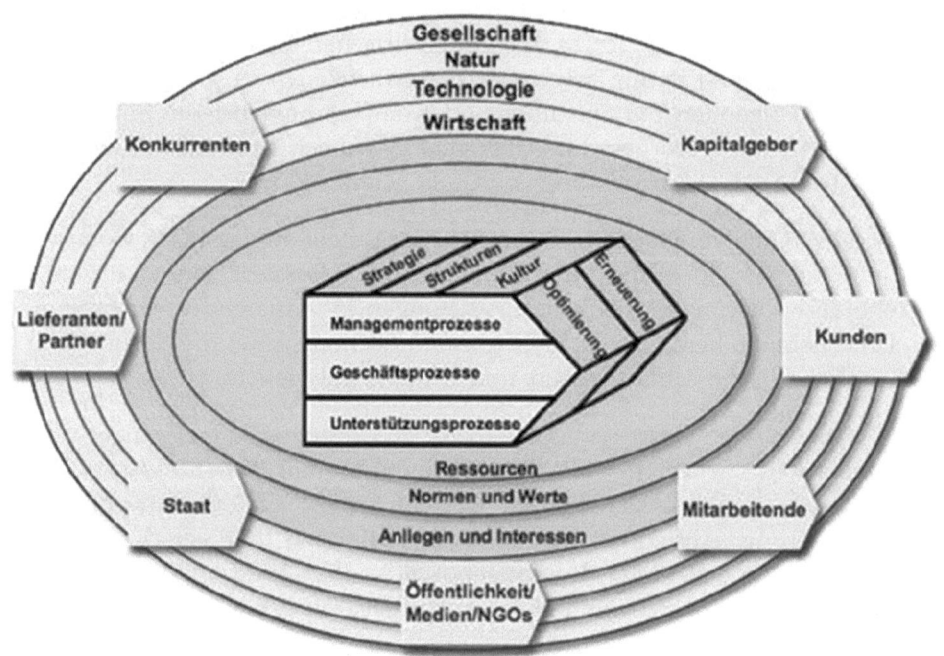

Quelle: Rüegg-Sturm, J., Das neue St. Galler Management-Modell. Grundkategorien einer integirierten Managementlehre: Der HSG-Ansatz, 2. Aufl., Bern, Haupt-Verlag, 2003

■ Das sichert letztlich auch die Konsistenz in der Kommunikation von CSR. Im Kontext der Instrumentenkategorisierung von Manfred Bruhn[103] kann für die CSR Communication keine direkte Zuordnung erfolgen, vielmehr fließt sie in alle Kategorien ein:

– als Leitinstrument,
  kann sie insbesondere dann dienen, wenn sich die Produkte dafür eignen (Ökologie etc.),
– als Kristallationsinstrument,
  hängt sie in der Regel von den Schwerpunkten der Ziel- und Dialoggruppen ab,

– als Folgeinstrument,
  dient sie vor allem der internen Kommunikation,
– als Integrationsinstrument,
  entfaltet CSR Communication wohl die größte Wirkung und ist universell
  einsetzbar.

Abbildung 3.2   Integration der CSR Communication in die Unternehmens- und Markenkommunikation

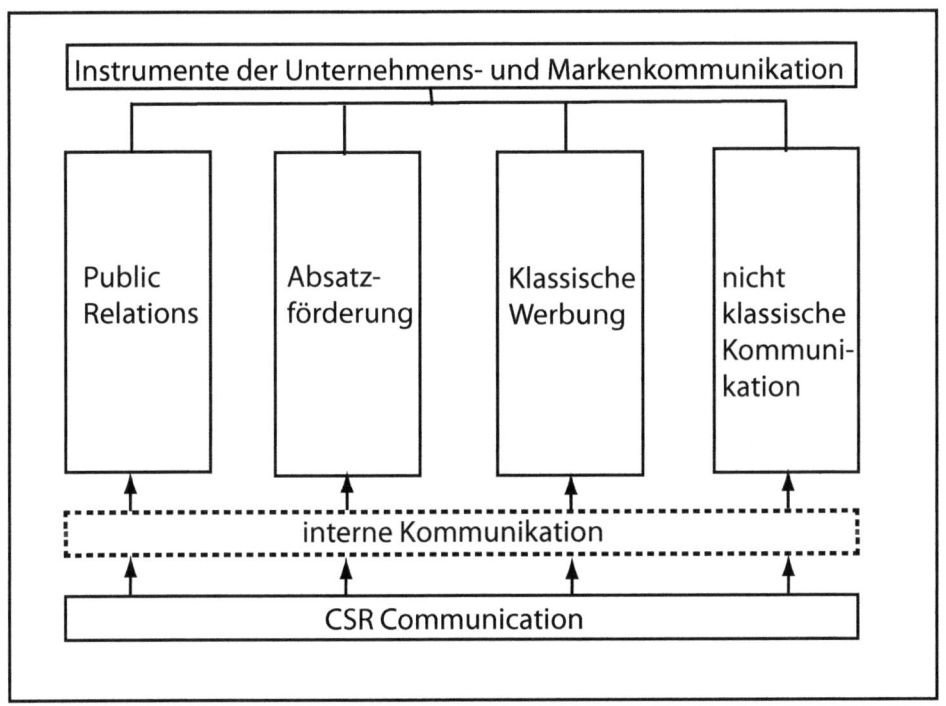

■ Nicht die Verantwortung, sondern vielmehr das Ergebnis des verantwortlichen Handelns steht im Zentrum der Kommunikation. Aus dem Wahrnehmen
des Ergebnisses des Handelns muss der Rezipient den Schluss ziehen, dass
das Unternehmen verantwortlich handelt. Überlegung muss dabei vor allem
sein, wie mit den Schwachstellen und Risiken umgegangen wird und wie man
ihnen optimal begegnet.

■ Als Schnittstellenfunktion übernimmt CSR Communication Übersetzungs-
arbeit, worauf bereits hingewiesen wurde. Beispiele oder „Real-Life-Stories"
können dabei hilfreich sein. „Das stärkste Moment der Veränderung von Praxis ist Praxis – und nicht das Wissen."[104]

■ Sämtliche Maßnahmen im Rahmen der CSR Communication müssen auf die Kompatibilität hin sowohl mit dem aktuellen gesellschaftlichen Stimmungsbild als auch der Corporate Identity und der Unternehmenskultur überprüft werden, um ein konsistentes authentisches Bild zu gewährleisten. Die Glaubwürdigkeit der eingeleiteten Maßnahmen würde ansonsten großen Schaden nehmen.

Wichtigste Bedingung für den Erfolg von CSR Communication, wie für die CSR selbst, ist eine klare Unterstützung seitens der Geschäftsführung. Die Geschäftsführung gibt der Kommunikation von Verantwortung ein Gesicht und lässt die institutionelle Verantwortung emotional auf eine oder mehrere Personen projizieren. Sie sind damit Vorbild und Maßstab zugleich.

Zu guter Letzt noch ein Hinweis zur Tonalität der CSR Communication. CSR ist zwar ein ernstes Thema. Doch Verantwortung ist nicht nur eine schwer lastende Bürde , sondern muss, wie bereits hingewiesen, auch Spaß machen können, vor allem dann, wenn sie aus dem Kreis intellektueller Selbstbeweihräucherung heraustreten soll. Besonders die Jugend erreicht man nur, wenn CSR cool und hipp übersetzt wird. Hedonismus und Verantwortung müssen sich nicht widersprechen – im Gegenteil.[105]

Beispiel: Volkswageninitiative: The Fun Theory

The Fun Theory fordert Menschen auf, animiert durch originale vorgegebene Beispiele, kreative Ideen zur Förderung von nachhaltigem Verhalten einzureichen. Wichtige Bedingung: Sie müssen Spaß machen.

Auf Grundlage einer beispielhaften Idee wurde ein Viral-Video zur Kampagne erstellt, das alleine auf YouTube über eine Million Besucher zählte (Agentur DDB Stockholm). Das Video wirft die Frage auf, wie Menschen dazu bewegt werden können, Treppen anstatt Rolltreppen zu benutzen, um der Bewegungsarmut entgegenzuwirken. Als Antwort funktionierte man die Treppe einer U-Bahn-Station in ein begehbares Piano um, bei dem die Stufen jeweils die Tasten darstellten und Klavierklänge erzeugten, wenn man sie betrat.

Quelle: Initiative der Volkswagen AG in Schweden: http://www.thefuntheory.com/, November 2009

CSR-Kommunikationskonzept

Basis für die CSR Communication ist neben einer tragfähigen Strategie eine überzeugende gesellschaftsorientierte Unternehmensidentität, d. h. ein Unternehmen, das seiner Verantwortung nicht nur bewusst ist, sondern sie auch bewusst gestaltet. Klaus-Peter Wiedmann illustriert das mit den Worten: „Ohne normative und strategische Ausrichtung bleibt CSR kopflos, ohne operatives Management kraftlos."[106] Es geht also nicht einfach darum, all das Gute aufzuzählen, mit hübschen Bildern zu untermalen und zu guter Letzt nochmals deutlich darauf hinzuweisen, dass man damit Verantwortung übernommen hat. Das wird von der kritischen Öffentlichkeit nicht ernst genommen und im schlimmsten Fall als „Greenwashing" abgestraft. Welche CSR-Aktivitäten und was von diesen Aktivitäten in welchem Kontext wie, wem und wo kommuniziert werden soll, ist im Einzelfall abzuwägen. Letztlich richtet aber der Stakeholder darüber, ob das Unternehmen seiner Verantwortung gerecht wird, nicht das Unternehmen. Schon allein deshalb ist es von größter Bedeutung, das bereits erwähnte „Zuhören" strategisch zu berücksichtigen.

Wie bei allen Kommunikationsmaßnahmen müssen auch bei CSR Communication konzeptionelle Überlegungen vorangestellt werden (s. **Abbildung 3.3**). Ausschlaggebend dafür sind im Gegensatz zur herkömmlichen Vorgehensweise die Berücksichtigung des „Zuhörens" und die Einbindung der Stakeholder in der Konzeptentwicklung. Zwar geht dem klassischen Kommunikationskonzept ebenfalls die Analyse voran, nur ist diese in der Regel passiv ausgerichtet und gibt lediglich ein aktuelles Stimmungsbild wider. Das „Zuhören" ist aber aktiv und fließt in alle anderen nachgenannten Kriterien ein. Das CSR-Kommunikationskonzept berücksichtigt darüber hinaus bereits für die Zielsetzung des Konzepts die Ansprüche und Interessen der Ziel- bzw. Stakeholdergruppen. Man kennt das von Testmärkten, Panels o. Ä., wo Kampagnen auf ihre Wirksamkeit geprüft werden. Nur hier setzt man bereits bei der Strategieentwicklung an und bindet die Stakeholder in den Konzeptentwicklungsprozess ein. Ansätze dafür findet man beispielsweise bei SAP, die auf ihrer Website interessierten Stakeholdern die Möglichkeit bieten, direkt darauf Einfluss zunehmen, über was das Unternehmen berichten sollte.[107] Nicht alle Stakeholdergruppen begrüßen das. So wird man wohl kaum die Absolution für eine geplante CSR-Kommunikationskampagne eines der großen Energiekonzerne von Greenpeace erwarten können – aber durchaus wertvolle Hinweise. Das CSR-Kommunikationskonzept wird quasi mit den Zielgruppen statt nur für sie entwickelt. Sie nehmen auch maßgeblichen Einfluss in die Materialitätsprüfung von CSR, die relevante Handlungsfelder erkennt und Chancen und Risiken gegeneinander abwägt. Das daraus entstandene Materialitätsportfolio bildet die Grundlage für die CSR-Steuerung und fließt auch direkt in die Strategieentwicklung der CSR Communication ein.

Zusammengefasst werden die einzelnen Schritte der Konzeptentwicklung in nachstehendem Modell dargestellt:

Abbildung 3.3   Phasenmodell eines CSR-Kommunikationskonzepts

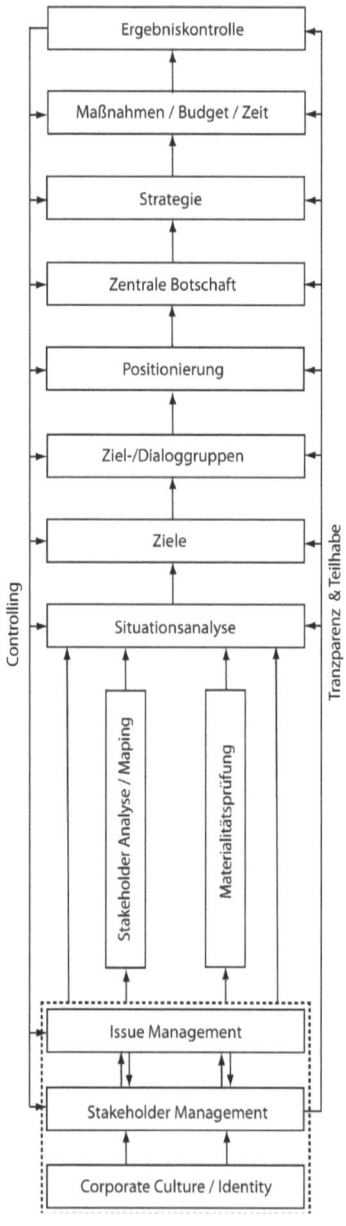

Anmerkungen zum Modell:

- *Corporate Culture/Identity*
  Ohne die Verankerung des Kommunikationskonzepts in der Unternehmens-kultur und der Corporate Identity sind alle Bemühungen, CSR zu kommuni-zieren, sinn- und zwecklos. Die kommunizierten Werte müssen sich auch im Unternehmen wiederfinden.

- *Stakeholder Management*
  Der permanente Dialog mit den Stakeholdern zeigt Handlungsfelder auf und gibt ein Verständnis dafür, welche „Antworten" in welcher Form vom Unter-nehmen erwartet werden. Hier ist es wichtig, genau hinzuhören und nicht nur aufgrund vermeintlicher Fakten zu vermuten, wie es üblicherweise bislang der Fall ist, wenn Kommunikationskonzepte entwickelt werden. Nach Mög-lichkeit sollte man in die Konzeptentwicklung Vertreter relevanter Stakeholder einbinden, denen man letztlich mit dem Kommunikationskonzept Antworten geben möchte.

- *Issue Management*
  Das Screening und Monitoring relevanter Issues ist der Radar für relevante Themen, die in die Materialitätsprüfung einfließen. Das Issue Management macht auch unter Umständen neue Stakeholdergruppen aus, die für die Aus-gangssituation des Kommunikationskonzeptes von Bedeutung sind.

- *Materialitätsprüfung*
  Unter der Vielzahl der Themen, die ein Unternehmen tangieren, ist es wichtig, sich zu vergegenwärtigen, was in welchem Maße tatsächlich für das Unter-nehmen relevant ist. Die Materialitätsprüfung zeigt auf, welche Kernthemen der Stakeholder in Abhängigkeit von dem Einfluss auf das Unternehmen letzt-lich für das Kommunikationskonzept relevant sind.

- *Stakeholder-Analyse/Maping*
  Ähnlich wie bei der Materialitätsprüfung, wo Themen in Abhängigkeit zur Relevanz für das Unternehmen analysiert werden, sind es hier Stakeholder mit ihren Ansprüchen und Interessen, die in Abhängigkeit zum Unternehmen oder zu bestimmten Issues untersucht werden.

- *Situationsanalyse*
  Die Analyse der Kommunikationssituation beinhaltet vor allem die Ist-Analyse der Ausgangslage für die CSR (Marktumfeld, Wettbewerb, Issues etc.). Sie wird im Wesentlichen durch die Erkenntnisse der vorangegangen Prüfungen determiniert.

■ *Ziele*
Die Kommunikationsziele müssen sich in erster Linie realistisch an dem orientieren, was CSR im Unternehmen tatsächlich leisten kann, d. h. welche konkreten Handlungsfelder ausgehend von der Stakeholder Analyse und dem Materialitäts-Portfolio überhaupt in Betracht kommen. Die Entwicklung und Einbeziehung von Key-Performance-Indicators (KPI) erleichtern die Operationalisierung der Ziele für das Controlling.

■ *Ziel-/Dialoggruppen*
Stakeholder werden zu Zielgruppen und im engeren Sinne zu Dialoggruppen. Sie sind entsprechend zu analysieren, kategorisieren und segmentieren. Wichtig ist zu berücksichtigen, dass es berechtigte Interessen gibt, die durch keine Interessengruppe vertreten sind. Hinzu kommt, dass bestimmte Zielgruppen unter Umständen divergierende Ansprüche und Interessen an das Unternehmen haben. Stakeholder sind demnach nicht gleichzusetzen mit Zielgruppen, die eine bestimmte Gruppe von Menschen anvisieren.

■ *Positionierung*
Mit der Zielsetzung hat man eine klare Vorstellung formuliert, was man mit der Kommunikation erreichen will. Die Positionierung zeigt dagegen auf, wie man als verantwortliches Unternehmen bei den Zielgruppen wahrgenommen werden will und wo man seine Schwerpunkte setzt.

■ *Zentrale Botschaft*
Das Herz jedes Kommunikationskonzepts ist die zentrale Botschaft. Auf der Suche nach einer packenden und tragfähigen Leitidee beschreibt die zentrale Botschaft, was inhaltlich kommuniziert werden soll und woraus die Copy-Inhalte entwickelt werden. Sachlich, aber trotzdem emotional auf den Punkt gebracht. Teil der Botschaft muss in jedem Fall der Dialog sein. Kulturelle Unterschiede und die zeitliche Perspektive spielen dabei eine herausragende Rolle.

■ *Strategie*
Die CSR-Kommunikationsstrategie muss die Integration in das strategische Konzept der Unternehmenskommunikation berücksichtigen. Sie ist die strategische Klammer für die CSR-Positionierung. Isolierte Strategien laufen Gefahr, als unglaubwürdig verurteilt zu werden. Die Kreativität macht bei der Strategieentwicklung den ausschlaggebenden Unterschied.

■ *Maßnahmen/Budget/Zeit*
Die Maßnahmenplanung greift auf die gesamte Klaviatur der Kommunikation zurück. Bei der Auswahl und Gestaltung der Kommunikationsinstrumente ist allerdings hinsichtlich ihrer Wirkung darauf zu achten, dass den besonderen Umständen der CSR Communication Rechnung getragen wird. Die Glaub-

würdigkeit und Authentizität spielen dabei eine erfolgskritische Rolle. Wichtig ist letztlich, dass mit den Maßnahmen die zentrale Botschaft verständlich übersetzt wird.

■ *Ergebniskontrolle*
Die klassischen Instrumente der Wirkungs- und Erfolgskontrolle (Recall, Recognition, Delphi etc.) müssen mit spezifischen Instrumenten der Reputationskontrolle ergänzt werden. Die Kontrollinstrumente sind nach Möglichkeit so zu wählen, dass sie Teil eines repetitiven Monitoringprozesses werden, der wertvolle Hinweise für die Steuerung der Kommunikationsprozesse, das Kommunikations-Controlling, liefert.

CSR Communication in der Markenkommunikation

Während in der bisherigen Betrachtung das Unternehmen als korporativer Akteur im Vordergrund stand, soll hier in einem Exkurs die Bedeutung von CSR Communication für die Marke beleuchtet werden.

Im Kontext der gesellschaftlichen Verantwortung einer Marke, der „Brand Social Responsibility" (BSR) geht es darum, der Marke Verantwortung als einen ethischen Wert beizumessen. Im Rahmen des „Ethical Brand Monitors"[108] konnte nachgewiesen werden, dass der ethische Markenwert signifikanten Einfluss auf die Markenpräferenz und auf das Image der Marke hat.[109] Für die Entwicklung einer CSR-Kommunikationsstrategie ist es daher unerlässlich, die Bedeutung von CSR auch für die Marke zu berücksichtigen.

Als Grundlage lässt sich dafür idealerweise die identitätsbasierende Markenführung[110] von Heribert Meffert, Christoph Burmann und Manfred Kirchgeorg heranführen. Danach sind auf Basis der Verhaltensforschung sechs Komponenten der Markenidentität zugrunde gelegt, die auch für die Kommunikation der Brand Social Responsibility Anwendung finden:[111]

1. Markenherkunft („Woher kommen wir?")
   Sie bildet das tradierte Fundament der Markenidentität. Daraus resultiert für die Verantwortlichkeit ein hohes Maß an Authentizität und Glaubwürdigkeit. Als Beispiel lässt sich dafür die Marke „Bosch" heranziehen, die sich bereits durch ihren Gründer, Robert Bosch, durch wesensprägende Merkmale der gesellschaftlichen Verantwortung auszeichnete.

2. Markenwert („Woran glauben wir?")
   Er repräsentiert die Grundüberzeugung derer, die für die Marke stehen (Mitarbeiter, Management). Ihr Handeln setzt den Maßstab für CSR und ist normalerweise manifestiert in der Konstitution des Unternehmens, die die ethischen Grundeinstellungen des Unternehmens dann auch in der Marke widerspiegelt.

3. Markenführungskompetenz („Was können wir?")
   Hier geht man der Frage nach, inwieweit für die Marke aus dem eigenen Wissen, der eigenen Kompetenz und Erfahrung heraus eine Führungsrolle übernommen werden kann, die gesellschaftliche Verantwortung berücksichtigt.

4. Markenvision („Wohin wollen wir?")
   Während die Markenführungskompetenz sich auf Erfahrungswerten stützt, entwirft die Markenvision ein Bild der Zukunft, das als Pendant auch der CSR zugrunde liegen muss.

5. Markenpersönlichkeit („Wie treten wir auf?")
   Hier kommen menschliche Attribute der Marke zum Ausdruck, die Verantwortung als Wert und Charaktereigenschaft implizieren. Sie finden ihren Ausdruck im jeweiligen Kommunikationsstil und der Tonalität.

6. Markenleistung („Was tun wir?")
   An der Form und Art der Leistung der Marke wird letztlich der Grad der Verantwortung gemessen und kann zur Differenzierung gegenüber dem Wettbewerber einen erheblichen Beitrag leisten. An der Markenleistung müssen alle vorgenannten Komponenten ausgerichtet werden, um die Authentizität sicherzustellen.

Unabhängig von der hier analysierten Markenidentität, unterliegt die Markenpräferenz auch Kräften, die das Unternehmen nicht beeinflussen kann, aber nach Möglichkeit berücksichtigen sollte. So unterscheidet beispielsweise Klaus Streeck Wertformate, die die Charakteristik symbolischer Wertpräferenz von Produkten auf Personen beziehen, und Konsumformate, die Produkte mit Situationen assoziieren, wie zum Beispiel Blumen zum Rendezvous.[112] Bezogen auf die Markenpräferenz in Verbindung mit CSR kann die Differenzierung durch Verantwortungsformate (Weihnachten, Tag des Kindes, Girls' Day etc.) erfolgen. Darüber hinaus gibt es aber noch eine Vielzahl anderer Einflussfaktoren wie Krisen, Katastrophen oder sonstiger Ereignisse, die das Selbstbild einer Marke in Bezug auf die Übernahme von Verantwortung tangieren können. Die Marke sollte sich aber nicht verleiten lassen, ihr Profil zugunsten einmaliger Goodwill-Aktionen aufs Spiel zu setzen. Denn genauso wie bei CSR ist auch bei der Brand Social Responsibility Konsistenz maßgeblich für die Glaubwürdigkeit der Kommunikation.

Reputation & Image

Reputation
In den folgenden Kapiteln werden die zentralen Zielgrößen und Voraussetzungen für die Strategieentwicklung der CSR Communication näher untersucht. Im Vordergrund stehen in diesem Zusammenhang die Reputation und das Image

des Unternehmens. Die Reputation hat sich mittlerweile zum entscheidenden Erfolgskriterium des Kommunikationsmanagements entwickelt und ist auf gesättigten Märkten ausschlaggebend für die Wettbewerbspositionierung. Außerdem bestimmt Reputation als größtes intangibles Kapital maßgeblich den Wert eines Unternehmens[113] und es gibt einen nachweisbar signifikanten Zusammenhang zwischen guter Reputation und Gewinnen, wie **Abbildung 3.4** verdeutlicht. Reputationskapital kann aber mühsam aufgebaut binnen kürzester Zeit wieder zunichte gemacht werden.

Abbildung 3.4   Zusammenhang zwischen Gewinn und Reputation

Quelle: Copyright: 2010 IMM Corporate Reputation Monitor (www.reputation-centre.org); Datenbasis: Stichproben von 26-28 Dax-Unternehmen vom 30.12.2005 bis 31.03.2010 in 9 Wellen analysiert.

CSR trägt wesentlich zur Reputation eines Unternehmens bei, zumal CSR eine erfolgskritische Rolle beim Aufbau und der Pflege guter Beziehungen mit den Stakeholdern spielt und Verantwortungsbewusstsein ohnehin essenziell für eine hohe Reputation ist (**Abbildung 3.5**).

Abbildung 3.5   Umfrage: Welchen Einfluss hat CSR auf die Reputation eines Unter-
                 nehmens?

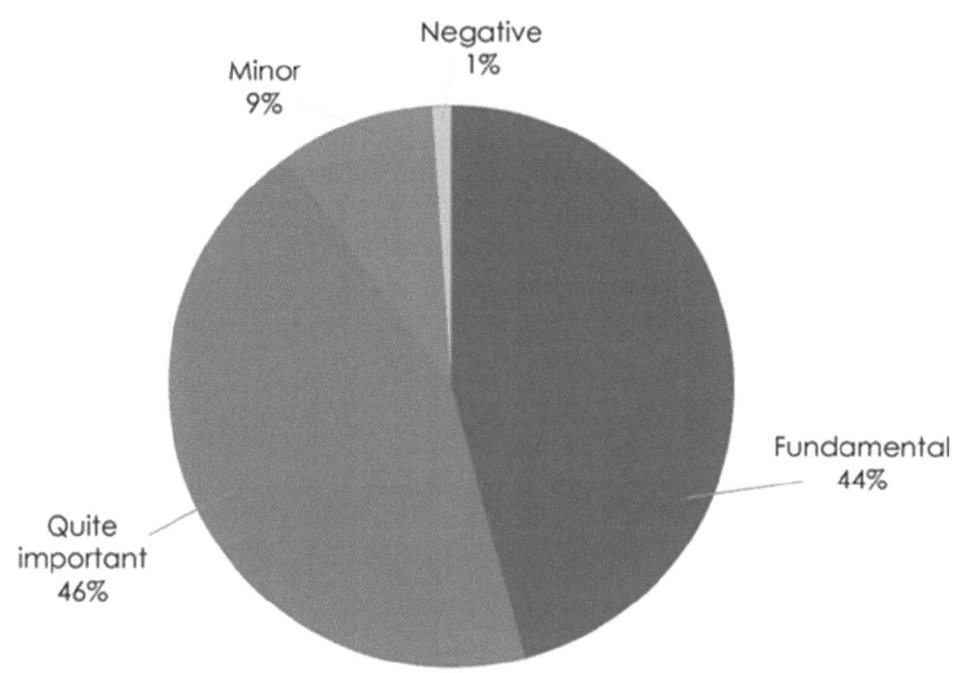

Quelle: Lundquist (Hrsg.), Towards an international model of CSR communications,
           CSR Online Awards Questionnaire, 23.02.2009 (CSR-Online-Umfrage)

Das Reputationsmanagement, im Sinne der bewussten Gestaltung der Reputation, wird daher in wesentlichen Punkten von der CSR Communication getragen.
„Empirically we argue that the key issues that dominate the Corporate Communication profession, reputation management, and corporate identity, are the same
drivers that dominate the rational for undertaking CSR in a company."[114] CSR
Communication ist der Schlüssel zum Erfolg für das Reputationsmanagement,
denn nur das Unternehmen kann ein positives Reputationsurteil erwerben, welches die gesellschaftlich gesetzten Ziele und Werte erfüllt. Das setzt allerdings
nach den Forschungsergebnissen von Mark Eisenegger voraus, dass die „funktio-
nale Reputation", sprich die Profitabilität, identitätstreu gegeben ist und dies
relativ besser zum Wettbewerber zum Ausdruck gebracht wird („expressive Reputation").[115]

Im allgemeinen deutschen Sprachgebrauch übersetzt man den Begriff Reputation (lat. Reputare: Erwägung, Berechnung) heute mit „Ansehen" oder „Ruf".[116] Übertragen auf das Unternehmen oder die Marke hat Reputation damit zum einen eine rationale Dimension, die sich durch Wissen und Wahrnehmung über ein Unternehmen erschließt, und zum anderen eine irrationale, emotionale Dimension, die man als Individuum einem Unternehmen entgegenbringt. Das Reputationsurteil kann dementsprechend zwar auf direkten Erfahrungen, aber auch auf verarbeiteten Kommunikationsbotschaften (ohne direkte Erfahrungen) basieren. In der wirtschaftswissenschaftlichen Literatur existiert keine allgemein gültige Definition von Reputation. Robert Burkhardt fasst die führenden Definitionen gewissermaßen zusammen: „Reputation im Sinne von Unternehmensreputation ist die Gesamtheit dessen, wie ein Unternehmen von seinen Interessengruppen unter Einbezug vergangener und zukünftiger Aspekte wahrgenommen wird. Sie ist ein Extrakt verschiedener individueller Erfahrungen, Anforderungen und kognitiver Einstellungen, die es Menschen ermöglicht, das zukünftige Verhalten eines Unternehmens und dessen Auswirkung auf ihre Bedürfnisse zu antizipieren. Aufgrund dessen ist Reputation stark abhängig vom sozio-kulturellen Umfeld. Reputation ist wertneutral."[117]

Eng verbunden mit einer positiven Reputation sind neben der Verantwortung die Attribute, die den als Voraussetzung für CSR Communication genannten, sehr ähnlich sind: [118]

- Glaubwürdigkeit,
- Vertrauenswürdigkeit,
- Berechenbarkeit,
- Zuverlässigkeit.

Um ein wertendes Reputationsurteil geben zu können, tragen die Stakeholder als Maßstab eine gewisse Erwartungshaltung an das Unternehmen heran, die dann vom Unternehmen zu einem gewissen Grad befriedigt wird oder eben nicht. Dabei gibt es durchaus Teilreputationen, wonach unterschiedliche Stakeholder hinsichtlich ihres Reputationsurteils völlig gegenteiliger Ansicht sein können. In jedem Fall bestimmt die Reputation maßgeblich die Einstellung der Stakeholder gegenüber dem Unternehmen, was sich konkret auf deren Handlungen auswirkt. Das wiederum drückt aus, wie groß die Unterstützungspotenziale der Stakeholder sind, die sie dem Reputationsobjekt, sprich dem Unternehmen, entgegenbringen.[119]

Neben dem direkten Einfluss auf den Unternehmenswert werden mit hoher Reputation folgende Vorteile verbunden:

■ Reputation erleichtert, hoch qualifizierte Arbeitnehmer zu rekrutieren und die Fluktuationsrate zu senken. „Investition in Reputation durch Verzicht auf kurzfristig opportunistisches Verhalten ist somit unmittelbar Investition in das Humankapital."[120]

■ Reputation steigert den Markenwert eines Unternehmens und kann, wie bereits erwähnt, sogar unmittelbar zu einer Steigerung des Umsatzes und des Gewinns beitragen. Sie stärkt das Vertrauen der Kunden in Produkte, Werbeaussagen und Kaufentscheidungen. Dadurch lassen sich einfacher höhere Preise realisieren bei gleichzeitig niedrigerem Marketingaufwand.

■ Reputation erleichtert den Zugang zum Kapitalmarkt und senkt die Kapitalbeschaffungskosten im Sinne eines langfristig angelegten Risk Managements. Banken ziehen beispielsweise bei der Beurteilung der Kreditwürdigkeit ihrer Firmenkunden immer häufiger die Übernahme von gesellschaftlicher Verantwortung zusätzlich zu den bereits verwendeten Beurteilungskriterien hinzu.

■ Krisen können effizienter vorgebeugt und unbeschadeter überstanden werden, zumal mit einer hohen Reputation ein Vertrauensbonus und kompetitiver Erfolgsfaktor verbunden wird. Spätestens im Falle eines Ereignisses mit Krisenpotenzial zeigt sich letztlich, wie belastbar die Reputation ist.

Wie sich die Reputation konkret auf das einzelne Unternehmen auswirkt, erkennt man, wenn man die Meinungsbildung in den Medien und direkt bei den Stakeholdern über einen längeren Zeitraum untersucht und sie konkret mit dem Verhalten der Stakeholder (Preisakzeptanz, Fluktuation etc.) und der Unternehmens-Performance in Verbindung bringt. Dadurch lässt sich das Unternehmen im Gesellschafts- und Wettbewerbsumfeld am besten verorten und der Zusammenhang zwischen gesellschaftlichem und wirtschaftlichem Umfeld erkennen. Daraus kann wiederum abgeleitet werden, welche grundlegenden Mechanismen des Reputationsaufbaus speziell für ein Unternehmen und seine Branche zu berücksichtigen sind. Außerdem kann man erkennen, was und wer die erfolgskritischen Treiber der Reputation sind und von was und wem die größte Gefahr ausgeht. Das Issue Management, worauf in einem weiteren Kapitel nochmals gesondert eingegangen wird, kann hierfür wertvolle Dienste leisten. „Intimate knowledge of the public agenda and its systematic alignment with the company's specific strategic goals have become prerequisites for successful reputation management."[121] Zu berücksichtigen sind in jedem Fall kulturelle Unterschiede.

Für die Reputation eines Unternehmens ist das wertekonforme Verhalten der Führungskräfte von enormer Bedeutung. Wie bereits im Kontext der CSR dargelegt, geben die Führungskräfte, allen voran der CEO, einem Unternehmen ein Gesicht. Das ist wichtig, denn wie Thomas Donaldson durchaus zutreffend feststellte, sind Unternehmen aus moralischer Sicht ungewöhnliche Gebilde: „Sie haben keinen Hintern, in den man treten, und keine Seele, die man verdammen könnte"[122] – Führungskräfte aber schon. Allerdings ist Vorsicht geboten, die Führungskräfte in der Kommunikation als eine Art „Werte-Testimonial" einzusetzen. Bei einer durchschnittlichen Halbwertszeit von 2,5 Jahren eines Vorstands einer Aktiengesellschaft darf das Wohl und Wehe eines Unternehmens nicht von einer einzelnen Person abhängig gemacht werden. Ein gutes Beispiel für den immensen Einfluss einzelner Personen auf das Schicksal eines Unternehmens waren die Vorstände der Deutschen Bank. Die Deutsche Bank wird traditionell fast ausschließlich durch deren Vorstandsvorsitzenden wahrgenommen, wodurch die Bank immer wieder schweren Reputationsschaden erlitten hat.

Beispiel: Reputationsgewinn

„Ein anschauliches Beispiel für einen starken Reputationsgewinn und eine dadurch verbesserte Marktpositionierung liefert das Unternehmen DuPont, einer der weltweit größten Chemiekonzerne. In den neunziger Jahren fiel das Unternehmen mit Negativschlagzeilen aufgrund eines exorbitanten Verbrauchs von Distickstoffmonoxid (N_2O) und Fluorkohlenwasserstoffen wie HFC-23 auf. Emissionen dieser Chemikalien haben einen Einfluss auf den Klimawandel, der 310 Mal bzw. 11.700 Mal so hoch ist wie jener von CO_2-Emissionen. Dementsprechend war das Unternehmen unter anderem für folgende Negativ-Rankings nominiert:

- „Least-wanted companies 1993" des Council on Economic Priorities

- „Shameless: 1995's ten worst corporations" des Magazins Multinational Monitor

- „1999 Dirty Five" als einer der fünf größten Umweltverschmutzer in den USA von der NGO Public Interest Research Group (PIRG) …

DuPont veränderte daraufhin seine Strategie und integrierte CR in sein Geschäftsmodell. Durch Energieeinsparungen und die Reduzierung von Emissionen sparte DuPont zwischen 1991 und 2003 insgesamt drei Mrd. US-Dollar ein. Heute ist Nachhaltigkeit in der gesamten Wertschöpfungskette des Unternehmens integriert und die Führungsebene sieht CR nicht nur als Unternehmensvision, sondern als eine wirtschaftliche Notwendigkeit für den Erfolg von Unternehmen im 21. Jahrhundert."[123]

Beispiel: Reputationsverlust

Mannesmann-Affäre:
Ab Januar 2004 musste sich Josef Ackermann vor dem Landgericht in Düsseldorf verantworten. Die Anklage gegen ihn und fünf weitere Beteiligte der sogenannten *Mannesmann-Affäre* lautete auf Untreue. Ackermann sorgte zu Beginn des Prozesses für erhebliches Aufsehen durch seine der Presse gegenüber getätigte Aussage: „Dies ist das einzige Land, in dem diejenigen, die Erfolg haben und Werte schaffen, deswegen vor Gericht gestellt werden!" Im Gedächtnis der Öffentlichkeit blieb ebenfalls seine zu einem V gespreizte Hand vor Prozessbeginn, die Siegesgewissheit ausstrahlen sollte, doch als überheblich und deplatziert kritisiert wurde.

Peanuts-Affäre:

Peanuts (engl. für Erdnüsse) ist in der englischen (und seit einigen Jahren auch deutschen) Umgangssprache ein Ausdruck für Kleinigkeiten oder unbedeutende Geldsummen. Das Wort Peanuts wurde 1994 zum *Unwort* des Jahres erklärt. Hilmar Kopper, damaliger Vorstandssprecher der Deutschen Bank AG, benutzte den Ausdruck „Peanuts" für die Summe offener Handwerkerrechnungen im Zuge der Insolvenz des Immobilienunternehmers Jürgen Schneider (ein Prozent der Gesamtsumme von fünf Mrd. DM).

Image
Während die Reputation eines Unternehmens quasi als vermittelte Wertschätzung zweiter Hand („second-hand-impression"[124]) eine öffentliche Geltung zum Ausdruck bringt[125], beschreibt das Image ein zunächst wertneutrales „Vorstellungsbild" eines Unternehmens[126]. Diese „evaluative Funktion"[127], die die Reputation im Gegensatz zum Image einnimmt, ist für die soziale Verortung eines Unternehmens im Rahmen der „license to operate" für CSR ausschlaggebend.

Das kollektive und individuelle Werteverständnis spielt natürlich für diese Wahrnehmung eine große Rolle, denn sie ist ausschlaggebend für die Einstellung, die man gegenüber dem Meinungsgegenstand einnimmt. Ein Image kann sich verändern, ohne dass es sich zunächst auf das Reputationsurteil auswirkt. „Während sich Images […] auf spezifische Einzelsegmente der Wahrnehmung eines Objekts oder Subjekts beziehen, repräsentiert Reputation ein aggregiertes und verdichtetes Bündel von Vorstellungen."[128] Entsprechend ist das Reputationsmanagement im Gegensatz zum Imageaufbau langfristiger angelegt. Denn Images können durch unidirektionale Kommunikation (z. B. Kampagnen) relativ schnell angepasst werden. Außerdem kann das Image im Gegensatz zur Reputation auch auf Gegenstände, Sachverhalten, Institution oder Organisation angewendet werden, während die Reputation nur (Kollektiv-)Subjekten vorbehalten ist.

Der Begriff Image (lat. Imago = Erscheinungsbild, Vorstellung) stammt eigentlich aus der Sozialpsychologie, einem Forschungszweig, der die Position des Individuums zu einem bestimmten Zeitpunkt beschreibt, aus der heraus dieser die Dinge wahrnimmt und einordnet. Eine einheitliche Definition des Begriffs gibt es nicht. Einig ist man sich allerdings darüber, dass das Image im übertragenen Sinne so viel wie das Bild bedeutet, dass man sich von einem bestimmten Objekt macht. Es spiegelt also in jedem Falle die subjektiven Ansichten und Vorstellungen von einem Gegenstand wider. Man nimmt nicht mehr die Realität wahr, sondern nur noch die „Bilder"[129] – auch Begriffe werden unterschiedlich wahrgenommen, wobei der kulturelle Hintergrund und der Sozialisationskontext eine wesentliche Rolle spielen.

Das Image eines Unternehmens oder einer Marke aufzubauen und zu pflegen, ist die alltägliche Herausforderung an die Kommunikation, zumal die Einflussfaktoren auf das Image immer komplexer und komplizierter werden. Ein Unternehmen, das sich durch seine Unternehmensleistung und Produkteigenschaft, in Zeiten, da diese immer austauschbarer werden, von anderen in irgendeiner Weise abheben will, muss sich Imagevorteile verschaffen. Das Image setzt wiederum Awareness voraus, denn schließlich kann man sich kein Bild von etwas machen, was man nicht kennt.

Im Zusammenhang mit CSR Communication sollte das Image im besten Fall mit dem Reputationsurteil korrelieren und das Selbstverständnis des Unternehmens widerspiegeln. Es darf also im Gegensatz zur klassischen Kommunikation nicht darum gehen, das Unternehmen oder die Marke künstlich mit Imageattributen aufzuladen – im Gegenteil. Eine CSR-Kommunikationsstrategie muss einen Imageaufbau berücksichtigen, der das tatsächliche unternehmenseigene Werteverständnis als Imageträger berücksichtigt und in der Wahrnehmung der Stakeholder auch als solches verstanden wird. Man darf sich nicht verleiten lassen, ein Image der Verantwortlichkeit zu kreieren, das sich mit der Corporate Identity nicht vereinen lässt. Wer versucht, durch Effekthascherei kurzfristige CSR-Imagewerte zu generieren, steht schnell unter dem Vorwurf des „Greenwashing" mit dem Rücken zur Wand.

Beispiel: Wirkung von Markenimage (Studie)

„A total of 220 participants rated fictitious but realistic articles from newspapers that have different images: Blick, a popular tabloid newspaper and NZZ, a traditional quality newspaper. Articles were created that appeared as if they were copied from Blick or NZZ but, in fact, both contained the same text. The main hypothesis that product ratings would differ as a result of the manipulation of image was confirmed. Participants evaluated the fictitious articles completely differently. As expected, product ratings were in line with the related brand images. Also, more salient stimuli elicited stronger image effects. The effect persisted at general as well as detailed product-rating levels. Next to product ratings, image effects also influenced participants' consumption experiences. Involvement, knowledge, and usage did not moderate the image effect."[130]

Corporate Culture & Identity

Im Gegensatz zum Image, das im Wesentlichen auf die Wahrnehmung und dessen Wirkung ausgerichtet ist, geht die Corporate Identity (CI) auf die „Persönlichkeit" und die Charakteristika einer Organisation ein, die als einheitlicher Akteur handelt und wahrgenommen wird. Gleiches gilt für eine Marke, die „Brand Identity". Vor diesem Hintergrund lässt sich die CI daher nur mit einer Strategie konsistenten Handelns, Kommunizierens und visuellen Auftretens vermitteln. Das Konzept der CI ist sowohl nach innen als nach außen gerichtet. Typischerweise findet die CI ihren Ausdruck in den Leitbildern, Handlungsrichtlinien, der Semiotik wie zum Beispiel dem Corporate Design (Logo, Formen, Farben etc.) sowie allen weiteren Unterscheidungs- und Alleinstellungsmerkmalen des Unternehmens. Das Konzept der Corporate Identity hatte seine Blütezeit in den achtziger und Anfang der 90er Jahre, geriet aber zunehmend in Kritik, zumal die Gefahr bestand, dass man einem Unternehmen und vor allem seinen Mitarbeitern eine Identität oktroyiert, die sie im Grunde nicht vertreten können. Die CI entsprang daher oftmals eher einem Wunschdenken als aus einem identitätsbildenden Prozess heraus.

Der Unternehmenserfolg steht mit seiner „Identitätsfindung" und seiner Haltung gegenüber den Erwartungen anderer Akteure im Markt in direktem Zusammenhang. Es spiegelt den Umgang des Unternehmens mit den Ressourcen (Rohstoffe, Energie, Mitarbeiter etc.) wider, die zur Leistungserstellung benötigt werden.[131] Mit der Einführung des Begriffs Corporate Identity in den Unternehmen erfährt die Unternehmenskultur eine „konzeptionelle, profilierende Steigerungsform", da diese auf die Kommunikations- und Interpretationsleistung der Stakeholder abzielt (Lux, P., Die Sammlung als Teil der Corporate Culture, in Lippert, W. (Hrsg.), Corporate Collecting, Düsseldorf, 1990). Die Identität, die im Grunde die erlebbare Wirkung einzelner Individuen beschreibt, kann ein Unternehmen nur vermitteln, wenn die materiellen und immateriellen Erscheinungsformen eines Unternehmens langfristig eine authentische Gesamtheit bilden. Um wiederum das Erscheinungsbild eines Unternehmens zu einer sinn- und identitätsvermittelnden Ganzheit zu verbinden, muss in einem langfristig angelegten Prozess die Identität immer wieder neu generiert und reproduziert werden. Somit kommt der Corporate Identity im Wesentlichen die Leitungsfunktion aller kommunikativen

Maßnahmen zu und bildet dadurch die strategische Basis für die Corporate Communication im Allgemeinen und die CSR Communication im Speziellen, die wiederum die Identität praktisch umsetzen soll.

So hängt der Erfolg der CSR Communication weitgehend davon ab, inwieweit es gelingt, aus der Gesamtheit aller kommunikativen Maßnahmen im Unternehmen ein integriertes CSR-Kommunikationskonzept zu entwickeln, das die CI fördert und gleichzeitig dessen Ausdruck ist. Beim Aufbau eines solchen Konzeptes sind die formellen und informellen Informationskanäle zu berücksichtigen, die sich weitgehend decken sollten.

Folgt man Edgar Schein, so wird die Unternehmenskultur üblicherweise als System fundamentaler Glaubenseinstellungen, Werte und Normen, die die Interaktion der Mitarbeiter gestalten, betrachtet (**Abbildung 3.6**).[132] Dabei findet sich die Verantwortung als Glaubens- und Wertevorstellung im Kulturkern wieder. Das Auftreten der Mitarbeiter, die die inneren Zielsetzungen der Unternehmenskultur praktisch umsetzen, muss im Sinne der CI kohärent zum äußeren Erscheinungsbild des Unternehmens sein.

Der Versuch, eine Unternehmenskultur zu steuern, findet dort seine Grenzen, wo sie mit den Wert- und Normvorstellungen des Individuums zusammentrifft. Für CSR bedeutet das vor allem, Verantwortung als korporativer Akteur zunächst einmal zu definieren. Es kann also nicht darum gehen, dass Mitarbeiter ihre eigene identitätsprägende Definition von Verantwortung zugunsten einer fremdinitiierten Unternehmensidentität verleugnen müssen. Im Gegenteil, Ziel muss sein, die Mitarbeiter zu motivieren, sich auf Neuartiges einzulassen, sonst schlagen alle Anstrengungen, eine CSR-Kommunikationsstrategie im Einklang mit einer Corporate Identity zu entwickeln, fehl. Allem vorausgehend muss in diesem Prozess die Vermittlung der Sinnhaftigkeit sein. Gleichzeitig muss die Möglichkeit eröffnet werden, die eigenen persönlichen Wertevorstellungen in das Unternehmen einzubringen. Dass das bislang offenbar nur relativ selten der Fall ist, zeigt das Ergebnis einer weltweiten Umfrage (**Abbildung 3.7**).

Abbildung 3.6   Dimensionen der Unternehmenskultur

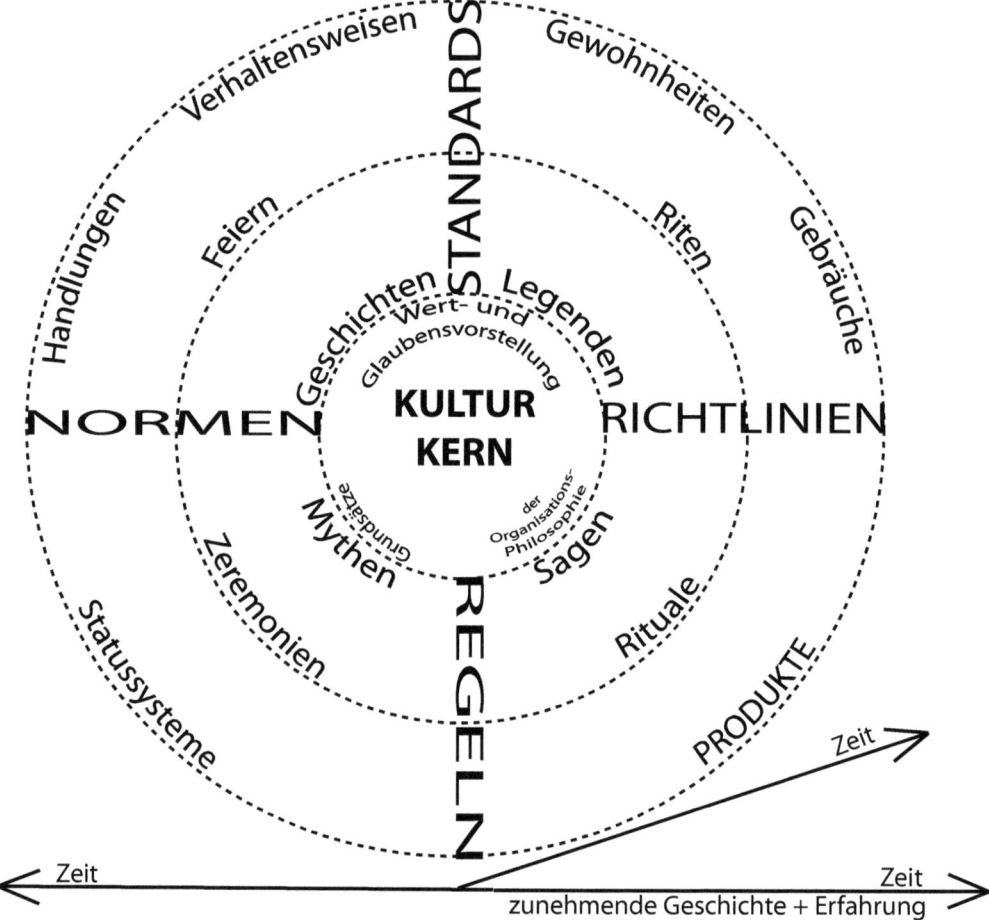

Quelle: Wunderer, R., Vom Dirigenten zum Impresario?, in: Ingold, F. P./Wunderlich, W. (Hrsg.), Fragen nach dem Autor, Konstanz, S. 223-235, 1992

Abbildung 3.7   Do you think people apply the same values in their private lives as in
                  their professional lives?
                  Umfrage bei über 130.000 Teilnehmern in Frankreich, Deutschland, In-
                  dien, Indonesien, Israel, Mexiko, Saudi-Arabien, Südafrika, Türkei und
                  USA. Interviewt wurden Frauen (42 Prozent) und Männer (58 Prozent)
                  über 18 Jahre (fast 80 Prozent unter 30 Jahre)

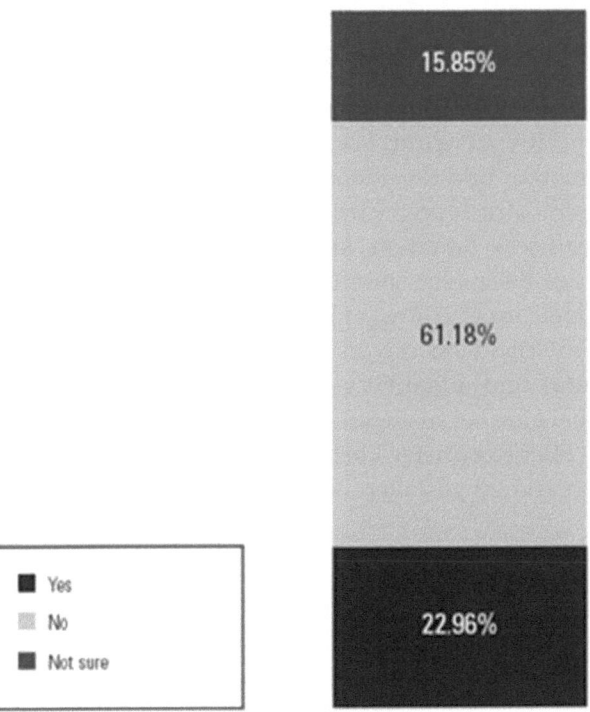

Quelle: Umfrage: Global Public Opinion Poll on Values and Ethics 2009, in: Faith and
            the Global Agenda: Values for the Post-Crisis Economy, World Economic Fo-
            rum, Genf, 2010

Wichtig bei der Beschäftigung mit der Unternehmenskultur ist, dass diese sich
immer durch Legitimität auszeichnet, das heißt, dass sie von den Individuen frei
getragen bzw. anerkannt wird und daher „nicht Effizienz im Sinne der äußerli-
chen Durchsetzung von Zielgrößen"[133] bedeutet. Insofern können Bewusstsein
und Geist als Instrumente der Unternehmenskultur betrachtet werden. Wenn

man bedenkt, dass der überwiegende Teil der Bevölkerung, zwischen 20 und 60 Jahren, die meiste Zeit in einem Unternehmen verbringt, kann davon ausgegangen werden, dass die im Unternehmen vorherrschenden Werte- und Normenvorstellungen das Handeln und Denken des Menschen prägen werden. Insofern ist die Unternehmenskultur eine dynamische Interaktion. Die Beschäftigten eines Unternehmens beeinflussen die Normen- und Werteverständnisse innerhalb eines Unternehmens und werden von ihnen gleichzeitig beeinflusst; tradierte und durchaus wandlungsfähige Normen werden als typische Denk- und Verhaltensweisen übernommen und dem jeweiligen Zeitgeist angepasst. Die Kultur verkörpert in diesem Sinne den gemeinsamen sinnstiftenden Horizont.[134]

Es gibt einen empirischen Nachweis darüber, dass CSR sich auf den Unternehmenserfolg sehr positiv auswirkt, vorausgesetzt, die CSR Programme passen zu der jeweiligen Situation und der Identität des Unternehmens und/oder Produktmarke. Bei näherer Betrachtung variieren die Erfolgsfaktoren, bezogen auf die unternehmensspezifische Situation, jedoch sehr.[135] Es ist daher auch gefährlich, einfach Best-Practice-Beispielen unreflektiert zu folgen, auch wenn sie gerne zur Darstellung erfolgreicher CSR Programme angeführt werden. Letztlich hängt der Erfolg von CSR entscheidend davon ab, inwieweit Verantwortung als Teil der Unternehmenskultur und -identität verankert ist und gelebt wird. CSR Communication spielt dabei eine herausragende Rolle, um die Schnittstelle zwischen dem Unternehmen als übergeordneter korporativer Akteur und den Beschäftigten als Individuen zielführend zu gestalten, worauf später nochmals näher eingegangen wird.

Issues Management

Dem „Zuhören", das bereits wiederholt als Voraussetzung für erfolgreiche CSR Communication genannt wurde, kommt das „Beobachten" schon relativ nahe. Issues Management sieht genau das vor, indem es wie ein Radar das Umfeld des Unternehmens „scannt" und überwacht, um rechtzeitig Signale zu identifizieren, die für das Unternehmen handlungsrelevant sind. Die Signale können sowohl Chancen als auch Risiken sein, die das Unternehmen frühzeitig erkennen kann, um daraus Handlungsstrategien abzuleiten. Besonders für die Krisenkommunikation ist Issues Management ein unverzichtbares Präventionsinstrument. Henry Kissinger bemerkte dazu treffend: „An issue ignored is a crisis invited." Für CSR und im Speziellen für die CSR Communication ist Issues Management unverzichtbar, zumal es frühzeitig Handlungsfelder und ihre Bedeutung für das Unternehmen über einen bestimmten Zeitablauf erkennen lässt und das Unternehmen im gesellschaftlichen Kontext verortet. Seit der PR-Berater W. Howard Chase im Jahre 1976 den Begriff erstmals geprägt hat, ist Issues Management integraler Bestandteil strategischer Managementpolitik in den USA. In Deutschland gewinnt das Thema nur sehr langsam an Bedeutung und wird fast ausschließlich von großen Unternehmen, meist kritischer Branchen, eingesetzt. Ganzheitlich angelegte CSR Communication ist ohne Issue Management im Grunde nicht möglich, denn nur so erfährt das Unternehmen, was die Erwartungshaltungen der Stakeholder an das Unternehmen sind und wie das Unternehmen damit adäquat umgeht. Darüber hinaus sagt der Einsatz von Issues Management viel über die grundsätzliche Haltung des Unternehmens aus, indem es deutlich macht, dass ihm die Stakeholder und gesellschaftlichen Belange wichtig sind.

Ein Issue steht immer im Zusammenhang mit einem oder mehreren Ereignissen, die wiederum in Bezug zu gesellschaftlichen Teilgruppen oder Systemen über einen bestimmten Zeitabschnitt stehen. Viele Krisen werden dadurch im Vorfeld geklärt und Chancen können rechtzeitig erkannt und genutzt werden. Issues Management darf aber nicht dazu führen, dass man seine Unternehmenswerte, wie die Verantwortung, ganz nach dem aktuellen Trend ausrichtet. Hier würde man durch kurzfristige Meinungsmache langfristig an Glaubwürdigkeit verlieren.

In Anlehnung an Ulrike Röttger können folgende Eigenschaften unterschieden werden, die ein Issue vereint:[136]

- ■ öffentliches Interesse, d. h. Folgen über die Privatsphäre hinaus,

- ■ Konfliktpotenzial in Bezug auf mögliche Lösungen, Wertebezug oder Verteilung,

- ■ Einfluss auf Organisationen und deren Handlungsmöglichkeiten,

- ■ Beziehung zwischen Teilöffentlichkeiten und der Organisation,

- ■ Zusammenhang mit einem oder mehreren Ereignissen.

Ein verantwortlich handelndes Unternehmen muss die Erwartungen der Gesellschaft kennen. Ein professionelles Issues Management leistet das, wenn es dynamisch, realitätsnah und kontinuierlich ausgerichtet ist. Die Herausforderung ist, die teilweise widersprüchlichen Ansprüche der Stakeholder auf die Relevanz hin zum Unternehmen zu evaluieren und zu einem realitätsnahen Bild zu formieren. Marktforschungen sind dafür eine große Hilfe, sie bilden allerdings nur einen momentanen Zustand ab und müssen daher methodisch ergänzt werden.

Jedes Unternehmen muss individuell eine Methode entwickeln, die systematisch die Prozesse beinhaltet, relevante Issues, die mit den Aktivitäten, den Produkten oder dem Unternehmen selbst in Zusammenhang stehen, kontinuierlich herauszuarbeiten. Immer dann, wenn ein Issue Entscheidungen, Aktionen und Verhalten der Stakeholder und/oder des Unternehmens selbst beeinflussen kann, muss es als relevant eingestuft werden. Dieser Findungsprozess ist, wie bereits erwähnt, dynamisch anzulegen und sollte nach Möglichkeit zumindest intern alle

Stakeholder einbeziehen. Gerade wenn es um die Bewertung von Issues geht, die Stakeholder oder die gesellschaftliche Normen tangieren, ist das frühzeitige Involvieren der Stakeholder von Bedeutung.

Der einmal aufgestellte Kriterienkatalog für relevante Issues muss prozesshaft ausgerichtet immer wieder auf seine Relevanz hin überprüft werden. Allein dieser dialogorientierte Prozess kann viel Potenzial für einen Vertrauensaufbau bergen, besonders bei den Mitarbeitern, die zunächst dazu motiviert werden müssen, sich aktiv in den Prozess einzubringen. Der Kriterienkatalog ist wiederum auch maßgeblich für die Auswahl des Einsatzes von Issue-Monitoring-Systemen wie Befragungen, Medienbeobachtungen etc., je nachdem, wo die relevanten Issues am ehesten auszumachen sind. Werden relevante Issues erkannt, müssen diese analysiert und Handlungsstrategien entwickelt werden. Dabei unterscheidet man im Wesentlichen drei Möglichkeiten:

- Abwehr der mit dem Issue verbundenen Anliegen,

- Versuch, das Issue durch Mitwirkung zu beeinflussen,

- oder das Unternehmen passt sich den Gegebenheiten an.

Ergebniskontrolle

Wirkungs- und Erfolgskontrolle

Jede Strategie muss sich letztlich am Erfolg messen lassen. Eine Kontrolle der eingeleiteten Maßnahmen ist daher unerlässlich, dessen Ergebnis sich in konkreten Kennzahlen niederschlägt. Sie sind für die Steuerung des Unternehmens von ausschlaggebender Bedeutung. Sie geben Auskunft über die Wirkung und den Erfolg der eingeleiteten Maßnahmen hinsichtlich ihrer Effektivität und Effizienz. Das gilt sowohl für das Unternehmen als Ganzes als auch für die einzelnen Teilbereiche. Den Maßstab für den Erfolg bildet die Zielsetzung, die entsprechend operationalisiert werden muss, um sie anschließend kontrollieren zu können.

Die Ergebniskontrolle hat damit zum einen die Aufgabe, die kommunikative Wirkung der CSR Communication-Maßnahmen bei den Zielgruppen auf ihre Wirkung hin zu analysieren, und zum anderen soll durch eine Gegenüberstellung von Kosten und Nutzen der Erfolg überprüft werden. Da CSR Communication kein Kommunikationsinstrument ist, sondern sich einem Mix von Kommunikationsinstrumenten bedient, ist je nach Schwerpunkt des Einsatzes der jeweiligen Kommunikationsinstrumente zu untersuchen, welche Methoden zur Überprüfung der Wirkungs- und Erfolgskontrolle sinnvollerweise eingesetzt werden können. Weiterhin hängt die Wahl der Methode von der jeweiligen Zielgruppe ab. In jedem Fall sollte die gewählte Methode wissenschaftlich geprüft und praxiserprobt sein, um die Aussagekraft der erhobenen Werte richtig einschätzen zu können.

Die Deutsche Public Relations Gesellschaft (DPRG) und der Internationale Controller Verein haben sich erst kürzlich auf ein Wirkungsstufen-Modell geeinigt, das die Kommunikationswirkung in einzelne Phasen aufteilt. Auf dessen Grundlage konzentriert sich die Ergebniskontrolle von CSR Communication im Wesentlichen auf den „Outcome" und den „Outflow".

Abbildung 3.8   Stufenmodell der Wirkungs- und Erfolgskontrolle der PR

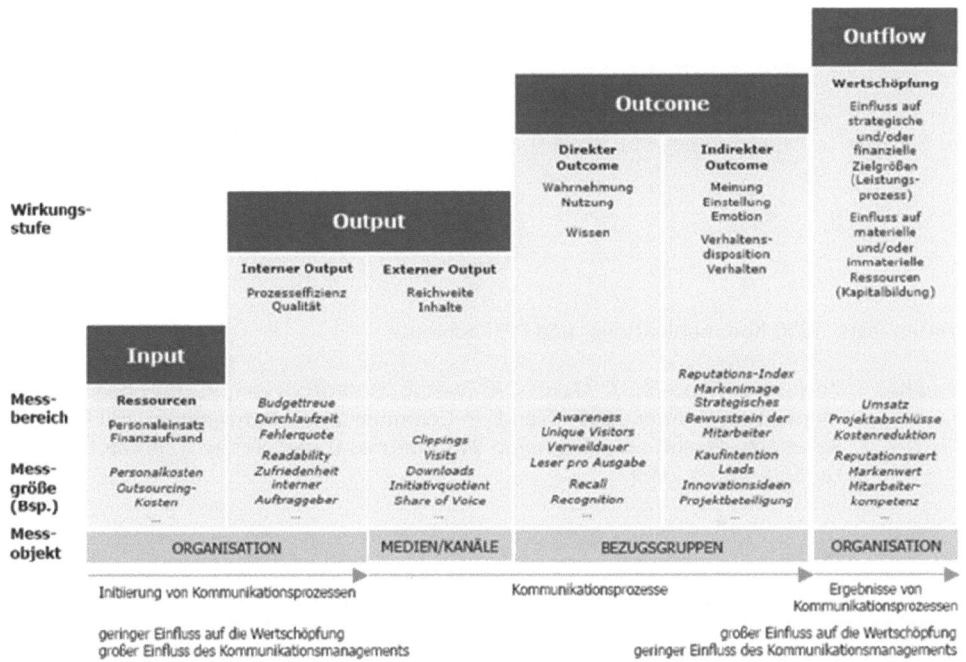

Quelle: Deutsche Public Relations Gesellschaft (DPRG) und Internationaler Controller Verein
http://www.communicationcontrolling.de/fileadmin/communicationcontrolling/sonst_files/DPRG-ICV-Bezugsrahmen-Sept2009.pdf

Ausgangspunkt der Wirkungs- und Erfolgskontrolle bleibt die Zielsetzung, d. h. die gewünschte Wirkung und der Maßstab für den Erfolg. Danach richtet sich dann nicht nur die Wahl der Methode, sondern auch die Ausrichtung der Kontrollinstrumente. Setzt man mehrere Methoden ein, ist es wichtig, darauf zu achten, dass die Ergebnisse der Messungen zueinander passen[137] und Kosten und Nutzen im richtigen Verhältnis zueinander stehen.

Abbildung 3.9   Wie europäische PR-Fachleute ihre Aktivitäten messen und über-
                       wachen

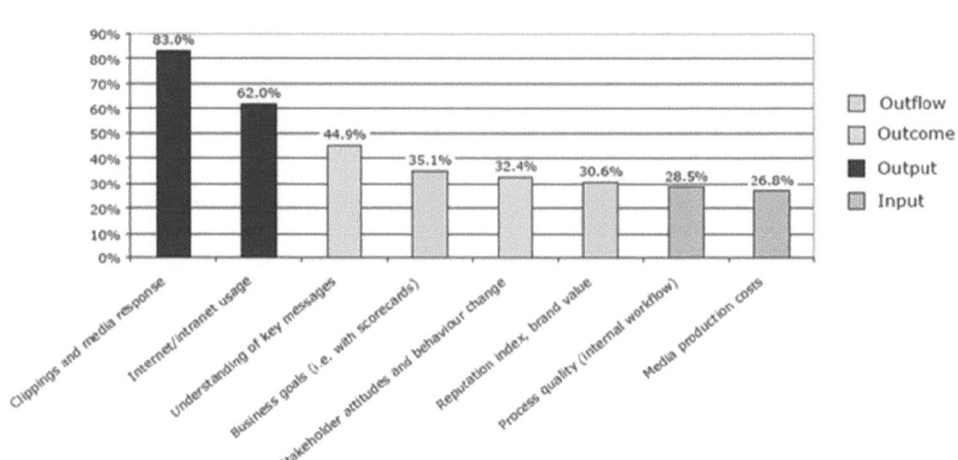

Datenbasis: 1850 Kommunikations- und PR-Fachleute

Quelle: Zerfass, A./Moreno, A./Tench, R./Verčič, D./Verhoeven, P., European Com-
            munication Monitor 2009. Trends in Communication Management and Public
            Relations – Results of a Survey in 34 Countries (Chart Version), Brüssel: Eupre-
            ra, September 2009

Neben Medienresonanzanalysen, die die Medienberichterstattung quantitativ
und qualitativ widerspiegeln, werden hier exemplarisch folgende Methoden angeführt, die für die Ergebniskontrolle von CSR Communication relevant werden
können:

■ Meinungsumfragen bei Stakeholdergruppen (Mitarbeiter, Kunden etc.). Um
  nicht eine eigene Umfrage starten zu müssen, die durchaus kostspielig ist,
  kann man sich mit Fragen an einer Umfrage beteiligen (Omnibusverfahren).

■ Expertenbefragungen, Panels, Dialoge, Delphi, informelle Feedbacks etc.

■ Quantitative Methoden wie die Messung der Entwicklung des Krankenstands,
  der Produktivität, des Abfallaufkommen, des Energieverbrauchs etc.

■ Benchmarking verbunden mit anerkannten Werkzeugen des Reportings (z. B.
  GRI), Key Performance Indicators und (am besten externen) Auditierungs-
  systeme sowie Methoden und Anforderungen zur Listung im SRI Ranking,
  Dow Jones Sustainability Index, FTSE4Good Global etc.

„Vertrauen ist gut, Kontrolle ist besser", sagt der Volksmund. In diesem Sinne ist es wichtig, dass erhobene Daten nach Möglichkeit veröffentlicht werden, da sie für die Transparenz des Unternehmens von Bedeutung sind. So kann man sie gegebenenfalls in das CSR-Reporting einfließen lassen, wenn dieses externe unabhängige Auditoren verifizieren.

Die Kontrolle der eingeleiteten Maßnahmen kommt dann aber erst zu konstruktiver Entfaltung, wenn die Ergebnisse evaluiert werden und im Rahmen eines Controlling-Ansatzes in die Strategieanpassung und -entwicklung einfließen. Denn die wertvollste Erfahrung, die man machen kann, ist, aus Fehlern für die Zukunft zu lernen, wenn man sie schon nicht vermeiden konnte.

Reputationsmessung

Da die Reputation im Vordergrund der Bemühungen von CSR Communication steht, wird im Folgenden exemplarisch auf die Reputationsmessung näher eingegangen. Maßgeblich sind für die Reputationsmessung drei Faktoren:

- Reputationsabsender (Messobjekt),
  das sind in der Regel die Stakeholdersegmente des Unternehmens,

- Reputationsreichweite (Messbereiche),
  Definition der zeitlichen, örtlichen und funktionalen Koordinaten (Arbeitsbedingungen, Führungsqualität, Medienresonanz etc.),

- Reputationskriterien (Messgrößen),
  Festlegung von Indikatoren, an denen man die Reputation festmacht. Das wiederum setzt das Operationalisieren der Reputation voraus. Spätestens an dieser Stelle ist es sehr wichtig, auch die Meinung der Stakeholder zu berücksichtigen, die im Rahmen der Reputationsmessung zum Tragen kommen. Die Selbsteinschätzung in der Auswahl und Bewertung relevanter Indikatoren kann von derjenigen der Stakeholder durchaus abweichen und sollte im Vorfeld abgeglichen werden.

Die Ergebnisse von Messungen machen für das strategische Controlling aber nur Sinn, wenn vorher die Korrelation zwischen Ursache und Wirkung genau definiert und abgegrenzt wurde.

Die Medien und die damit verbundenen Messverfahren stehen für die Reputationsmessung im Vordergrund. Die Evaluierung der Medien alleine lässt jedoch noch nicht zu, auf einzelne Stakeholdergruppen rückzuschließen. Manche Stakeholdergruppen werden ohnehin nicht oder nur peripher von den Medien erfasst. Um Einstellungen und Verhalten von bestimmten Stakeholdergruppen zu erheben, sind daher direkte Befragungen unverzichtbar.

Zu den bekanntesten Vergleichsstudien zur Messung der Unternehmensreputati-
on gehören Fortune AMAC/GMAC (America's Most Admired Companies/Global
Most Admired Companies) und die „Gesamtreputation", die vom deutschen
„Manager Magazin" veröffentlicht wird. Sie sind zwar nicht wissenschaftlich
fundiert, allerdings sind sie gerade aufgrund ihrer Bekanntheit und ihrer PR-
Wirkung nicht zu vernachlässigen. Der populärste wissenschaftlich fundierte
Ansatz ist der von Charles Fombrun und dem Marktforschungsinstitut Harris
Interactive AG 1998 bis 1999 entwickelte „Harris-Fombrun-Reputation-Quotient
(RQ)"[138]. Das von Charles Fombrun und Cees van Riel gegründete „Reputation
Institute" veröffentlicht jährlich die Ergebnisse im „Wall Street Journal" und in
Deutschland im „Handelsblatt" als „Annual RQ". Sie haben ihren Ansatz erwei-
tert, woraus das heutige RepTrak™-Modell entstanden ist (**Abbildung 3.10**).

Abbildung 3.10   Dimensionen der Reputationsmessung nach dem RepTrak™-Modell

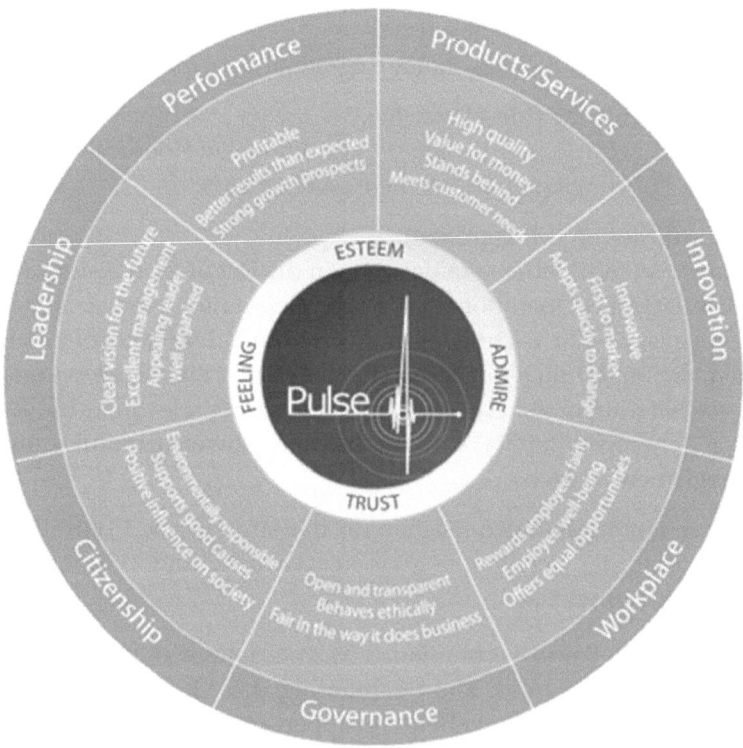

Quelle: Fombrun, C./Harris Interactive/ Riel, C. van, http://www.reputationinstitute.
com/advisory-services/reptrak

Im RepTrak-Konzept werden sowohl die Medien als auch die Stakeholder als Reputationsabsender untersucht. Erfasst werden die Messgrößen Dimensions-, Stakeholder- und Medien-Reputation sowie die Gesamtreputation der Stakeholder. Auch wenn das Konzept im Grunde nur die breite Öffentlichkeit als Stakeholdergruppen vorsieht, ist es doch recht weit verbreitet und lässt sich dadurch auch für internationale Vergleiche heranziehen. Es lässt sich aber durchaus kritisch festhalten, dass die Interpretation und Aussagefähigkeit der sieben Reputationsdimensionen von Land zu Land sehr unterschiedlich sind.

Im Folgenden weitere Messverfahren, deren Einsatz im Einzelfall zu prüfen wäre:

- ■ Reputationsmodell von Manfred Schwaiger:[139]
  Reputation wird zweidimensional operationalisiert und setzt sich aus kognitiven und affektiven Komponenten zusammen.

- ■ Integrated Reputation Management System (IReMS) von Diana Ingenhoff:[140]
  Reputation wird dreidimensional operationalisiert und setzt sich aus einer funktional-kognitiven, sozialen und affektiv-emotionalen Dimension zusammen.

- ■ Reputation Performance Manager von Hering Schuppener:[141]
  Identifikation der vom Zielbild abweichenden Außenwahrnehmungen mit anschließender Klärung, welche davon verhaltensrelevant sind.

- ■ Media Reputation Index von Eisenegger/Imhoff:[142]
  Reputation dreidimensional verstanden. Sie setzt sich aus funktionaler, sozialer und expressiver Reputation zusammen.

Jedes der beispielhaft vorgestellten Instrumente hat seine Relevanz und ist in keinem Fall als Absolutum zu werten. Letztlich muss auch der Messaufwand in Relation zum Nutzen stehen.

4   CSR Communication - Instrumente, Maßnahmen und Kanäle

Konstitutionelle Maßnahmen

Vorstehend wurde erläutert, welche grundsätzliche Bedeutung die Kommunikation verantwortlicher Unternehmensführung im Unternehmen einnimmt und welche strategischen und konzeptionellen Faktoren dabei zu berücksichtigen sind. Nun sollen einzelne Instrumente, Maßnahmen und Kanäle vorgestellt werden, die helfen, CSR Communication-Strategien auf einer operationalen Ebene umzusetzen.

Dazu gehören in erster Linie konstituierende Maßnahmen, die in der Formulierung eines gemeinsamen Wertekanons des Unternehmens in einer Art Verfassung münden. Das kann sich konkret in Leitbildern, Codes of Conduct (Ethics), Mission Statements oder Ähnlichem artikulieren. Es ist im Einzelfall abzuwägen, was davon in welcher Kombination für das Unternehmen am sinnvollsten erscheint. Das richtige Maß spielt dabei eine wichtige Rolle. Bei der Entwicklung und Durchsetzung von Verhaltenskodizes im Rahmen eines Compliance-Systems ist unter anderem auf die gesetzlichen Anforderungen zu achten (Achtung der Privatsphäre, Kartellrecht, ggf. Mitbestimmungspflicht durch Betriebsrat etc.).[143] Außerdem muss auch deutlich nach den landestypischen Gepflogenheiten differenziert werden. Was für den einen Kulturkreis beispielsweise als Korruption geahndet wird, ist für den anderen ein sittliches Gastgeschenk.[144]

Im Folgenden werden exemplarisch Unternehmensleitbilder näher beleuchtet, denen in der Regel ein Compliance-System auf Basis eines „Code of Conduct" zugrunde liegt. Leitbilder sind im besten Fall formulierter Ausdruck der CI und bestimmen den klaren Rahmen der Verantwortung. Als konstituierendes Instrument stecken sie für das Unternehmen als korporativer Akteur und für jeden einzelnen Mitarbeiter den Verantwortungs- und Entscheidungsspielraum ab, was spätestens beim Krisenmanagement zum Tragen kommt. Leitbilder sind der rote Faden, die Orientierung vermittelnde Richtlinien für das Unternehmen nach innen und außen. Sie stärken das „Wir-Gefühl" der Mitarbeiter und leisten somit wiederum einen unverzichtbaren Teil für die CI. Dadurch werden Leitbilder im Unternehmen breit verankert. Das kann aber nur gelingen, wenn die Mitarbeiter die Leitbilder akzeptieren und nach außen authentisch vertreten können.[145] Das wiederum setzt voraus, dass die Mitarbeiter sich aktiv an der Leitbildentwicklung beteiligen, wofür in der Regel zunächst einmal „geworben" werden muss, um die Sinnhaftigkeit und Bedeutung des Vorhabens für jeden Einzelnen zu vermitteln.

Nicht zuletzt müssen die Mitarbeiter die Kompetenz erlangen, einen solchen Prozess mitzugestalten und das als Chance zu begreifen und motiviert zu sein, die Leitplanken selbst zu setzen. Ansonsten wird das Leitbild schnell zum „Leidbild".

Die Mitarbeiter brauchen die Freiheit, sich selbst zu entfalten, allerdings brauchen sie auch einen gemeinsamen Wertekodex, der Sinnhaftigkeit und Zufriedenheit vermittelt. Nach dem Motto „der Weg ist das Ziel" ist die Leitbildentwicklung entsprechend eher als Prozess oder Programm zu begreifen als ein in sich geschlossenes Projekt. Das berücksichtigt auch die zeitliche Dynamik und erhält die fortwährende inhaltliche Auseinandersetzung. Das heißt natürlich nicht, dass einmal aufgestellte Regeln permanent verändert werden, sondern vielmehr, dass man sich immer wieder damit auseinandersetzt und sie den veränderten Gegebenheiten anpasst. International tätige Unternehmen sollten unbedingt die ausländischen Standorte in diesen Prozess einbeziehen. Spätestens hier wird man feststellen, dass das eigene Werteverständnis durchaus kontrovers diskutiert wird. Hier sind „Räume" zu kreieren und Interpretationen zu finden, die die lokalen Gegebenheiten berücksichtigen.[146]

Ein weiterer wichtiger Grundpfeiler ist die Glaubwürdigkeit und Integrität des Leitbildprozesses, sonst wird das Ganze zur Farce, die im Zweifel reputationsschädlich sein kann. Es mutet oftmals lächerlich an, wenn Werte mit generischen Schlagworten auf Plakaten in den Fluren von Unternehmen prangen, während die Mitarbeiter sich gegenteilig verhalten und sich im Zweifel sogar darüber lustig machen. Wichtig ist auch, die Meinung anderer Stakeholder einzuholen, um dem Selbstbild ein Fremdbild gegenüberzustellen. Das ist besonders wichtig, wenn es um Verantwortung geht. Schließlich übernimmt das Unternehmen nicht nur Verantwortung für sich selbst, sondern in erster Linie für andere. Daher ist es für den Leitbildprozess von großer Bedeutung zu wissen, inwieweit auch die externen Stakeholder das Unternehmen bereits als verantwortlichen Akteur wahrnehmen und welche Erwartungshaltung hinsichtlich der Übernahme von Verantwortung an das Unternehmen herangetragen wird.

Nicht zuletzt ist das Leitbild auch für externe Stakeholder interessant. So können sie sich selbst davon ein Bild machen, für was das Unternehmen steht, für was es Verantwortung übernimmt und woran es sich messen lässt. Die Existenz eines Leitbildes alleine muss allerdings nicht automatisch mit der CSR in Zusammenhang gebracht werden,[147] diesen muss das Unternehmen letztlich selbst herstellen und kommunizieren. Die Instrumente und Maßnahmen, den Leitbildprozess zu gestalten und zu kommunizieren, sind vielfältig und lehnen sich an denen an, die man aus der Kommunikation von Veränderungsprozessen (Change Communication) kennt. Eine Auswahl dieser Instrumente sind folgende:[148]

- Massenkommunikation,
  Mitarbeitermagazine, Intranet, Newsletter, Werbemittel (Mousepads, Bro-
  schüren, Flyer, Plakate, Filme/Videobotschaften etc.), Social Web Tools (Com-
  munities, Foren, Wikis etc.), Q&As etc.
  Die Massenkommunikation sollte erst dann zum Tragen kommen, wenn man
  die Meinungsführer der Belegschaft bereits für den Leitbildprozess gewonnen
  hat. Sie dient lediglich zur Untermauerung des Anspruches und muss sehr gezielt eingesetzt werden. Den Vorteilen, der schnellen und umfassenden Verbreitung der Leitbildbotschaften, stehen eine Reihe von Nachteilen gegenüber.
  So kann diese Form der Kommunikation, mit Ausnahmen der Social Web
  Tools, eher als Verbreitung eines Manifests betrachtet werden, was mit Verin-
  nerlichung und Akzeptanz wenig zu tun hat. Außerdem besteht die Gefahr,
  dass die inhaltliche Auseinandersetzung ausbleibt.

- Persönliche Kommunikation,
  regelmäßige Gespräche, Coaching, (Peer) Mentoring, Tagungen, Konferenzen,
  Open Space, World Café, Events, Hotlines etc.
  Hierauf muss größte Sorgfalt gelegt werden, denn hier hat das Unternehmen
  die Chance des „Zuhörens", was beispielsweise durch anonyme Umfragen ergänzt werden kann. Es kann auch konkret auf die Fragen eingegangen werden, was Werte wie Verantwortung für den Einzelnen und das Unternehmen
  bedeuten und welche Verhaltensänderungen überhaupt nötig wären. Außerdem können in Gesprächen relativ schnell Konflikte erkannt und gemeinsam
  erörtert werden. Aber auch Erfolge, sogenannte „quick wins", können zur
  Sprache kommen, die wiederum dazu motivieren, den Prozess weiter zu beschreiten. Letztlich sollte vorbildliches Verhalten gelobt und ggf. prämiert
  werden („role champions"). Die Führungskräfte müssen dafür entsprechend
  geschult sein und vor allem selbst von dem Prozess überzeugt sein.

- Training, Motivation,
  „Learning maps" bzw. „dialogue cards", Entwicklungsprogramme,
  Assessments (wichtig auch beim „Onboarding" neuer Mitarbeiter), Team
  Building, Rollenspiele, Psychodrama etc.
  Trainings sind zumindest auf Führungsebene unersetzlich. Die Führungskräf-
  te brauchen die Fähigkeit und das notwendige Rüstzeug, um ihrer Vorbild-
  funktion gerecht zu werden und ihre Mitarbeiter dafür zu begeistern.

Die Zusammenstellung des Instrumenten-Mix hängt sehr stark vom Unternehmen (Größe, Art, Umfeld etc.) ab. Im Idealfall findet man weitere individuelle,
kreative Wege, den Leitbildprozess zielführend zu beschreiten. Wenn es darum
geht, diese Leitbilder schriftlich zu formulieren, soll noch auf folgende Aspekte
hingewiesen werden:

■ Weniger ist mehr.
Das Oxymoron gilt sowohl hinsichtlich der Länge der einzelnen Leitsätze als
auch hinsichtlich der Aufzählung von Werten. Jeder Leitsatz muss „übersetzt"
werden, d. h. am besten mit Beispielen begreifbar gemacht werden (z. B. Mitarbeiter können eingeladen werden, weitere Beispiele zu liefern, die dann ggf.
in einer Kolumne der Mitarbeiterzeitschrift vorgestellt werden).

■ Leitbilder sind keine Werbetexte.
Die gewählte Sprache ist zwar klar und einfach zu halten, aber nicht im „Slo-
gan-Stil". Eine allzu werbliche Sprache schreckt eher ab. Damit einhergehend
versteht es sich von selbst, Superlative zu vermeiden. Trotzdem sollten Leitbilder aktiv formuliert sein und sich auf die Mitarbeiter beziehen. Beispiel:
„Wir tragen Verantwortung …" Die Formulierung muss dem Corporate
Wording angepasst werden.

■ Übersetzung ist nicht gleich „Übersetzung".
Grundsätzlich sollten die Leitbilder in alle Sprachen übersetzt werden, in denen das Unternehmen tätig ist. Bei der Übersetzung in andere Sprachen muss
unbedingt ein Muttersprachler hinzugezogen werden, der mit der jeweiligen
Kultur verbunden ist. Diese Person kann auch wichtige Hinweise geben, ob
über die schriftliche Übersetzung hinaus landesspezifisch Besonderes berücksichtigt werden muss, um die Leitbilder zu kommunizieren.

Wenn zwei Unternehmenskulturen bei einem Merger aufeinandertreffen oder
Unternehmen in verschiedenen Kulturen agieren, ist unbedingt genau zu prüfen,
wie eine neue „Verfassung" geschrieben werden muss. Der Leitbildprozess sollte
dabei komplett neu aufgerollt werden. Zu berücksichtigen ist dabei die unterschiedliche Kommunikations- und Beteiligungskultur. Für den einen steht beispielsweise das persönliche Gespräch in kleiner Runde mit dem Vorgesetzten im
Vordergrund und andere wiederum sind es gewohnt, Workshops oder andere
Schulungsmaßnahmen durchzuführen. Der Leitbildprozess ist unverzichtbare
Basis für die Entwicklung einer gemeinsamen Unternehmenskultur, ein erfolgs-
kritischer, nicht zu unterschätzender Prozess, der schon manche Unternehmens-
hochzeit wieder platzen ließ.

CSR-Bericht

Als eines der wichtigsten Instrumente der CSR Communication hat sich die Berichterstattung etabliert. Eine kritische Betrachtung seiner Bedeutung und Hinweise zur Umsetzung sind Gegenstand der folgenden Ausführungen.

In Anlehnung an den klassischen Geschäftsbericht, der die finanziellen Kennzahlen eines Unternehmens wiedergibt, gehen immer mehr Unternehmen dazu über,

die sozialen und ökologischen Aspekte des Unternehmens in Form eines weiteren Berichts zu dokumentieren. Diese Art des „social accounting" wurde Ansatzweise schon in den 70er Jahren durch die viel diskutierten Sozialbilanzen oder später auch von Umweltberichterstattungen aufgegriffen. Die heutige Form der Berichterstattung versucht nun, alle gesellschaftlich relevanten Aspekte des Unternehmens abzubilden, und orientiert sich am Prinzip des bereits beschriebenen Triple-Bottom-Line-Konzepts.

Diese Form der Berichterstattung hat sich zumindest für börsennotierte Unternehmen bereits als Standard durchgesetzt und erfährt besonders in Europa einen einzigartigen Boom (2008: Europa ca. 1600 Berichte / andere Länder bis zu ca. 500 Berichte (Quelle: The CR Reporting Awards – Global Winners & Reporting Trends, CorporateRe-gister.com Limited, 2009)).

Allerdings ist man sich über die inhaltliche Ausgestaltung bei weitem noch nicht einig. Daran arbeiten unzählige Organisationen und Initiativen, eine wahre Herausforderung, zumal es bereits schwierig, wenn nicht sogar unmöglich, ist, CSR zu standardisieren. Es gibt keinen geschützten Titel für einen derartigen Bericht. Daher wird er je nach Schwerpunkt unterschiedlich benannt. Die Begrifflichkeiten reichen von CSR Report (BBC) oder Citizen Report (Microsoft) bis hin zum Sustainability Report (Shell) oder Value Report (Body Shop). Selbst innerhalb des Unternehmens variieren die Bezeichnungen über die Jahre hinweg. Das soll sicherlich die individuelle Schwerpunktlegung deutlich machen, trägt aber nicht zur Übersichtlichkeit, Validität und Vergleichbarkeit der Rechenschaftslegung bei – im Gegenteil. Es scheint sich auch inhaltlich noch nicht manifestiert zu haben, wie der Bericht eigentlich eingesetzt werden soll bzw. welchen Zweck der Bericht erfüllen soll. Geht es tatsächlich um ein „social accounting" im eigentlichen Sinne der Rechenschaftsablegung oder um ein Kommunikationsinstrument? Die Fragestellung manifestiert sich auch an den Dienstleistern, die sich berufen fühlen, solche Berichte zu erstellen, von PR-Agenturen bis hin zu Wirtschaftsprüfungsgesellschaften. Interessanterweise verbindet man landläufig CSR Communication fast ausschließlich mit der Erstellung von CSR-Berichten. Das ist insofern erstaunlich, da kaum jemand im Bereich der Unternehmenskommunikation als seine originäre Aufgabe die Erstellung eines Finanz- bzw. Geschäftsberichts erwähnen würde. Vergleichbar mit der Erstellung eines Geschäftsberichts, ist es aber unausweichlich, für die Dokumentation und Verifizierung des CSR-Berichts eine Wirtschaftsprüfungsgesellschaft hinzuzuziehen. Für die „Übersetzung" bzw. Kommunikation der Ergebnisse sind letztlich dann in jedem Fall die Kommunikationsspezialisten zuständig. Das muss sich bei weitem nicht nur auf eine schriftliche Dokumentation beschränken, sondern kann auch durch andere Maßnahmen (Filme, Social Web Features etc.) ergänzt werden. Zurzeit machen sich die Dienstleister in diesem Bereich die Hoheit gegenseitig streitig, was auch an der mangelnden inhaltlichen Ausrichtung festzumachen ist.

Die Herausforderung für die Kommunikation fängt aber eigentlich im Grunde dort an, wo der CSR-Bericht aufhört.

Grundsätzlich ist die Erstellung eines CSR-Berichts freiwillig, in manchen Ländern oder Regionen ist diese Form der gesellschaftlichen Rechenschaft jedoch bereits Pflicht.[149] Dieser Trend setzt sich fort und wird im Lichte der Finanzkrise 2008/2009 sicherlich bestärkt. Diese Pflicht ist meistens verbunden mit einer gewissen Größe oder Branchenzugehörigkeit des Unternehmens. Für international agierende Unternehmen, nicht zuletzt für multinationale Konzerne, bietet es sich daher an, gleich einen konzernweiten CSR-Bericht zu verfassen. Auch in Deutschland geht der Trend dahin, gesetzliche Berichtspflichten und Mindeststandards für CSR-Berichterstattung einzufordern. So lauten die Kernpunkte der BUND-Forderung zur Rechenschaftspflicht von Unternehmen:[150]

■ Berichtspflicht über Umwelt- und Arbeitnehmerbelange,

■ Einhaltung von Qualitätsstandards für die Berichte,

■ Verankerung der Verantwortung auf der obersten Managementebene,

■ externes Monitoring der Berichte.

Der Bundesverband Deutscher Industrie wehrt sich noch gegen eine Berichtspflicht und gegen gesetzliche Standards mit dem Argument, Eigeninitiative und Kreativität würden damit eingeschränkt. Außerdem befürchtet er eine Differenzierung zwischen „guten" und „schlechten" Unternehmen, wogegen er sich stets zur Wehr setzt, auch wenn die Öffentlichkeit sich auch ohne Berichtspflicht längst ein Urteil bildet.[151] Gegen eine Berichtspflicht setzen sich bislang auch 60 Prozent der Unternehmen ein.[152] Gleich ob es Pflicht oder Freiwilligkeit ist, die Rechenschaftslegung wird heute erwartet, und es kann nur im Interesse des Unternehmens sein, wenn dieser auch eine Relevanz hat. Voraussetzung dafür ist, dass sich der CSR-Bericht an Standards und Richtlinien orientiert, die für alle gleichermaßen gelten. Zu den international anerkannten Standards zählen die GRI-Richtlinien, der Social Accountability Standard SA8000 und die AA1000S Assurance Standards. Die GRI-Richtlinien werden kontinuierlich in einem globalen und konsensfähigen Prozess mit einer Vielzahl von Stakeholdern weiterentwickelt. Sie fokussieren sich ausschließlich auf die Berichterstattung, um eine klare und konzise Dokumentation zu sichern.

Während die GRI-Richtlinien ausschließlich eine Rahmenstruktur zur Erstellung eines CSR-Berichts zur Verfügung stellen, sieht der Social Accountability Standard SA8000, der wie die GRI-Richtlinien 1997 etabliert wurde, auch die Zertifizierung unabhängiger Auditoren vor. Der SA8000 gewinnt dadurch hinsichtlich der Validität gegenüber den GRI-Richtlinien an Gewicht, allerdings wird dabei ausschließlich auf die Rechte und sozialen Verhältnisse von Mitarbeitern eingegangen, die in Ländern wie Deutschland weitestgehend bereits gewerkschaftlich geregelt sind. Der AA1000S Assurance Standard, der 2002 lanciert wurde, bietet in Anlehnung an die GRI-Richtlinien erstmals ein umfassendes Instrument, CSR-Berichte zu „versichern". Der Ausgangspunkt für die Nachhaltigkeitsprüfung unter Anwendung des AA1000AS (2008) sind die in CSR-Berichten enthaltenen Informationen. Denn letztlich ist die CSR-Berichterstattung darauf ausgelegt, Stakeholder mit ausreichenden Informationen zu versorgen, damit diese die CSR-Performance einer Organisation verstehen und informierte Entscheidungen treffen können.[153]

Die genannten Standards geben eine unverzichtbare Hilfestellung bei der Entwicklung von CSR-Berichten und sind auch für die zahlreichen Rankings[154] in diesem Bereich ausschlaggebend. In Anlehnung und Ergänzung dazu sind folgende Anforderungen an einen CSR-Bericht festzuhalten:

■ Werden Stakeholder anderer Sprachräume einbezogen, ist es von Bedeutung, dass der Bericht in diese Sprachen übersetzt wird. Will man tatsächlich mit dem Bericht den Stakeholdern die Möglichkeit eröffnen, in Dialog mit dem Unternehmen zu treten, ist dies nur in der Landessprache möglich. In diesem Zusammenhang kann es auch als positives Zeichen des Dialogs gewertet werden, wenn der CSR-Bericht oder zumindest Teile davon in die Landessprachen der ausländischen Mitarbeiter übersetzt werden, die mehrheitlich in der Belegschaft vertreten sind, auch wenn das Unternehmen nur im Inland aktiv ist.

■ Eine CSR-Berichterstattung ist unbedingt langfristig anzulegen. Ein Bericht muss verlässlich und periodisch zu einem bestimmten Termin erscheinen. Dabei sollten die Berichte aufeinander Bezug nehmen, um den Fortschritt zu dokumentieren. Ausschlaggebend für den Erfolg der eingeleiteten Maßnahmen sind nicht zuletzt die gesellschaftlichen Impulse, die konkret ausgelöst werden konnten. Außerdem müssen CSR-Berichte vergleichbar sein, auch mit anderen Unternehmen, was man vor allem erreicht, wenn man sich internationalen Standards anschließt. Dies ist auch für die Aufnahme in Rankings von Bedeutung.

■ Missstände und Probleme müssen unbedingt beim Namen genannt werden. Werden diese von Stakeholdern nach Veröffentlichung des Berichts erkannt und publiziert, verliert der Bericht insgesamt an Glaubwürdigkeit, woran sich das Verhalten des Unternehmens insgesamt messen lassen muss. Ehrlichkeit nimmt den Kritikern den Wind aus den Segeln und zahlt langfristig enorm auf die Reputation des Unternehmens ein. CSR-Berichte machen Unternehmen angreifbar, d. h. nichts sagen, was nicht stimmt, und nichts auslassen, was vermeintlich Probleme verursachen könnte. Man kann unter Umständen auch rechtlich dafür zur Verantwortung gezogen werden, wenn man Falschangaben macht. Das Zitat „die größten Halunken schreiben die besten CSR-

Berichte"[155] beschreibt das gängige Vorurteil gegenüber CSR-Berichten. Diesen Vorurteilen kann man nur mit Ehrlichkeit begegnen, verbunden mit der Bereitschaft zu lernen und zu verändern.

■ In einem CSR-Bericht sollte der direkte Vergleich mit den Wettbewerbern vermieden werden, wenngleich man durchaus Branchendaten anführen kann. Den Vergleich sollten aber die Stakeholder in ihrer jeweiligen Wahrnehmung selbst vornehmen und interpretieren können.

■ Aspekte der CSR, die nicht unmittelbar mit der Gewinnerzielung, sondern eher mit der Gewinnverwendung[156] zu tun haben, sprich der Förderung gesellschaftlicher Aspekte wie der Unterstützung von sozialen oder kulturellen Einrichtung, sollten auf keinen Fall den Bericht dominieren, sondern eher beispielhaft die grundsätzliche Haltung des Unternehmens ergänzen. Verantwortung macht sich nicht an der Höhe der Spenden oder am Maße der Wohltätigkeit fest, sondern an der Einstellung und dem daraus resultierenden Verhalten. Der CSR-Bericht sollte daher ein klares Bild der Unternehmenswerte und -prinzipien vermitteln und diese mit konkreten Handlungen untermauern.

■ Der CSR-Bericht selbst sollte natürlich auch ethischen Kriterien entsprechen (Umweltpapier, FairTrade etc.). In jedem Fall muss der Bericht auch zum Download zur Verfügung stehen, was sicherlich die umweltfreundlichste Variante ist, worauf man durchaus hinweisen kann.

■ Man sollte den ersten Bericht erst dann verfassen, wenn man tatsächlich auch etwas zu berichten hat. Außerdem sollte diese Frage auch für die Zukunft geklärt sein und auch Worst-Case-Szenarien berücksichtigen (Umgang mit Problemen, Krisen etc.).

■ Der CSR-Bericht sollte sich auf das Nötigste beschränken. Kein Wust von Zahlen und Diagrammen, sondern wenige gehaltvolle, nachvollziehbare und belastbare Kennzahlen reichen völlig aus. Hier bieten sich auch KPI (Key Performance Indicators) an, die sich durchgesetzt haben und von Medien ggf. verwertet werden können. Insgesamt gilt das Motto: So viel wie nötig, so wenig wie möglich. Vertiefende Informationen zu den einzelnen Themen sollten aber auf Abruf vorhanden sein.

■ Eine externe Auditierung ist im Grunde ein Muss für einen seriösen, glaubwürdigen CSR-Bericht (mindestens hinsichtlich der quantitativen Angaben wie z. B. ISAE 3000 Standard). An diesem Punkt unterscheidet sich der Stand der US-amerikanischen Berichterstattung von dem der europäischen deutlich, zumal dort externe Auditierung bereits zum Standard gehört.[157]

■ Der Prozess der Berichtsentwicklung muss exakt geplant werden. Er beinhaltet im Wesentlichen folgende Schritte:

- Definition der Zielsetzung/Zielgruppen,
- Projektplanung,
- Erstellung des CSR-Berichts,
- Verbreitung des CSR-Berichts,
- Dokumentieren und Analysieren von Feedbacks.

Der CSR-Bericht fasst gewissermaßen die Antworten zusammen, die das Unternehmen seinen Stakeholdern gibt. Er ist demnach kein Kriterienkatalog, den es einfach abzuarbeiten gilt („box checking"). Bevor man aber antwortet, muss man die Ansprüche und die Interessen kennen, die konkret mit der Berichterstattung in Zusammenhang stehen. D. h., dem CSR-Bericht muss ein intensiver Dialog mit den Stakeholdern vorangehen und später natürlich auch folgen. Idealerweise richtet man diesen Dialog als integralen und permanenten Prozess ein, wie es in dem bereits erwähnten Beispiel mit SAP der Fall ist, wo Stakeholder direkt über die Website ihre Ansprüche geltend machen können.[158]

Interessen und Ansprüche der unterschiedlichen Stakeholder, die im Rahmen eines regelmäßigen Dialogs erkannt wurden, müssen unbedingt dargestellt werden. Dazu muss man Stellung beziehen – auch wenn sie nicht immer erfüllt werden können. Die interne und externe Abstimmung des Berichts bilden letztlich die Grundlagen für gezielte Maßnahmen und eine gehaltvolle Berichterstattung. Die Mindestanforderungen an den Dialog beinhalten die Möglichkeit, den Bericht zu kommentieren und direkt mit den Verantwortlichkeiten Kontakt aufnehmen zu können. Das Personal ist entsprechend zu schulen und mit präparierten Q&As auszurüsten, um auf den Kontakt vorbereitet zu sein. Das bindet die Geschäftsführungsebene ein, die ohnehin letztlich der „Verfasser" des Berichts ist.

Der Prozess der Berichtsentwicklung wirkt meist auch motivierend auf die Mitarbeiter, sich mit CSR auseinanderzusetzen. Als interdisziplinäre Querschnittfunktion tangiert ein CSR-Bericht fast alle Abteilungen des Unternehmens, die angeregt werden, sich aktiv mit dem Thema zu befassen.

Der Trend geht dahin, den Geschäftsbericht mit dem CSR-Bericht zu verknüpfen.[159] „Nonfinancial reporting is evolving from voluntary communications to mandatory compliance, and the environmental regulatory and financial reporting worlds are converging."[160] Vor dem Hintergrund des Triple-Bottom-Line-Ansatzes ist das nur konsequent. Nicht zuletzt wird von einem Geschäftsbericht immer mehr gefordert, auch zu ökologischen und sozialen Themen Stellung zu nehmen. Laut Bilanzrechtsreformgesetz (BilReG) ist ein Unternehmen sogar verpflichtet, „über Umwelt und Arbeitnehmerbelange" im Geschäftsbericht zu informieren, sofern sie zum besseren Verständnis beitragen.

Das Hauptproblem von CSR-Berichten ist bislang, dass sie versuchen, allen Stakeholdern gleichermaßen gerecht zu werden Das führt mitunter dazu, dass CSR-Berichte immer länger und komplexer werden. Das hängt im Übrigen auch damit zusammen, den unzähligen Standards zur Berichterstellung nachzukommen. Eine eindeutige Zielgruppensegmentierung und -zuordnung gibt es nicht. Dadurch läuft man grundsätzlich Gefahr, dass Inhalte gar nicht erst wahrgenommen oder missinterpretiert werden. Außerdem sind die Erwartungshaltung der einzelnen Stakeholdergruppen und ihr Verständnis von Verantwortung oder Nachhaltigkeit, wie bereits erwähnt, durchaus divergierend, wenn nicht sogar konträr zueinander. **Abbildung 4.1** veranschaulicht die große Bandbreite der Nutzer von CSR-Berichten. Unterschiedliche Nutzer verfolgen unterschiedliche Interessen. Das Ziel, allen gerecht zu werden, ist zum Scheitern verurteilt. Hier müssen Prioritäten gesetzt werden, was das Dilemma der unterschiedlichen Stakeholder-Interessen nochmals deutlich werden lässt.

Neben der Tatsache, dass CSR-Berichte wertvolle Fundgruben für Journalisten eröffnen und Bewertungsgrundlage für Rating-Agenturen sind, sollen an dieser Stelle abschließend noch die wichtigsten Ansprüche der Key-Stakeholder an derartige Berichte erwähnt werden:[161]

■ Mitarbeiter
  Mitarbeiter und deren Vertretungen sind an Informationen über nachhaltige Entwicklungen der Unternehmen interessiert, um die Stabilität des Arbeitsplatzes und die Positionierung als verantwortliche Rolle in der Gesellschaft beurteilen zu können. Der Wunsch, in Unternehmen zu arbeiten, in denen wirtschaftlicher Erfolg und gesellschaftliches Engagement von Bedeutung sind, ist gestiegen. Darüber hinaus sind Mitarbeiter natürlich auch an Informationen über Gehälter, Rentenansprüche und die Aufstiegsmöglichkeiten innerhalb des Unternehmens interessiert.

■ Kunden
  Kunden, insbesondere diejenigen, die durch langfristige Beziehungen an das Unternehmen gebunden sind oder sich in einer gewissen Abhängigkeitssituation befinden, sind berechtigterweise an fairen Konditionen und dauerhaftem Wachstum interessiert. Aus diesem Gedanken heraus möchten die Kunden über grundlegende Werte und Einstellungen des Unternehmens informiert sein. Dies beinhaltet auch den Produkt- und Servicebereich. Dazu kommt noch für viele Kunden der Wunsch zu wissen, dass das gekaufte Produkt umweltschonend und/oder sozial verträglich hergestellt wurde.

Abbildung 4.1   Welche Stakeholdergruppen lesen CSR-Berichte?

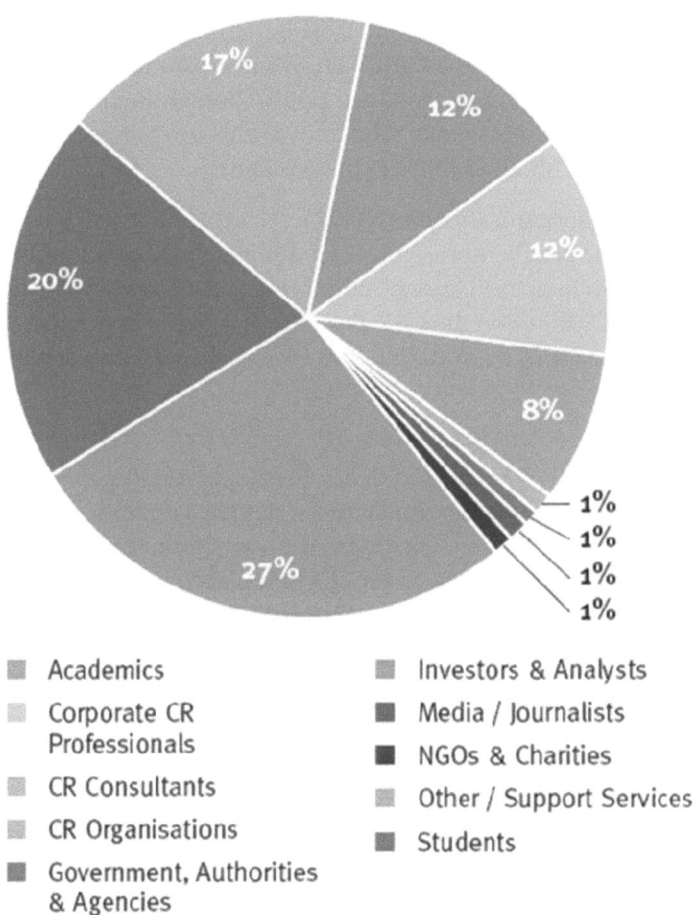

Academics

Corporate CR Professionals

CR Consultants

CR Organisations

Government, Authorities & Agencies

Investors & Analysts

Media / Journalists

NGOs & Charities

Other / Support Services

Students

Quelle: The CR Reporting Awards – Global Winners & Reporting Trends (Zeitraum: November 2008 – Januar 2009), CorporateRegister.com Limited, 2009

■ Lieferanten

Lieferanten erkennen, für was das Unternehmen steht, und können danach ihre Innovationskraft ausrichten. Lieferanten, die in einem existenziellen Abhängigkeitsverhältnis zum Unternehmen stehen, können sich Informationen über die nachhaltige Entwicklung einholen, die dem Lieferanten helfen können, die Risiken abzuschätzen, welches sich beispielsweise auch in der pünktlichen Bezahlung offener Rechnungen niederschlägt.

■ Regierungsstellen
Regierungsstellen verlangen Unternehmensinformationen, wonach sie ihre politischen Entscheidungen über Wettbewerb, Steuern, Umwelt, Verbraucher und Soziales ausrichten können. Ein CSR-Bericht kann helfen, die Glaubwürdigkeit eines Unternehmens zu erhöhen, wenn es um das Erlangen von Genehmigungen oder Einflussnahme auf politischen Strategien geht. CSR-Berichte können auch als Quelle dienen, wenn es um nationale statistische Erhebungen über nachhaltige Entwicklungen geht.

■ Nicht-Regierungsorganisationen (NGOs)
Eine Vielzahl der NGOs repräsentiert ein breites Spektrum von Interessen. Sie beschäftigen sich u. a. mit Umweltschutz, Menschenrechten und Verbraucherinteressen. NGOs könnten die CSR-Berichte als Quelle benutzen, um die Werte, Prinzipien, Leistungen und Ziele des Unternehmens zu verstehen und zu beurteilen.

■ Investoren
Investoren von Risikokapital und deren Berater beschäftigen sich mit den zu erwartenden Risiken und Gewinnchancen des Investments, wozu sie umfassend informiert sein müssen. Da die Investoren letztlich zum größten Teil die finanziellen Risiken tragen, ist es für alle Beteiligten von Nutzen, die Investoren auch mit den notwendigen Informationen über die CSR zu versorgen.

Media Relations

Bedeutung der Medien
Bevor auf die Medienarbeit als ein weiteres wichtiges Instrument der CSR Communication eingegangen wird, soll kurz nochmals auf die Bedeutung der Medien hingewiesen werden, die für die Kommunikation von verantwortlicher Unternehmensführung maßgeblich ist.

Wenn es nach der Meinung mancher Medien ginge, wären wir längst schon alle von der Vogelgrippe dahingerafft und die Wälder wären durch sauren Regen restlos zerstört. Viele Medien, allen voran die Boulevard-Presse, leben von der Angst der Menschen, die sie tagtäglich neu bedienen. Damit laufen die Medien, als unverzichtbare Instanz der Demokratie, gleichzeitig Gefahr, ihr höchstes Gut, die Nachricht, durch kurzfristige Effekthascherei selbst zu trivialisieren.

Welche Themen gerade en vogue sind bzw. von „Experten" und Medien „gemacht" werden, hängt stark von der jeweiligen Situation ab. Es kristallieren sich immer wieder neue Themen wie z. B. Klimawandel, Vorstandsgehälter oder Bonizahlungen heraus. Die Medien picken sich gerne exemplarisch einzelne Firmen heraus und deklinieren die Themen durch. Das funktioniert, auch wenn im

Grunde jeder weiß, dass es keinen Sinn macht, einzelne Firmen herauszupicken, um daraus auf die anderen zu schließen.[162] Aber an einem Beispiel lässt sich eine gegebene Problematik einfach am besten illustrieren. Oftmals wird das Ganze mit einer „Personality-Story" des Vorstands untermauert, damit die Meldung noch ein menschliches Antlitz bekommt und damit greifbarer wird. Grundsätzlich werden Medienvertreter immer nach dem suchen, was nicht gesagt wurde, aber ihrer Meinung nach gesagt werden muss – das ist ein wesentlicher Teil ihrer Aufgabe!

Themen wie Nachhaltigkeit und CSR machen sich nach der Devise „bad news is good news and good news is no news" meist an der Unverantwortlichkeit und an Katastrophenszenarien fest. Untermauert werden die Nachrichten noch fiktional durch Öko-Thriller wie „Der Schwarm" oder Katastrophenfilme wie „The Day After Tomorrow". Die traditionelle Berichterstattung über Nachhaltigkeit und CSR hat sich damit in eine Sackgasse manövriert. Erst langsam löst man sich von Angst- und Schreckensszenarien hin zu einer mit positiven Emotionen und Lösungsvorschlägen besetzten Variante. „Ecotainment" lautet dafür die konzeptionelle Zauberformel.[163]

Noch ein Wort zum Berufsbild Journalist. Bei Journalisten trifft man vorwiegend auf Menschen mit einem geisteswissenschaftlichen Hintergrund, d. h. einem Sozialisationskontext, der der Wirtschaft eher skeptisch gegenübersteht. Der hehre Journalistenethos trifft in Medienunternehmen zuweilen aber auf eine harte wirtschaftliche Realität. Journalisten werden zu Dienstleistern der Mediennutzer. Darüber hinaus treffen sie ganz menschliche Entscheidungen, die Ärger vermeiden, Vorteile pflegen oder Paradigmen stützen sollen. Bei investigativen Journalisten kommt noch die Sensationslust hinzu und die für die Journalistenkarriere entscheidende Hoffnung, als Erster den vermeintlichen Skandal zu entdecken. Viele wollen nach einer Weile von Ethik nichts mehr hören und reduzieren ihre Arbeit auf folgende Aussage: Der Journalist hat sein Handwerk zu beherrschen, mehr nicht. Die Mediennutzer ahnen das bereits. Über die Hälfte der Bundesbürger (54 Prozent) meinen, dass Journalisten nicht wahrheitsgemäß berichten, und mehr als jeder Zweite vermutet Beeinflussbarkeit durch Wirtschaft und Politik. Vor allem Frauen und Ostdeutsche zeigen sich kritisch. Trotz alledem genießt der Journalistenberuf immer noch ein hohes Ansehen, und die Mehrheit der Deutschen ist der Überzeugung, dass Journalisten für ihre Artikel „gewissenhaft recherchieren".[164] Neben den ausgebildeten Journalisten kommen aber immer mehr sogenannte „Bürgerjournalisten" ins Spiel. Die bislang weitgehend passiven Mediennutzer treten aktiv ins Geschehen ein. Sie zücken ihre Handy-Cam, machen Videos und Fotos oder schreiben in Blogs und Foren. Sie sind meist ganz nah dran am Geschehen und im Grunde völlig unberechenbar.

Die Medien können Fluch und Segen zugleich sein. Es kommt in erster Linie darauf an, wer sie gebraucht oder missbraucht. Gerade in Diktaturen gibt es viele Beispiele, wie Medien zur Machterhaltung missbraucht wurden und werden. Andererseits können sie auch auf Missstände aufmerksam machen. So ist Greenpeace, wie bereits erwähnt, für seine bildstarken, dramaturgisch perfekt inszenierten PR-Kampagnen berühmt geworden und erzeugt durch diese öffentliche Aufmerksamkeit den erforderlichen Druck auf die Entscheidungsträger zu handeln.

CSR Communication und Media Relations

CSR ist ein sperriger Begriff, selbst bei seiner Übersetzung. Der Journalist Martin Rihm brachte es auf einer Podiumsveranstaltung auf den Punkt: „Es gibt keinen Königsweg, um mit CSR-Themen in die Zeitung zu kommen. Es gibt aber einen Königsweg, es nicht zu schaffen – nämlich den Begriff ‚CSR' zu verwenden."[165]

In jedem Fall bleiben die Medien als Kommunikationsträger von CSR-Botschaften unverzichtbar, wenn es darum geht, ein breites Spektrum von Stakeholdern zu erreichen. Das öffentliche Vertrauen bzw. Misstrauen wird letztlich genährt durch die Anhäufung von Medienberichten über verantwortliches bzw. unverantwortliches Verhalten von Unternehmen.[166] **Abbildung 4.2** verdeutlicht, dass das Interesse für diese Themen bei Wirtschaftsjournalisten tendenziell sogar weiter steigen wird.

Negative Berichterstattungen in Medien können einem Unternehmen in Krisenzeiten großen Reputationsschaden zufügen. Andererseits eröffnen Medien den Unternehmen die Möglichkeit, ihre Unternehmensbotschaften zu platzieren – auch in Krisenzeiten. Das gilt für das Unternehmen und seine Produkte im Allgemeinen, aber für die Kommunikation von CSR im Speziellen. Dabei bietet CSR ein Themenspektrum, das Unternehmensnachrichten auch außerhalb des Wirtschaftsteils platziert. Erfahrungsgemäß sichert eine integrative Medienpolitik im Rahmen der CSR Communication dann den Erfolg, wenn versucht wird, die Medien als von gegenseitigem Respekt geprägten Partner zu verstehen. Voraussetzung ist, dass von beiden Seiten die Karten auf den Tisch gelegt werden müssen, was vor allem heißt, die Interessen deutlich zu formulieren und Manipulationsversuche zu unterlassen. Gerade Journalisten sollte man nicht für dumm verkaufen – im Gegenteil.

Abbildung 4.2   Themen mit zunehmender Bedeutung

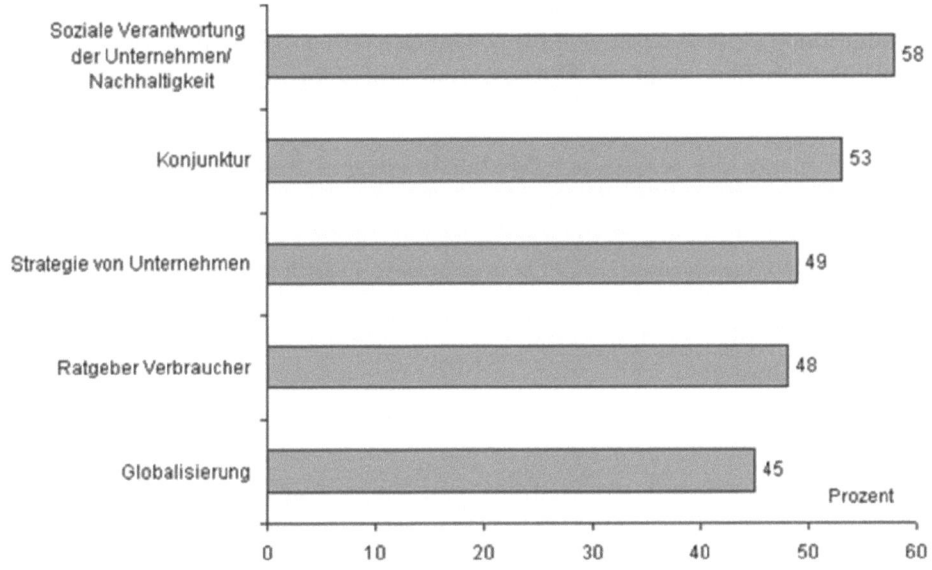

Jahresumfrage unter 295 Wirtschaftsjournalisten (Print/Hörfunk/TV). Mehrfachantworten möglich.

Quelle: Dr. Döblin Gesellschaft für Wirtschaftskommunikation mbH, Heroldsberg, Info Snippet 09/08

Im Rahmen der CSR Communication geht es vor allem darum, auf einer bestehenden Agenda aufzusetzen (Agenda Surfing) oder zu versuchen, neue Themen zu setzen (Agenda Setting). In diesem Zusammenhang sind drei Kriterien ausschlaggebend:[167]

■ Mediennutzern muss bewusst werden, warum sie etwas angeht (Betroffenheit),

■ es muss deutlich werden, was der Mediennutzer tun kann bzw. lassen sollte (Service),

■ und die Nachricht sollte durchaus auch noch einen Unterhaltungswert haben (Unterhaltung).

Geht es um philanthropische Motive im Rahmen des Corporate Citizenships, sollten die Programme nach Möglichkeit so gewählt werden, dass die Begünstigten darüber berichten und nicht das Unternehmen selbst. Ganz nach dem Motto: „Tue Gutes und lass' darüber reden." Es ist ungehörig, wenn man sich selbst lobt. Das wäre im Einzelfall zu prüfen, da es unter Umständen eher Zweifel an der redlich gemeinten Verantwortlichkeit aufkommen lässt. Ansonsten sollte diesen Spekulationen einfach dahingehend begegnet werden, dass man offenlegt, welche ökonomischen Ziele man als Unternehmen mit dem gesellschaftlichen Engagement verfolgt.

Die Instrumente der klassischen Medienarbeit sind darüber hinaus im Grunde auf die CSR Communication übertragbar. Es muss aber unbedingt darauf geachtet werden, dass nicht nur die Presseverantwortlichen eines Unternehmens zu Wort kommen, sondern auch CEOs und andere Führungskräfte. Gerade wenn es um die Kommunikation von Verantwortung geht, ist Authentizität gefragt. Eine gute Vorbereitung für den Kontakt zu den Medien ist auch hier unerlässlich (Q&As, Trainings etc.)

Social Web Communication

Mit dem Internet wurde ein Medium ganz neuen Typs erfunden, das mit dem bisherigen Verständnis von Medien nichts mehr zu tun hat. Für die CSR Communication ist das Internet ein unverzichtbares Instrument. Waren die traditionellen Medien darauf ausgerichtet, dass einer zu vielen kommuniziert („one-to-many"), so bietet das Internet die Möglichkeit der „One-to-One-Kommunikation" oder mit einer Applikation sogar der „Many-to-One- oder Many-to-Many-Kommunikation", was den Dialog mit größeren Stakeholdergruppen erst möglich macht.

Auf zahlreichen Ebenen hat das Internet bereits die bisherigen Medienangebote als Leit- und Referenzmedium abgelöst. Interessanterweise steigert sich nicht nur die Internetnutzung von Jahr zu Jahr, sondern auch die der klassischen Medien (Print, Hörfunk, TV). Trotz des Hypes, der um das Internet gemacht wird und die zahlreichen Möglichkeiten, die sich gerade für die CSR Communication bieten, darf nicht vergessen werden, dass es noch immer eine Vielzahl von Nicht-Nutzern gibt (vor allem ältere Menschen) – auch in den Industrieländern (**Abbildung 4.3**) Man spricht von einer digitalen Kluft („digital-divide"[168]), die besonders in Entwicklungsländern zum Tragen kommt (weltweite Internet-Nutzung 17 Prozent[169]). Dort konzentriert sich die Macht in den Händen einiger Weniger (meist Männer), die die Kommunikationssysteme kontrollieren.[170]

Das Internet steht in seiner Entwicklung erst am Anfang und wird im Gegensatz zu seiner dynamischen Ausbreitung erst langsam seiner eigentlichen Bedeutung als dialogorientiertes, partizipatives Medium gerecht, was mittlerweile unter dem Begriff Social Web oder Web 2.0 in unseren Sprachgebrauch Einzug gehalten hat.

Abbildung 4.3   Internet-User weltweit

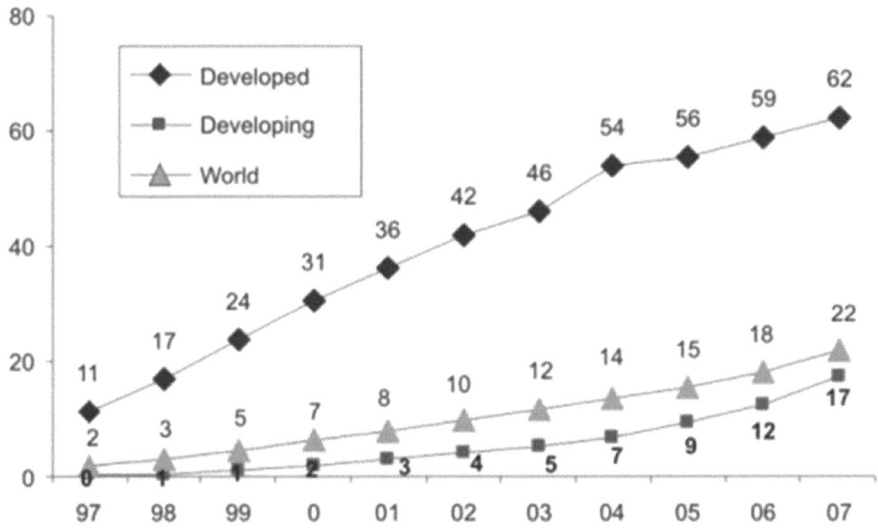

Internet users per 100 inhabitants, 1997-2007

Quelle: International Telecommunication Union (ITU), http://www.itu.int/ITU-
D/ict/statistics/ict/graphs/internet.jpg,

Das sogenannte Web 2.0 stellt Unternehmen vor ganz neue Herausforderungen. Der Begriff Web 2.0, der von Tim O'Reilly[171] 2005 einer breiten Öffentlichkeit bekannt gemacht wurde, umfasst derzeit alle Trends, die von einer neuen Kultur der Internetnutzung zeugen sollen: „User-Generated-Content" ist das Stichwort, d. h., die Nutzer selbst gestalten Inhalte, jeder kann mitmachen und jeder kann seine Meinung äußern. Der User ist nicht mehr nur Rezipient und Konsument, sondern wird zunehmend zum Teilnehmer und Produzenten. Bezogen auf Unternehmen bedeutet das, dass Mitarbeiter zu Kommunikatoren oder Kunden zu eigenen Beratern werden, was unter dem Stichwort „Crowdsourcing" bekannt wurde. Die vielzitierten Grundgedanken des Internets – Offenheit, Standardisierung und Freiheit – kommen bei Web 2.0 erst richtig zur Entfaltung. Insofern ist Web 2.0 keine technische Revolution, sondern vielmehr eine soziale und kulturelle.[172]

Dadurch ergeben sich ganz neue Formen der Kommunikation mit den Stakeholdern (s. **Abbildung 4.4**). Die Stakeholder sind nicht länger passiv, sondern gestalten im Internet die Reputation von Unternehmen aktiv mit. Für Unternehmen entsteht so eine Fülle von Möglichkeiten zu transparenter, dialogisch-interaktiver Kommunikation und Vernetzung, was für die CSR Communication von unschätzbarem Wert ist. Nachfolgend ein stichwortartiger Überblick über die Vorteile für Unternehmen:

- Interaktiv und partizipativ,

- kostengünstig,

- weltweit und aktuell,

- Informationen lassen sich personalisieren,

- Informationstiefe kann abgestimmt werden,

- große Reichweite.

Abbildung 4.4   Bedeutung interaktiver Kommunikationskanäle für die PR

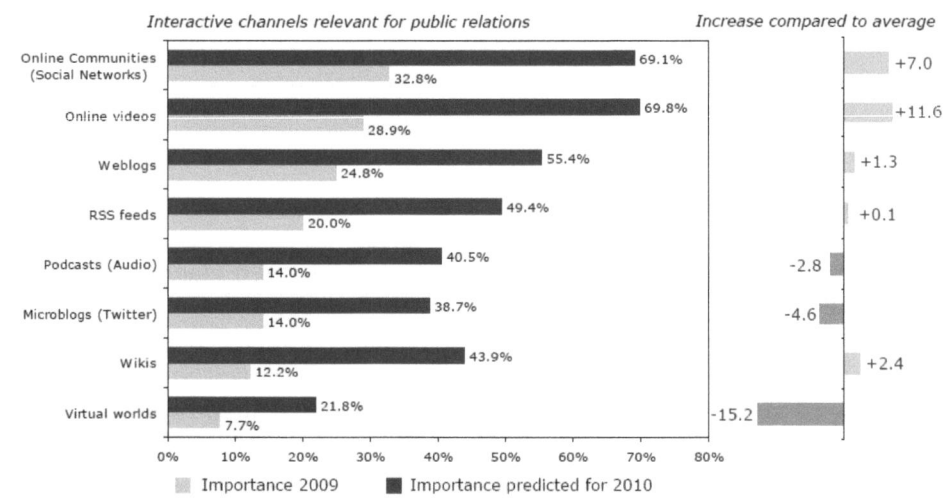

Datenbasis 1.863 Kommunikations-/PR-Fachleute

Quelle: Zerfass, A./Moreno, A./Tench, R./Verčič, D./Verhoeven, P., European Communication Monitor 2009. Trends in Communication Management and Public Relations – Results of a Survey in 34 Countries (Chart Version), Brüssel: Euprera, September 2009

Man muss aber berücksichtigen, dass das Internet in der Regel Hol-Information bietet, d. h., Information muss nachgefragt und gefunden werden, was wiederum die Eigeninitiative des Users erfordert.

Die Kehrseite des Internets ist eine kaum überschaubare Fülle von Kommunikationskanälen, die teilweise in Echtzeit bedient, organisiert und hinsichtlich möglicher Issues überwacht werden muss. Ein einzelner Blogger ist heute in der Lage, einem Unternehmen unter Umständen großen Schaden zuzufügen. Jedes Unternehmen muss daher im Rahmen der CSR Communication-Strategie sorgfältig prüfen, wie das Social Web seine Reputation beeinflusst, welche Maßnahmen einzuleiten sind, um aus vermeintlichen Risiken Chancen zu machen und wie der optimale Kommunikations-Mix unter Berücksichtigung traditioneller und neuer Medien aufeinander abgestimmt zu gestalten ist. Studien haben gezeigt, dass beispielsweise für Führungskräfte immer noch die traditionellen Medien für das Reputationsurteil ausschlaggebend sind, was vor allem daran liegt, dass sie nach wie vor traditionellen Medien mehr Glauben schenken.

Das Reputationsurteil eines Unternehmens hängt im Internet aber immer noch in erster Linie von der unternehmenseigenen Website ab. Sie bildet sozusagen das digitale Fundament der Reputation und der Glaubwürdigkeit von CSR. Die Website wurde zum zentralen Aushängeschild eines Unternehmens „in which the language of morality is the currency in which these organizations currently operate"[173]. Hier gewinnt man zuweilen den Eindruck, dass Verantwortung nicht integrativer Teil des Unternehmens ist, sondern nur adaptiv zu verstehen ist. Nach dem Motto: „Hier das Business, dort die Verantwortung."

Die Website eignet sich vor allem zur Bereitstellung von Hintergrundinformationen. Neben der Website spielen vorrangig die sozialen Netzwerke eine besondere Rolle für die CSR Communication. Fünf der sechs meist besuchten Online-Medienangebote sind sogenannte „Social Networks". Der Internetexperte Sascha Lobo bezeichnete „Social Networks" im Internet als ein „unsymmetrisches, pulsierendes Digitalgewebe, in dem dem ältesten sozialen Bedürfnis der Menschen genüge getragen wird, nämlich die gesellschaftliche Selbstverortung – übertragen ins Zeitalter der Digitalen Gesellschaft"[174]. Das gilt für die Unternehmen gleichermaßen.

Für die Jugend, die sogenannten „digital natives", gibt es keine Trennung zwischen virtueller und realer Welt. Vodcast, Podcast, Twitter, Blog und Co. heißen daher die Herausforderungen für Kommunikationen schon heute. Darüber hinaus bietet die rasante technische Entwicklung der digitalen Kommunikation ungeahnte innovative Einsatzmöglichkeiten. Im Social Web werden Meinungen gemacht, Produkte diskutiert, während das Niveau vom Expertenforum bis zum

Stammtisch reicht. Dabei wird nach wie vor demjenigen, der Negatives zu berichten hat, mehr Gehör geschenkt als den positiven Meinungen.

Unternehmen sollten mit Vorsicht an diese „neue Welt" herangehen. Man kann keine grundsätzlichen Äußerung dazu treffen, welches Tool für welches Unternehmen am geeignetsten erscheint. In jedem Fall ist darauf zu achten, dass das Prinzip der gleichberechtigen Partizipation beibehalten wird. Ein Prinzip, das schon Barack Obama in seinem Wahlkampf konsequent verfolgt hatte.

Es kommt auch sehr darauf an, wie welche Instrumente im Internet eingesetzt werden. Das ist für jedes Unternehmen anders. Allgemein haben sich für CSR-Communication-Foren oder Blogs durchgesetzt:

- ■ Themenblogs,
  wo Issues zur Diskussion gestellt werden können.

- ■ Corporate Blogs,
  wo Mitarbeiter unter Einbeziehung der Öffentlichkeit diskutieren können. Es gibt kaum ein besseres Instrument, Transparenz unter Beweis zu stellen.[175]

- ■ Fan-Blogs,
  wo Kultmarken inszeniert werden und damit der Community-Gedanke gefördert wird.

Einfach Marketingbotschaften zu bloggen wirkt oftmals unbeholfen. „These guys (Blogger) are close to the action, or at least they used to be, and you're likely to get the juiciest gossip from them. They are generally unbound by any of the journalistic niceties that bind the media mainstream and they tell it like it is, or at least like they think it is (or they want it to be). What you don't always get from insiders is a balanced ‚both-sides-of-the-story' analysis: many bloggers have an agenda."[176]

Bei der Einrichtung von Blogs sind folgende Mindestanforderungen zu berücksichtigen:

- ■ Kontinuität der Kommunikation,

- ■ keine „Penetration" der Stakeholder mit Informationen,

- ■ Dialog-/Feedbackmöglichkeit ermöglichen,

- ■ Kritikfähigkeit demonstrieren. Auf keinen Fall Zensur!

Es bietet sich für Unternehmen unter Umständen an, sich in bestehende Netzwerke einzubinden, wie das zum Beispiel Timberland bei „JustMeans"[177] macht. In dieser Art „Facebook" des verantwortlichen Wirtschaftens kann sich das Unternehmen direkt auf den Dialog mit seinen Stakeholdern einlassen. Darüber hinaus führt Timberland auf seiner JustMeans-Site vierteljährlich Konferenzgespräche durch, bei denen sich die interessierte Öffentlichkeit direkt beteiligen kann.

Cause Related Marketing

Erwähnt werden soll noch das Instrument Cause Related Marketing, das mit CSR Communication häufig in Verbindung gebracht wird. Eine Gradwanderung, die absolutes Fingerspitzengefühl erfordert, damit das Instrument auch tatsächlich auf die Reputation einzahlt und nicht gegenteilig wirkt.

Von Cause Related Marketing (CRM) spricht man, wenn der Kauf eines Produkts oder die Inanspruchnahme einer Dienstleistung damit beworben wird, dass das Unternehmen einen Teil der Erlöse einem sozialen Zweck oder einer zivilgesellschaftlichen Organisation als Spende zukommen lässt. Ins Deutsche ließe sich der Begriff wohl am ehesten mit „zweckgebundenem Marketing" oder „erlösbezogener Werbung" übersetzen.

Der Begriff „Cause Related Marketing" wurde erstmals im Rahmen einer Kampagne von American Express 1983 verwendet. Die Kampagne sah vor, Geld für die Restaurierung der Freiheitsstatue zu sammeln. Ein Cent pro Nutzung der Kreditkarte kam der Restaurierung zugute. Mit durchschlagendem Erfolg: Die Zahl der Karteninhaber wuchs um 45 Prozent und die Nutzung stieg um 28 Prozent.

CRM ist von seiner Ausrichtung her in erster Linie ein Absatzförderungsinstrument und weniger Ausdruck einer grundsätzlichen Einstellung des Unternehmens oder der Marke. Man versucht vielmehr, durch das soziale Gewissen des Käufers Kaufimpulse zu setzen und dabei Imagewerte zu generieren. In angelsächsischen Ländern wie den USA, Großbritannien oder Australien hat Cause Related Marketing eine lange Tradition und einen festen Stellenwert im Marketing-Mix großer und kleiner Marken. Bei einer Untersuchung in Großbritannien haben sich 2003/2004 immerhin 83 Prozent aller britischen Konsumenten als Käufer an zumindest einer Cause-Related-Marketing-Kampagne beteiligt und 48 Prozent aller britischen Konsumenten geben an, dass sie in diesem Zusammenhang ihr Kaufverhalten geändert hätten (Markenwechsel, gesteigerte Kauffrequenz etc.)[178]

Das ist auf Deutschland nicht in diesem Maße übertragbar, zumal die Deutschen, wie bereits schon ausgeführt, grundsätzlich ein Problem damit haben, dass ein Unternehmen das soziale oder ökologische Gewissen zugunsten seines Image anstrengt. Gesellschaftliches fördert man altruistisch und schon gar nicht, um seinen Absatz anzukurbeln, so das Credo der Kritiker. Außerdem kritisiert man den zweifelhaften Nutzen für das Unternehmen. So divergieren die Meinungen über CRM in Fachkreisen stark. Nichtsdestotrotz wurde in Deutschland in einer Umfrage festgestellt, dass immerhin 50 Prozent der Befragten in CRM eine legitime Form der Verantwortungsübernahme sehen, auch wenn den meisten Befragten (85 Prozent) klar ist, dass die Unternehmen damit vorrangig ihren Absatz fördern wollen und weniger den guten Zweck verfolgen, wovon nur 20 Prozent der Befragten überzeugt sind.[179] Vor diesem Hintergrund ist es auch für die zivilgesellschaftlichen Organisationen, die in der Regel Empfänger der Gelder durch CRM sind, nicht immer einfach, sich auf das Thema einzulassen, um nicht ihre Glaubwürdigkeit zu gefährden.

Bei CRM kommt es stark darauf an, wie es eingesetzt wird. „Gut getarntes Eigenlob bringt Geld. Wer Werbung geschickt mit sozialem Engagement verbindet, hat Aussicht auf ein dickes Umsatzplus. Wer sich das zu sehr anmerken lässt, verdirbt sich aber das Geschäft."[180] Stellt man es richtig an, können folgende Vorteile zum Tragen kommen:

- Höhere Aufmerksamkeit,
- Differenzierung zum Wettbewerb,
- erhöhte Markenbindung,
- Addition attraktiver Imagedimension,
- Wertsteigerung der Marke.

Das funktioniert besonders dann, wenn die CRM-Kampagne in die Wertschöpfungskette integriert ist und die Kampagne einen nachvollziehbaren Bezug hat, sei es zu dem Produkt selbst oder einem aktuellen Ereignis (Tsunami-Opfer etc.). Nicht zuletzt hängt der Erfolg auch stark davon ab, inwieweit die zivilgesellschaftliche Organisation als Partner oder Kollaborateur eingebunden ist. Die letzte CRM-Kampagne, die in Deutschland für Aufsehen gesorgt hat, war diejenige der Biermarke Krombacher: „Mit jeder Kiste Krombacher, die Sie kaufen, schützen Sie einen Quadratmeter afrikanischen Regenwaldes." Die Bekanntheit der Kampagne rührte aber weniger von ihrer Wirkung, sondern vielmehr von der heiß umstrittenen rechtlichen Zulässigkeit her. Denn die deutsche Gesetzgebung und Rechtsprechung legt an CRM strenge Maßstäbe an. Noch vor zehn Jahren wurde CRM grundsätzlich als „gefühlsbezogene Werbung" eingestuft, die weder mit dem Preis noch mit der Qualität des Produktes in Zusammenhang steht. Damit war sie unlauter und verstieß gegen das „Gesetz gegen den unlauteren Wettbewerb" (UWG). Krombacher wurde aber vor allem das Tranzparenzgebot vorgehalten, was vermeintlich nicht beachtet wurde. Denn in der Werbung blieb offen, ob und wie der Kauf eines Quadratmeters Regenwaldes umgesetzt würde. Das Gericht hatte entschieden, dass dieser Fakt nur dann zum Tragen kommt, wenn der Verdacht einer Täuschung naheliegt, den es in diesem Fall nicht erkennen konnte. Krombacher hatte trotz allem an diesem Punkt nachgebessert. Letztlich bleibt noch das „Irreführungsverbot", dessen abschließende gerichtliche Entscheidung noch anhängig ist. Die Irreführung setzt voraus, dass die Angabe bei den Adressaten eine Vorstellung erzeugt, die nicht in Einklang mit den wirklichen Verhältnissen steht. Für Cause-Related-Marketing-Aktionen heißt dies konkret, dass z. B. nicht der Eindruck entstehen darf, die mit einem Produkt erzielten Gewinne kämen überwiegend dem guten Zweck zugute, während in Wirklichkeit nur ein geringer Bruchteil abgeführt wird.

Es sind demnach viele rechtliche Hürden zu erklimmen, damit eine CRM-Kampagne überhaupt erst die Voraussetzung mitbringt, legal und damit auch im Sinne der Verantwortung zu laufen.

Weitere Instrumente der externen Kommunikation

Der Kreativität in der Auswahl und Gestaltung von Kommunikationsinstrumenten im Rahmen der CSR Communication sind im Grunde keine Grenzen gesetzt – im Gegenteil. Gerade bei der CSR Communication ist Kreativität gefragt, zumal es um die Übersetzung eines schwer greifbaren Sujets geht. Kreativität ist das Schlagwort, mit dem sich die Werbebranche gerne auszeichnet, doch kann subjektives Empfinden von Kreativität unter Umständen den Blick verschließen, sich Neuem oder Fremdem tatsächlich zu öffnen. Oskar Nebel kommentierte einmal spöttisch: „Indem der ‚Kreative' den Begriff ‚Kreativer' für sich als Berufsbezeichnung beansprucht, gibt er kund, dass er den Rest der Bevölkerung für unkreativ hält ..." [181] Kreativität findet sich natürlich nicht nur in der klassischen Werbung wieder. Doch bevor auf weitere Instrumente der externen CSR Communication eingegangen wird, die der eigenen Kreativität auf die Sprünge helfen, noch ein paar Worte zur klassischen Werbung in Verbindung mit CSR.

Die klassische Werbung ist für die Massenkommunikation unersetzlich. Für die Kommunikation von CSR ist sie allerdings sehr problematisch. Denn klassische Werbung hat nach wie vor den Nachgeschmack der Inszenierung, zuweilen auch der Manipulation. Außerdem ist eine zunehmende Reaktanz der Konsumenten gegenüber den klassischen Werbeträgern zu erkennen, was wohl einerseits an einer aufgeklärteren und gebildeteren Konsumentenschicht liegt, aber andererseits auch der wachsenden Informationsflut geschuldet ist. Erkennbar ist dies auch daran, dass der Aufwand für klassische Werbung stetig wächst, während im Gegensatz dazu die Werbewirkung kontinuierlich nachlässt.

Unabhängig davon wird man nicht an klassischer Werbung vorbeikommen, wenn man breitere Bevölkerungsschichten ansprechen möchte. In diesem Fall sollte beim Einsatz klassischer Werbung im Rahmen der CSR Communication eine Response-Möglichkeit eröffnet werden, um den Stakeholdern die Chance zum Dialog einzuräumen. Sogenannte Advertorials, d. h. redaktionell aufbereitete Werbeanzeigen, die den Anschein des redaktionell Unabhängigen erwecken sollen, werden längst durchschaut und sind meist weder kreativ noch aufmerksamkeitsstark.

Die Dove-Kampagne des Herstellers Unilever kann als positives Beispiel genannt werden. Unilever hat bewusst auf klassische Frauenmodels verzichtet und damit seinerzeit genau den Nerv der Emanzipationsbewegung der Frau getroffen. Die Kampagne wurde untermauert durch die Gründung einer Initiative „Kampagne für wahre Schönheit", die vor allem das Selbstbewusstsein junger Mädchen stärken soll. Allerdings zeigt gerade das Beispiel Dove, dass die Marke ihrer Verantwortung offenbar nur in dieser Hinsicht gerecht wird, denn sie steht unter Kritik, für umfangreiche Rodungen im indonesischen Regenwald verantwortlich zu sein.[182] Gerade die selbstbewusste Frau, die mit der Kampagne durchaus erfolgreich angesprochen wurde, reagiert auf solche Nachrichten enttäuscht und wendet sich ab. Ein ganzheitlicher CSR-Ansatz würde die Kampagne in einen glaubwürdigen Gesamtkontext stellen und damit wiederum dem heutigen Zeitgeist gerecht werden.

Wie bereits an anderer Stelle erwähnt, ist es manchmal nur eine Geste, ein Zeichen oder ein Wort, das in der Lage ist, der Reputation nachhaltig Schaden zuzufügen zu können. Die Semiotik spielt dabei eine außerordentliche Rolle. Sie kann sich auch beispielsweise in der Einrichtung einer CSR-Abteilung, dem Einberufen eines Gremiums oder in der energiesparenden Architektur der Unternehmenszentrale zeigen. Aber auch schon ein Hinweis im Footer einer E-Mail, der auf den Umweltschutz aufmerksam macht und gleichzeitig auf ein eigenes umweltverantwortliches Verhalten hinweist, kann Verantwortung demonstrieren.

Die Liste der Möglichkeiten, Verantwortung zu kommunizieren, kann endlos fortgeführt werden. Sie haben grundsätzlich alle ihre Berechtigung, wenn sie im Einklang mit der CSR stehen, die im Kern der Unternehmenskultur verankert sein muss. Im internationalen Kontext ist in diesem Zusammenhang genau zu prüfen, ob die Kodierungen der semiotischen Signale auch tatsächlich in den einzelnen Ländern so verstanden werden, wie sie ursprünglich vorgesehen wurden. So verbindet man beispielsweise mit der Farbe Grün in der westlichen Hemisphäre eher Naturverbundenheit, während sie im arabischen Raum eine religiöse Segnung bedeutet.

An dieser Stelle werden beispielhaft Kommunikationsinstrumente genannt, die sich besonders für die CSR Communication eignen. Vor allem dann, wenn es darum geht, einer breiten Öffentlichkeit Verantwortung als Selbstverständnis zu kommunizieren:

- Social Campaigning
  Es bietet sich manchmal an, durch Social Campaigning (Gesellschaftliche-Marketing-Kampagnen) zunächst ein Bewusstsein für eine Verhaltenseinstellung zu schaffen, auf der konkret die CSR und Leistungen des Unternehmens aufbauen können. Social Campaignings versuchen, mit Instrumenten der klassischen Werbung gesellschaftlich erwünschte Verhaltensmuster zu verbreiten.[183] Unternehmen können in dieser Form ihre CSR Issues auf die Agenda setzen. Das funktioniert natürlich auch, wenn sich das Unternehmen an bestehenden Engagements beteiligt, die strukturelle und gesellschaftspolitische Veränderungen („Social cases") herbeiführen. Ein Unternehmen sollte es aber tunlichst unterlassen, den moralischen Zeigefinger zu erheben.

- Placements
  Agenda Setting funktioniert auch durch Placements in fiktionalen Formaten wie zum Beispiel in Daily TV-Soaps oder anderen gleichartigen Sendungen. Das darf auf keinem Fall schullehrerhaft geschehen, vor allem nicht in der Ansprache junger Menschen. Das Bewusstsein beispielsweise für nachhaltigen Konsum könnte eine grundsätzliche Lebenseinstellung einer Figur darstellen, um damit am Ende auch überzeugend zu wirken.[184] Ansätze dazu gibt es bereits, die die Filmproduktionsgesellschaften auch mit ihrem eigenen Wertekatalog in Verbindung bringen. Dort geht es unter anderem um „Ehrlichkeit, Treue und Freundschaft, aber auch um Mut und Zivilcourage", die die Grundy UFA beispielsweise auch in ihrer Serie „Gute Zeiten Schlechte Zeiten" zugrunde legt.

- Initiativen
  Initiativen ermöglichen es, die Demonstration von Verantwortung glaubwürdig zu verdichten. Sie bauen Vertrauen auf und unterstreichen die Bemühungen, Verantwortung für einen ganz bestimmten Bereich zu übernehmen, während sie gleichzeitig Einblick in die gesamte CSR bieten. Das gelingt besonders dann, wenn man glaubwürdige und unabhängige Protagonisten für die Initiative gewinnen kann, die sich ausschließlich der Sache verpflichtet fühlen und nicht vorrangig einem Unternehmensinteresse. So werden auch der Freiraum und die Kompetenz geschaffen, Ideen zu entwickeln, die durchaus wegweisend für Innovationen sein können. Wichtig ist, dass die Initiative genau auf einen eingegrenzten Themenkomplex zugeschnitten ist, der für die aktive Teilhabe Interessierter offen ist. Die Gründe dafür, Initiativen zu gründen, können vielfältig sein:[185]

–　Diskussion von schwierigen und sensiblen Themen (Foren, Wikis etc.)
Eine Initiative ermöglicht dem Unternehmen, diese Diskussion zu kanalisieren und konstruktiv zu unterstützen. Hier lernt das Unternehmen die Meinungen kennen und kann diese für seine CSR umsetzen.

–　Dialog mit Stakeholdern
Initiativen erlauben, mit einem ganz bestimmten Stakeholder-Segment respektive seinen Repräsentanten direkt in Dialog zu treten und ggf. gemeinsame Aktion im Rahmen einer „shared responsibility" zu kreieren und umzusetzen. Das ermöglicht es darüber hinaus, Meinungstrends frühzeitig auszumachen.

–　Zugang zu Drittmitteln
Initiativen sind hilfreich, Drittmittel für bestimmte Aktionen größeren Umfangs zu akquirieren (öffentliche Gelder, Stiftungen etc.). Für bestimmte Themen kann die Initiative auch branchenweit oder regional ausgedehnt werden (Verbände, Wettbewerber etc.).

–　Übernahme bestimmter Funktionen
Initiativen werden auch gegründet, damit sie bestimmte Funktionen ausüben – meist Kontrollfunktionen (externe Audits, Codes of Ethics, Policies, Ratings etc.)

Pharmakonzerne nutzen gerne Initiativen wie etwa Selbsthilfegruppen für direktes Marketing, indem sie ihre Medikamente dort zur Lösung oder Linderung des jeweiligen gesundheitlichen Problems anbieten. Diese Form der Initiative hat zwar mit CSR nichts zu tun, ist aber im Grunde kein Problem, wenn dies auch tatsächlich deutlich gemacht wird. Der Marketingleiter von Orion Pharma: „Wir sind doch kein Caritasverein, natürlich erwarten wir Gegenleistungen für die Finanzierung der Mitgliederzeitschrift, der Vorträge und Versammlungen … Es gibt ein konkretes Kalkül, wie viel wir für Marketing ausgeben und wie der Umsatz gesteigert werden muss"[186]

■　Mitgliedschaften
Der Global Compact, der während des Jahrestreffens des Weltwirtschaftforums vom 1999 von Kofi Annan initiierte wurde, versucht, das gesamte Spektrum der gesellschaftlichen Interessen in Leitsätzen zu formulieren (**Abbildung 4.5**). Durch die Mitgliedschaft an dieser wertorientierten Plattform verpflichtet sich das Unternehmen, diesen Grundsätzen nachzukommen. Auch wenn das zunächst nur ein symbolischer Akt ist, so ist damit zumindest eine moralische Verpflichtung verbunden, an der sich das Unternehmen messen lässt. Außerdem ist es für Unternehmen geschäftspolitisch sinnvoll, ihre Unternehmensstrategie auf universelle Prinzipien und Werte aufzubauen, um für die Einhaltung ethischer Grundsätze auch jenseits nationalstaatlicher Grenzen Rechnung zu tragen.[187] Wobei der im Global Compact formulierte Verhaltenskodex deut-

lich einer abendländischen Kultur entspringt. Es gibt darüber hinaus eine Vielzahl weiterer Initiativen, die Dialogmöglichkeiten anbieten und je nach Schwerpunktsetzung des Unternehmens interessant sein können.

Abbildung 4.5 Die zehn Prinzipien des Global Compact

The Ten Principles

The UN Global Compact's ten principles in the areas of human rights, labour, the environment and anti-corruption enjoy universal consensus and are derived from:

- The Universal Declaration of Human Rights
- The International Labour Organization's Declaration on Fundamental Principles and Rights at Work
- The Rio Declaration on Environment and Development
- The United Nations Convention Against Corruption

The UN Global Compact asks companies to embrace, support and enact, within their sphere of influence, a set of core values in the areas of human rights, labour standards, the environment and anti-corruption:

Human Rights

- Principle 1: Businesses should support and respect the protection of internationally proclaimed human rights; and
- Principle 2: make sure that they are not complicit in human rights abuses.

Labour

- Principle 3: Businesses should uphold the freedom of association and the effective recognition of the right to collective bargaining;
- Principle 4: the elimination of all forms of forced and compulsory labour;
- Principle 5: the effective abolition of child labour; and
- Principle 6: the elimination of discrimination in respect of employment and occupation.

Environment

- Principle 7: Businesses should support a precautionary approach to environmental challenges;
- Principle 8: undertake initiatives to promote greater environmental responsibility; and
- Principle 9: encourage the development and diffusion of environmentally friendly technologies.

Anti-Corruption

- Principle 10: Businesses should work against corruption in all its forms, including extortion and bribery.

Quelle: http://www.unglobalcompact.org/AboutTheGC/TheTenPrinciples/index.html

■ Live Kommunikation
Verantwortung ist ein Wert, den man (er)leben muss. Daher sind Events, Symposien, Dialog Foren, Roadshows, Trade Fairs, Tagungen, Tage der offenen Tür, Foren etc. beliebte Maßnahmen im Rahmen der CSR Communication. Denn diese eröffnen den direkten, persönlichen Austausch mit den Stakeholdern.

■ Viral Marketing
Der effizienteste Weg, CSR zu kommunizieren, ist, andere dazu zu bringen, darüber zu reden. Das fängt bei den eigenen Mitarbeitern an. Das „Word-of-Mouth-Marketing" (Empfehlungsmarketing), besser bekannt als „Mundpropaganda", ist zugleich die glaubwürdigste Werbung (**Abbildung 4.6**).

Abbildung 4.6   Konsumenten glauben anderen Konsumenten am meisten

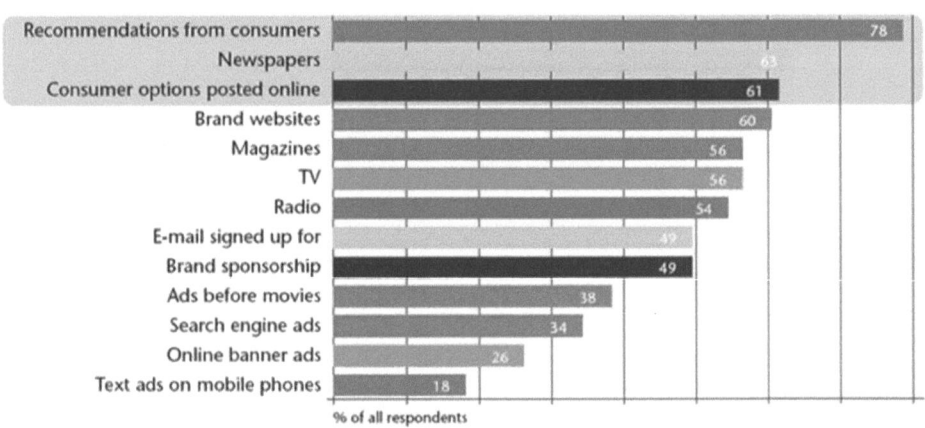

Quelle: Nielsen, Trust in Advertising, a global Nielsen consumer report, October, 2007 entnommen aus Sustainable Consumption Facts and Trends, From a business perspective, The Business Role Focus Area, World Business Council for Sustainable Development (WBCSD), November 2008

Alle Instrumente, die die direkte und persönliche Kommunikation zum Inhalt haben, stehen im Zentrum der CSR Communication. Das reicht vom Call Center über den Verkauf und Empfang bis zu Videobotschaft des CEOs im Web. Zumindest alle Stellen im Unternehmen, die im direkten Kontakt zu externen Stakeholdern stehen, müssen die CSR verinnerlicht haben und über Aktivitäten des Hauses zumindest in Kenntnis gesetzt werden.

Bei der Wahl der Kommunikationsmittel und ihrer Gestaltung sind folgende Aspekte zu berücksichtigen:

- Diversität berücksichtigen
  Unter den Stichwort „Diversity" (meistens mit dem Zusatz „and Inclusion") trägt das Unternehmen dem Zeitgeist Rechnung. Erst spät hat sich in Unternehmen die Erkenntnis durchgesetzt, wie vielfältig die Gesellschaft geworden ist, sei es kulturell, religiös, sexuell etc.[188] Vor dem Hintergrund der demografischen Entwicklung wird dieser Aspekt zukünftig an Bedeutung gewinnen, vor allem hinsichtlich des jetzt schon abzusehenden Fachkräftemangels in Deutschland.

- Versprechungen verbürgen
  Versprechungen sind stets verbindlich und entsprechend glaubwürdig zu attestieren.

- Dialog ist gut, Handeln ist besser
  Dialog ist gut, noch besser ist es, wenn er auch zu gemeinsamem Handeln führt. Wie bereits erwähnt, muss Verantwortung gelebt werden. Je mehr es gelingt, Stakeholder gemeinsam für Verantwortung zu gewinnen, desto stärker ist die Bindung zum Unternehmen und die Relevanz für gesellschaftliche Veränderungen.

- Verantwortung fühlen
  Unternehmen sind geneigt, das Thema CSR seriös zu behandeln und entsprechend zu kommunizieren. Das ist im Grunde auch richtig, nur bleiben auf diese Weise breite Stakeholdersegmente oftmals unberücksichtigt. Wenn die „BILD-Zeitung" gemeinsam mit den Umweltverbänden BUND, Greenpeace und WWF ihre Leser auffordert, für fünf Minuten das Licht auszuschalten[189], dann erreicht man damit sicherlich nicht die intellektuelle Schicht. Stattdessen macht man Menschen auf ein Problem aufmerksam, die sonst mit diesem Thema nicht erreicht werden. Man sollte allerdings Emotionalisieren nicht mit Manipulieren verwechseln. Emotionalisierung ohne Glaubwürdigkeit würde die Seriosität aufs Spiel setzen. Ohnehin ersetzt das Emotionalisieren nicht eine sachliche und differenzierte Diskussion. Es bleibt die hohe Kunst, die Komplexität von CSR nach der Maxime Albert Einsteins zu kommunizieren: „Everything should be made as simple as possible, but no simpler."[190]

- Vorsicht bei Testimonials
  Der Einsatz von „Werte-Testimonials" ist grundsätzlich kritisch zu prüfen (z. B. Friedensnobelpreisträger Muhammad Yunus für Danone). Zum einen projiziert und verkürzt sich die CSR auf die individuelle Verantwortung des Testimonials und zum anderen steht und fällt die Kampagne mit der Reputa-

tion dieser Person. Das mag bei Muhammad Yunus kein Problem sein, doch schon so mancher Testimonial trug über die Zeit eher zum Wehe als zum Wohl des Unternehmens bei.

- ■ „Be prepared"
  Das Credo der PR bekommt hier eine besondere Bedeutung. Natürlich kann man vielen Kritikern den Wind schon im Vorfeld aus den Segeln nehmen, nur ist in jedem Fall mit kritischen Fragen zu rechnen, auf die man entsprechend vorbereitet sein muss.

Letztlich kommt es nicht nur auf die Wahl der einzelnen Kommunikationsinstrumente an, sondern auf den richtigen Mix und die Integration in die Gesamtkommunikation. Wichtig ist dabei nicht nur zu reden, sondern auch, wenn nicht längst getan, den Worten Taten folgen zu lassen („walk the talk").

Hipp – Der Inhaber des Unternehmens und gleichzeitig Namensgeber der Marke, die in Deutschland eine hohe Markenbekanntheit genießt, verbürgt sich in seinem Fernsehwerbespot persönlich für die Qualität und die ausschließliche Verwendung biologisch angebauter Zutaten. Er übernimmt damit die Produktverantwortung für die richtige Ernährung der Kinder als persönliche Ehrensache („Dafür bürge ich mit meinem Namen."). Vor dem Hintergrund, dass die Zielgruppe für ihre Kinder, gerade in diesem Alter, praktisch alles dafür gibt, um eine gesunde Ernährung zu gewährleisten, geht das Konzept auf. Hier wird CSR zur USP der Marke und authentisch vertreten.

5   Ethik der Kommunikation

Die Unternehmens- und Markenkommunikation selbst ist natürlich auch Teil der CSR und soll daher in diesem Buch nicht unberücksichtigt bleiben. Denn wer unverantwortlich kommuniziert, braucht gar nicht erst Verantwortung zu kommunizieren. Das erschließt sich eigentlich jedem von selbst, dennoch ist es bei weitem nicht selbstverständlich.

Unter dem Stichwort „nachhaltige Kommunikation" findet man bereits viele Hinweise, meist verbunden damit, wie man den Materialaufwand in der Kommunikation senkt und gleichzeitig den Markenwert erhalten, wenn nicht sogar steigern kann. Die Handlungsfelder verantwortungsvoller Kommunikation erschöpfen sich aber bei weitem nicht in der Senkung des ökologischen Fußabdrucks einer Kampagne. Es sind vor allem auch die Inhalte, die im Brennpunkt stehen. Schwerpunkte liegen dabei auf folgenden Aspekten:

■ Trennung von Werbung und Redaktion (Schleichwerbung)
  In der Bundesrepublik Deutschland ist durch Landesgesetze festgelegt worden, dass Redaktionelles und Werbung bei Rundfunk, Fernsehen und Printmedien stets getrennt aufgeführt werden müssen. Der Bundesgerichtshof bemerkt dazu aber einschränkend, dass Werbung „im Rahmen des Unvermeidbaren" zulässig sei, sollte sie „Bestandteil der realen Umwelt" sein. So ist auch der Journalist, trotz der in Art. 5 Abs. 1, Satz 2 Grundgesetz verankerten Pressefreiheit, die nach dem Bundesverfassungsgericht „ein subjektives Grundrecht für die im Pressewesen tätigen Personen und Unternehmen" garantiert, gebunden an Rahmenbedingungen, die sich aus dem journalistischen Auftrag, der Ethik seines Berufsstandes und staatsvertraglichen Regelungen zusammensetzen. Der Pressekodex des Deutschen Presserates führt dazu Folgendes an: „Die Verantwortung der Presse gegenüber der Öffentlichkeit gebietet, dass redaktionelle Veröffentlichungen nicht durch private oder geschäftliche Interessen Dritter oder durch persönliche wirtschaftliche Interessen der Journalistinnen und Journalisten beeinflusst werden. Verleger und Redakteure wehren derartige Versuche ab und achten auf eine klare Trennung zwischen redaktionellem Text und Veröffentlichungen zu werblichen Zwecken."[191]

Die Realität ist aber eine andere. Der ökonomische Druck der Verlage sowie Film- und Hörfunkstationen verringert den Abstand zwischen Redaktion und Werbung und lässt im fiktionalen Bereich immer häufiger auch unzulässige Formen des Product Placements zu. Häufig versuchen Unternehmen, auf die Berichterstattung Einfluss zu nehmen – auch indem sie den tendenziell unterbezahlten Journalisten zu netten Gefälligkeiten einladen (Reisen, Rabatte etc.).

Der Pressekodex schließt das zwar ausdrücklich aus, aber hier ist in der Realität schwer eine Grenze zu ziehen. Unter diesen Rahmenbedingungen können beispielsweise Entscheidungen über die Aufnahme des Namens eines engagierten Good Corporate Citizen in die Berichterstattung eines seiner geförderten Projekte nur subjektiv aus eigener Überzeugung heraus geprägt sein. So erscheint es für manche als Schleichwerbung, wenn sich das Unternehmen unzulässigerweise Publizität ergaunern will. Andere wiederum sehen sogar eine journalistische Pflicht in der Namensnennung, unabhängig von der zu beurteilenden Qualität des geförderten Projekts. Es darf auch nicht vergessen werden, dass es letztlich nicht nur das Unternehmen ist, das von einer medialen Wirkung profitiert, sondern auch das Projekt, das nach Möglichkeit weitere Unterstützung finden möchte.

Neben dem Pressekodex gibt es eine Fülle weiterer Verhaltenskodizes, die vor allem den Wahrheitsgehalt der Nachrichten unter Berücksichtigung der Achtung der Menschenwürde ins Zentrum der Betrachtung rücken. Interessanterweise ist der Inhalt dieser Kodizes nur ca. 52 Prozent[192] der PR-Fachkräfte in Deutschland bekannt, obwohl sich die Mehrheit ihnen in irgendeiner Weise verpflichtet fühlt. Ohne im Detail auf die einzelnen Kodizes einzugehen, sollen hier nur die wichtigsten genannt werden:

- Code de Lisbonne
- Athener Kodex
- Lissabonner Kodex
- Stockholm Charta

■ Anstößige Werbung
Die Werbung unterliegt unzähligen Gesetzen und Verordnungen (Preisabsprachen, unlauterer Wettbewerb, Falschaussagen, Werbeverbot für Alkohol etc.). Das geht bis zur staatlichen Vor-Zensur beispielsweise bei gesundheitsbezogenen Werbeaussagen im Lebensmittelbereich. Darüber hinaus liegt es in der Verantwortung eines Unternehmens, ethische Maßstäbe an die Kommunikation zu setzen. Im Wesentlichen bezieht sich das auf die Inhalte, die beispielsweise die Würde der Frau missachten, sich respektlos gegenüber Religionen äußern oder keine Rücksicht auf Kinder nehmen. In Deutschland wacht der Deutsche Werberat[193] darüber, geht Beschwerden nach, rügt und geht im Zweifel dagegen vor, wenn unlauter geworben wird. Auch die Werbung arbeitet in der Regel nach Selbstverpflichtungen und Richtlinien. Auf internationaler Ebene gehören dazu:

- Consolidated ICC Code (Advertising and Marketing Communication Practice)
- United Nations Guidelines for Consumer Protection 1999 (erweitert 2003)
- European Association of Communication Directors (**Abbildung 5.1**).

Abbildung 5.1	Code of Conduct am Beispiel der European Association of Communication Directors

Code of Conduct

Preamble: We, the members of the European Association of Communication Directors, aim to both serve and shape the communications profession. We support our members, promote our profession, enhance standards, and encourage the ethical, legal, responsible, honest, competent and tactful behaviour of all communications professionals. We believe that the communication profession has an important role to promote the values of our democratic society and enable citizens, organisations and companies to participate more actively in the pluralistic debate.

Accountability
We accept responsibility for our work and its results, remaining accountable to both our employers and the public we serve. Whilst we are ambitious in our undertakings, we nonetheless fairly represent to our organisations what we can deliver, how we can deliver it, and what we need to do it.

Transparency
We make the information we provide to clients, colleagues, the public and the media alike as transparent and accurate as possible, and conduct ourselves in the spirit of openness.

Integrity
We represent our respective organisations honestly, loyally and to the utmost of our ability, whilst disseminating accurate and reliable information, and encouraging our employers to behave with consideration of their social responsibilities. We believe that communications must be guided not solely by the interests of an organisation but by a broader view of the public good.

Expertise
We invest ourselves fully toward achieving our goals, employing our range of experience, our depth of knowledge, and the professional skills we have accrued. We develop a multidisciplinary dexterity as well as hone our specialist abilities.

Professionalism
We improve the quality of the communications profession through specialist training, educational forums and seeking out knowledge that is of worth. We remain informed about new trends and techniques, and learn lessons from the practices of our colleagues. We provide our colleagues with the necessary guidance and training to allow them to best confront their professional challenges.

Quelle: http://www.eacd-online.eu/membership/code_of_conduct.php, geladen 12.12.2009

6 CSR Communication - vom Stakeholder zur Ziel-/Dialoggruppe

Stakeholder-Management

Stakeholder-Ansatz

Die wirtschaftlichen Herausforderungen verlangen gesamtgesellschaftliche Perspektiven, die durch unterschiedlichen Stakeholder repräsentiert werden. Stakeholder adressieren und formulieren ihre Anforderungen und Interessen direkt oder indirekt an Unternehmen. Wie das Unternehmen darauf (ver)antwortet, ist Kern der CSR Communication und soll Gegenstand der folgenden Ausführungen sein. Dabei wird zunächst das grundsätzliche Management von Stakeholdern vorgestellt, auf dessen Basis dann im weiteren Verlauf auf einzelne ausgewählte Stakeholder näher eingegangen wird.

Der AA1000 Stakeholder Engagement Standard definiert Stakeholder folgendermaßen: „Stakeholder are individuals or groups that affect or could be affected by an organization's activities, products or services and associated performance."[194] Dieser Stakeholderansatz erweitert den Blickwinkel des Unternehmens über die ausschließlich eigentümerorientierte Perspektive um die der markt- und gesellschaftspolitischen. Im Idealfall werden Stakeholder eingeladen, gemeinsam an gesellschaftsrelevanten Innovations-, Lösungs- und Wertschöpfungsprozessen des Unternehmens teilzunehmen.

Die wissenschaftliche Auseinandersetzung mit Stakeholder-Management hat mittlerweile beachtliche Ausmaße angenommen. Sie fand ihren vorläufigen Höhepunkt 1984 mit Edward Freemans Stakeholder Approach im strategischen Management.[195] Darin fordert er, die Wertschöpfung nicht nur auf die Anteilseigner zu beschränken („Shareholder Value"), sondern auf alle Stakeholder auszuweiten („Creating Stakeholder Value"). Er argumentierte später sogar, dass seine Stakeholder-Theorie auch den CSR-Ansatz überflüssig machen würde: „Since stakeholders are defined widely and their concerns are integrated into the business processes, there is simply no need for a separate CSR approach."[196] Folglich spricht er auch ungern von Corporate Social Responsibility und lieber von Corporate Stakeholder Responsibility. In diesem Zusammenhang definiert er Stakeholder ähnlich wie der AA1000 Stakeholder Engagement Standard als „any group or individual who can affect or is affected by the achievement of an organization's purpose". Es geht Freeman im Wesentlichen darum, die Akzeptanz des Unternehmens bei den Stakeholdern zu sichern, während die Wirkmächtigkeit den Ausschlag für die strategische Ausrichtung gibt. Peter Ulrich geht mit seinem normativ-kritischen (ethischen) Anspruchsgruppenkonzept weiter.[197] Sein Fokus liegt auf der ethisch begründbaren Legitimität der Ansprüche. Sie sind auch für die Kommunikation von CSR maßgeblich, denn sie bezieht auch Gruppen ein, die keine Lobby besitzen (z. B. Arme oder Kinder). Die beiden Ansätze schließen sich nicht gegenseitig aus. Zum gegenseitigen Verständnis ist es wichtig, beide im Blick zu behalten, um Interessenkonflikte führen zu können. Wichtig ist nur, dass die Ansprüche und Interessen sorgfältig argumentativ abgewogen werden, um die getroffene Entscheidung schließlich nachvollziehbar zu begründen.[198] Die CSR gestaltet, als ethisch-moralische Grundhaltung, den Rahmen dafür, wie Unternehmen mit Stakeholdern kommunizieren.

Dazu muss man zunächst einmal exakt eruieren, welches Grundverständnis der Verantwortung den einzelnen Stakeholdern zugrunde liegt. Es geht demnach um die Frage, welche Ansprüche die unterschiedlichen Stakeholder an ein verantwortliches Unternehmen haben. Mit der Anzahl der Stakeholder wachsen auch die Erwartungen, die teilweises divergierend und konträr sind.

Der politische Philosoph Charles Blattberg kritisiert die Stakeholder-Theorie, weil sie davon ausgeht, dass man im besten Fall nur Interessen ausgleichen kann.[199] Diese Kritik muss durchaus ernst genommen werden. Denn man kann es unmöglich allen recht machen, und es wäre niemandem geholfen, wenn das Unternehmen den kleinsten gemeinsamen Nenner sucht. Vielmehr geht es darum, Kontroversen und ethische Dilemmas offenzulegen und letztlich die Unternehmensentscheidung transparent zu gestalten. In diesem Zusammenhang sind für die CSR Communication zwei Dimensionen der Kommunikation von Bedeutung:

- ■ Intra-personell: Eine Person vereint mehrere „Stakes" (Ansprüche, Interessen, Anteile etc.), vertreten von unterschiedlichen Stakeholdergruppen. Beispiel: Der Konsument ist nicht nur Konsument, sondern ggf. auch Shareholder, Mitarbeiter, organisiert in einer NGO, Mitglied in einer Partei etc.

- ■ Inter-personell: Austausch der Personen untereinander. Beispiel: Kunde trifft auf Mitarbeiter, Pressesprecher trifft auf Journalist etc.

Wichtig ist, auf die Schnittstellen einzugehen. Das ist besonders im interkulturellen Kontext von Bedeutung.[200] Um die Schnittstellen zu erkennen, müssen zunächst die Stakeholder identifiziert, ihre Issues verifiziert und eine Dialogebene kreiert werden. Der Dialog mit den Stakeholdern reicht aber nicht aus. Er muss zu konkreten Handlungen führen, an dem die Stakeholder zu einem gewissen Grad beteiligt sind. Beteiligung setzt auch für die Stakeholder voraus, ein Stück der Verantwortung des Unternehmens mitzutragen.

Dialog, Engagement und Beteiligung

Der Stakeholder-Dialog besetzt die Schnittstelle zwischen dem Unternehmen, das sich als System der Verantwortung versteht[201] und den gesellschaftlichen Interessen und Ansprüchen, vertreten durch die Stakeholder. Diese Schnittstelle ist die zentrale Herausforderung für die CSR Communication, denn hier wird das Spannungsfeld von Gewinn und Moral am deutlichsten.

Ein offener und glaubwürdiger Dialog kann nur gelingen, wenn Unternehmen einige Voraussetzungen erfüllen. Wichtig dabei ist, gemeinsam die „Spielregeln" eindeutig festzulegen. Das gilt für die Massenkommunikation und die „One-to-One-Kommunikation" gleichermaßen. Weiterhin ist zu beachten, welche Stakeholder-Gruppen relevant sind oder zukünftig werden. Es sollte grundsätzlich angestrebt werden, Stakeholder von Anfang an in den CSR-Prozess zu involvieren.[202] Spätestens dann, wenn Unternehmen ihre CSR-Initiativen kommunizieren wollen, müssen die Stakeholder in einen „two-way communication process" eingebunden werden, „defined as an ongoing iterative sense-giving and sense-making process"[203]. Es muss darüber hinaus auf jeden Fall berücksichtigt werden, dass ein Dialog langfristig angelegt sein muss, da er Zeit zum Reifen braucht. Er beginnt nicht erst am runden Tisch. Der Dialog findet tagtäglich statt – zwischen dem Kunden und dem Verkäufer, zwischen dem Vorgesetzten und seinen Mitarbeitern, zwischen den Eigentümern und der Geschäftsführung etc.

Unternehmen und Stakeholder profitieren davon auf verschiedenen Ebenen. Das Unternehmen lernt durch das „Zuhören" die Erwartungshaltung und die Ansprüche der Stakeholder an das Unternehmen kennen. Das ist wichtig, um daraus die richtigen Antworten im Rahmen der CSR-Strategie abzuleiten und entsprechende Indikatoren zu entwickeln. Der Dialog ermöglicht, zeitnah die aktuellen Trendthemen zu verorten und Wege zu finden, die Chancen und Herausforderungen gemeinsam anzupacken. Das Wissen und die Erfahrung der Stakeholder wirken sich positiv auf die Innovationskraft des Unternehmens aus und tragen gleichzeitig zur nachhaltigen Entwicklung bei. Damit helfen sie, den gesellschaftlichen Interessen gerecht zu werden.[204]

Für den Dialog sind unterschiedliche Methoden hilfreich:

- konventionelle Methoden wie Hotlines, Meetings, Verkaufsgespräche;

- spezielle Methoden wie Umfragen, Fokus Gruppen, Foren, Roadshows, Netzwerke, Panels oder Komitees, Partnerschaften/Allianzen, gemeinsame Projekte und Initiativen.

In letzter Konsequenz bietet es sich an, den Stakeholder-Dialog als immanenten Bestandteil der Führungskultur in die Organisationsstruktur des Unternehmens aufzunehmen. Das kann beispielsweise durch die Einrichtung von Advisory Boards geschehen, die durch repräsentative Vertreter der wichtigsten Stakeholder besetzt sind. Hier werden die Stakeholder eingeladen, sich konkret an Entscheidungsprozessen zu beteiligen.

Stakeholder Panels

Die wohl weitverbreitetste Methode, mit Stakeholdern direkt in Kontakt zu treten, sind Panels. Einschlägige Standards wie der GRI-Richtlinien oder die AA1000 Assurance Standards empfehlen ausdrücklich bestimmte Formen des Panels, wenn es um das „Reporting" geht.

Stakeholder Panels bringen auf Initiative des Unternehmens Experten und Repräsentanten verschiedener Stakeholder an den runden Tisch, um gemeinsam die dringenden gesellschaftlichen Herausforderungen in Bezug auf das Unternehmen zu erörtern und gemeinsam Handlungsstrategien zu entwickeln. Mit dem direkten persönlichen Austausch sind verschiedene Vorteile verbunden:

- die Entscheidungsfindung wird effizienter,

- die gefühlte Kluft zwischen der Corporate Governance und dem Engagement mit Stakeholdern wird verringert,

- das Verständnis füreinander wird gefördert.
  Viele Stakeholder wissen wenig über Unternehmen und vice versa. Multi-Stakeholder-Dialoge legen den einzelnen beteiligten Stakeholdern auch offen, wie unterschiedlich die Anforderungen an das Unternehmen sind.

Es gibt keine vorgeschriebenen Regeln, wie Stakeholder Panels gestaltet sein müssen. Hier einige praktische Hinweise:

- Nach Möglichkeit sollte man einen neutralen Ort wählen, der zu einer entspannten Atmosphäre beiträgt. Das Unternehmen als Austragungsort zu wählen bietet sich nur an, wenn das Panel beispielsweise mit einer Besichtigung des Unternehmens verbunden ist.

- Der inhaltliche Rahmen, die Agenda und die bereits genannten „Spielregeln" müssen klar definiert, von allen Teilnehmern verabschiedet und nach Möglichkeit gemeinsam entwickelt werden. Wichtig ist, dass

    - die Motivation des Unternehmens deutlich wird,
    - die Sinnhaftigkeit des Panels allen klar erkennbar ist,
    - alle im Vorfeld ausreichend über die Inhalte informiert sind,
    - jeder Teilnehmer die Chance hat, sich einzubringen. Dabei muss vorher geklärt sein, inwieweit die Teilnehmer letztlich auf die Entscheidungsfindung Einfluss nehmen können.

■ Handeln muss dem Reden folgen („walk the talk"), d. h., die Teilnehmer müssen davon ausgehen können, dass sie auch tatsächlich etwas bewegen können, sei es auch nur, Ansichten und Einstellungen zu ändern.

■ Die Auswahl der Teilnehmer muss ausgewogen sein. Sowohl inhaltlich hinsichtlich des zu erwartenden Für und Wider als auch charakterlich, abhängig von der Persönlichkeitsstruktur.

■ Die interne Rückendeckung der Teilnehmer aus dem Unternehmen muss gesichert sein. Grundsätzlich sollte ein Panel auf höchster Ebene auf Augenhöhe angesiedelt sein.

■ Ein Follow-up muss gewährleistet sein, d. h., das Gelernte und die daraus abgeleiteten Handlungsstrategien müssen kommuniziert werden und die Agenda muss fortgeführt werden.

Im Idealfall werden die Panels periodisch angelegt. Das fordert gleichzeitig die Beteiligten auf, sich an dem vorher Gesagten messen zu lassen.

Analyse und Maping
Stakeholder werden in Kommunikationsstrategien in Ziel- bzw. Dialoggruppen übersetzt. Für die Entwicklung einer dialogorientierten CSR Communication-Strategie ist es unerlässlich, die Stakeholder systematisch zu analysieren und ihre „Stakes" kennen zu lernen und zu verorten. Hierbei kann auch teilweise auf die klassischen Methoden aus der Zielgruppenanalyse zurückgegriffen werden.

Die Stakeholder müssen in ihrer Breite und Tiefe so genau wie möglich erfasst werden und in Bezug zum Unternehmen, zu seinen Aktivitäten und Produkten geprüft werden. Die Stakeholdersegmente sind horizontal und vertikal strukturiert und agieren regional, national oder global. Die Komplexität dieser Struktur erhöht sich durch die Schnittstellen untereinander und das Verständnis darüber, dass jeder Mensch quasi ein Multi-Stakeholder ist. Das heißt, Zielgruppen, im Sinne einer Gruppe von Menschen, sind immer repräsentiert durch verschiedene Stakeholder. Unter Berücksichtigung dieser Interdependenzen können Botschaften formuliert werden, die auch so verstanden werden, wie sie vorgesehen sind.

In Anlehnung an den AA1000 Stakeholder Engagement Standard können folgende Kriterien für die Identifizierung der Stakeholder festgelegt werden (**Abbildung 6.1**):[205]

■ Verantwortung: Stakeholder, für die das Unternehmen formell und informell Verantwortung trägt. Allen voran die Gesellschafter, Mitarbeiter und Kunden.

■ Einflussnahme: Stakeholder, die auf das Unternehmen direkt oder indirekt Einfluss nehmen können (Politiker, Shareholder etc.).

- ■ Nähe: Stakeholder, mit denen das Unternehmen am häufigsten zu tun hat oder die dem Unternehmen sehr nahestehen.

- ■ Abhängigkeit: Stakeholder, die direkt oder indirekt vom Unternehmen abhängig sind (Mitarbeiter, Zulieferer, Gemeinden etc.).

- ■ Repräsentation: Stakeholder, die Interessengruppen in irgendeiner Form vertreten (NGOs, Kirche etc.).

- ■ Strategiepolitik: Stakeholder, die aufgrund der gesamtstrategischen Ausrichtung von Bedeutung sind (Kunden, Gesetzgeber etc.). Inklusive derer, die wie ein Issues- und Risiken-Frühwarnsystem agieren (Aktivisten, Akademiker etc.).

Abbildung 6.1   Der „6part Stakeholder Maping Test" der AA 1000 Stakeholder Engagement Standards

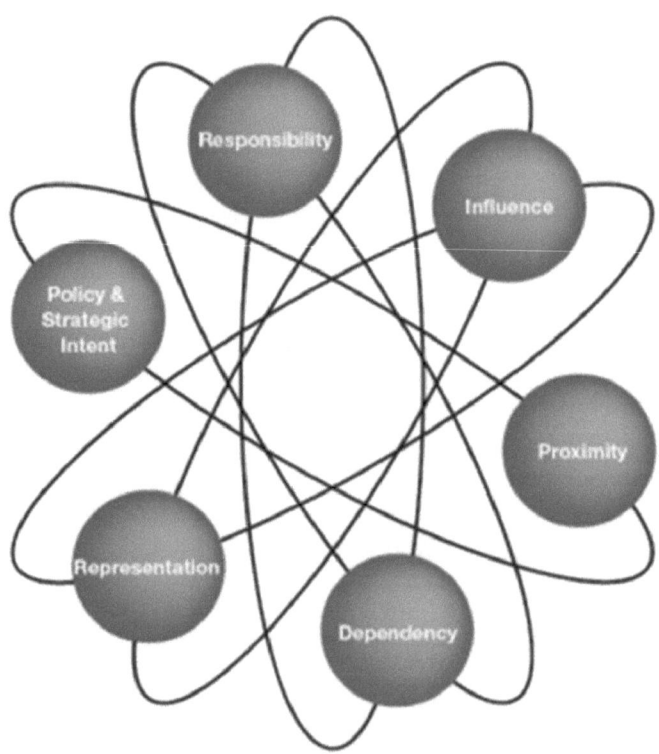

Quelle: AccountAbility, AA1000 Stakeholder Engagement Standard, 2008

Anderen, noch nicht identifizierten Stakeholdern, müssen auch Dialog-Möglich-keit geboten werden (Einrichtung einer Hotline, Focus Groups, offene Umfragen etc.). Für die interne Kommunikation bietet es sich ggf. an, Ombudsmänner zu benennen, um gerade Mitarbeitern auch anonym die Möglichkeit geben, sich in den Dialog einzubringen („whistle blowing policies").

Der Ablauf der Initiierung eines fortlaufenden Identifikationsprozesses beinhaltet konkret, sich mit den repräsentativen Stellen des Unternehmens zusammenzuset-zen und die identifizierten Stakeholder gemeinsam auf Basis eines Kriterienkata-logs zu kategorisieren, um sie im Anschluss daran segmentieren und verorten zu können. In diesen Identifikationsprozess ist auch im Sinne der Nachhaltigkeit unbedingt die zukünftige Entwicklung des Unternehmens einzubeziehen.

Da die Stakeholder unterschiedliche Relevanz für das Unternehmen haben und ihre Anforderungen an das Unternehmen stark variieren, bietet es sich an, die Stakeholder zu verorten. Diese Maßnahme verhindert auch, dass nicht die Stakeholder, die am „lautesten" sind, bevorzugt werden, sondern diejenigen, die den größten Impact auf die Unternehmensstrategie haben.[206] Man spricht in die-sem Zusammenhang von „Stakeholder-Maping".

Abbildung 6.2   Beispiel eines Stakeholder-Mapings nach Segmenten

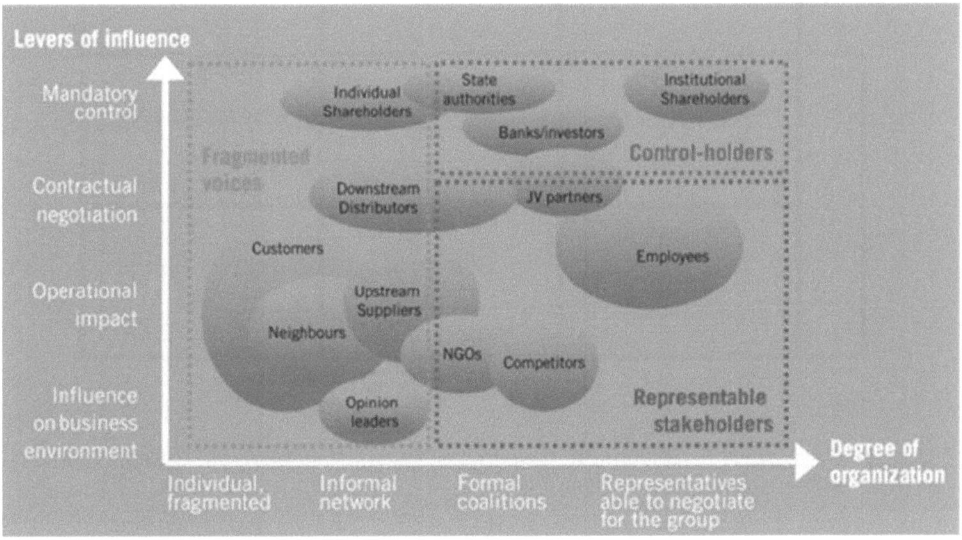

Quelle: AccountAbility/Utopies, Critical Friends, März 2007

Das Stakeholder-Maping ist für die Effizienz und inhaltliche Ausgestaltung einer CSR-Kommunikationsstrategie von ausschlaggebender Bedeutung. Die wissenschaftliche Literatur bietet eine Fülle von Vorschlägen, wie eine solche Klassifizierung und Verortung vorgenommen werden kann. Letztlich muss aber jedes Unternehmen seine eigene Methode entwickeln (**Abbildung 6.2**).

Exemplarisch werden hier folgende Methoden vorgestellt, woraus konkrete Handlungsempfehlungen abgeleitet werden können:

- Macht-Dynamismus-Matrix [207] (**Abbildung 6.3**)
  Hier werden Stakeholder im Verhältnis zu der Macht, die sie besitzen, und dem Dynamik ihrer Position klassifiziert. Diese Matrix eignet sich besonders dann, wenn es darum geht herauszufinden, an welcher Stelle politische Bemühungen während der Entwicklung neuer Strategien fokussiert werden sollten.

Abbildung 6.3   Macht-Dynamismus-Matrix

		Dynamism	
		Low	High
Power	Low	A Fewer problems	B Unpredictable but manageable
	High	C Powerful but predictable	D Greatest danger or opportunities

Quelle: Gardner, J. R./Rachlin, R./Sweeny, H. W. A., Handbook of Strategic Planning, Wiley, Somerset, NJ, USA, 1986

- Macht-Interessen-Matrix[208] (**Abbildung 6.4**)
  Hier erfolgt die Klassifizierung der Stakeholder im Verhältnis zu der Macht, die sie besitzen, und dem Umfang, in dem sie sich für die Strategien der Organisation interessieren. Diese Methode macht besonders deutlich, welche Art von Verhältnis das Unternehmen zu jeder der Gruppen haben sollte.

Abbildung 6.4   Macht-Interessen-Matrix

		Level of Interest	
		Low	High
Power	Low	A Minimal effort	B Keep informed
	High	C Keep satisfied	D Key players

Quelle: Gardner, J. R. / Rachlin, R. / Sweeny, H. W. A., Handbook of Strategic Planning, 1986

- Macht, Legitimität und Dringlichkeits-Modell [209] (**Abbildung 6.5**)
  Diese Modell unterscheidet die drei Ebenen Macht, Legitimität und Dringlichkeit und setzt sie ins Verhältnis zueinander, woraus sieben Typen entstehen. Diese wiederum werden weiter unterteilt:

  - Stakeholder, die nur eine der drei Eigenschaften besitzen (Nr. 1, 2 und 3 in der Abbildung). Sie werden als „latente Stakeholder" bezeichnet und differenzieren sich in dormante, willkürliche oder fordernde Stakeholder.
  - Stakeholder, die zwei der drei Eigenschaften vereinen (Nr. 4, 5 und 6 in der Abbildung) sind die „erwartungsvollen Stakeholder". Sie werden weiter in dominante, gefährliche oder abhängige Stakeholder unterteilt.
  - Stakeholder, die alle drei Eigenschaften besitzen, sind „definitive Stakeholder" und damit die wichtigsten.

Abbildung 6.5   Macht-, Legitimitäts- und Dringlichkeits-Modell

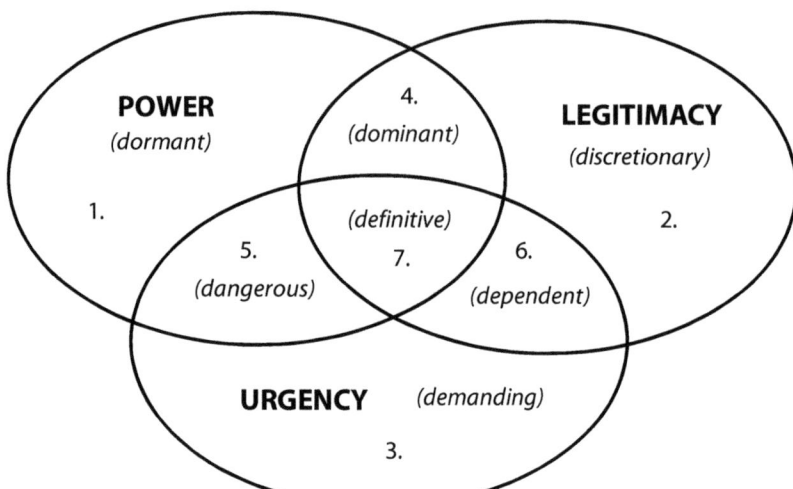

Quelle: Mitchell, R. K./Agle, B. R./Sonnenfeld, J. A., Who Matters to CEOs? An Investigation of Stakeholders Attributes and Salience, Corporate Performance and CEO Values, 1999

Man muss bedenken, dass die Verortung und Kategorisierung der Stakeholder eine subjektive Wahrnehmung des Managements bleibt, die Stakeholder zu kategorisieren. Zur Verifizierung sollte zumindest stichprobenmäßig das Selbstbild mit dem Fremdbild abgeglichen werden. Außerdem ist es sehr wichtig, die zeitliche Dynamik zu berücksichtigen und darauf zu achten, dass dieses Maping kulturbedingt von Land zu Land unterschiedlich gestaltet ist.

Key-Stakeholder

Investoren und Eigentümer

Im Folgenden werden exemplarisch Stakeholder vorgestellt, die maßgeblichen Einfluss auf das Unternehmen haben. Letztlich gibt das individuelle Stakeholder-Maping Aufschluss darüber, welche Stakeholder im Fokus stehen und ihnen deshalb besondere Aufmerksamkeit geschenkt werden muss. Die Vorstellung der Stakeholder ist daher keinesfalls erschöpfend, gibt aber einen Eindruck von der Vielfalt der Interessen und den unterschiedlichen Dialogansätzen.

Die Eigentümer und Anteilseigner zählen zu den wichtigsten Stakeholdern eines Unternehmens. Es liegt letztlich an ihnen, inwieweit sie vom Konzept der CSR zum Wohle „ihres" Unternehmens überzeugt sind, d. h. inwieweit sich CSR positiv auf den Business Case und damit auf die ökonomische Performance eines Unternehmens auswirkt und gleichzeitig einen Beitrag zur gesellschaftlichen Verantwortung leistet.

Das ist besonders dann kritisch, wenn es um die Disposition des Ertrags im Rahmen philanthropischer Ansätze geht. Denn der Investor stellt sein Kapital einem Unternehmen in der Regel nur dann zur Verfügung, wenn er davon überzeugt ist, dass die Renditen entsprechend seinen Erwartungen sind. Zunächst gewinnmindernde Ausgaben, wie beispielsweise für Spenden sozialen oder karitativen Zweckes, führen damit schnell in Erklärungsnot.

Die Kapitalgeber eines Unternehmens teilen sich im Wesentlichen in zwei große Gruppen:

- Familienunternehmer, die in der Regel das mehrheitlich in ihrem Eigentum befindliche Unternehmen selbst führen.

- Institutionelle Inverstoren, die meist im Auftrag vieler kleiner und großer Anleger Fonds verwalten. In Deutschland sind sie auch bekannt als „Heuschrecken" (Quelle: Müntefering, F., Interview in: Bild am Sonntag, 17.04.2005).

Familienunternehmen

Die meisten Unternehmen in Deutschland sind Familienunternehmen, d. h., sie sind mehrheitlich im Besitz von Familien. Das sind bei weitem nicht nur die kleinen und mittelständischen Unternehmen, sondern auch die großen. Zwei Drittel der 100 größten deutschen Unternehmen sind Familienunternehmen.[210]

Für viele Familienunternehmen ist es Tradition, sich gesellschaftlich zu engagieren. Daher winken Familienunternehmen meist ab, wenn es um CSR geht, zumal sie mehrheitlich davon ausgehen, dass sie das in der Tradition des „ehrbaren Kaufmanns" schon seit jeher machen. Was die Rolle des „Good Corporate Citizen" betrifft, mag das auch für eine Vielzahl von Familienunternehmen zutreffen. Die Philanthropie kommt dabei hauptsächlich durch den Willen des Unternehmers selbst zum Ausdruck. Dabei handeln Familienunternehmer oft intuitiv und in aller Stille. Dann wenn die Unternehmen nicht ohnehin direkt von einem der Familienmitglieder geführt werden, sind die Kommunikationswege meist kurz, persönlich und direkt.

Die weit verbreitete Einstellung der meisten Familienunternehmer, etwas der Gesellschaft zurückzugeben, ist auf den ersten Blick ehrenrührig, wird aber zunehmend als feudalistisch und patriarchalisch kritisiert. Zumal dies impliziert, dass man der Gesellschaft vorher etwas weggenommen hätte, obwohl im Grunde das Gegenteil der Fall ist. Von Unternehmen wird heute ohnehin mehr erwartet als alimentierende Almosen, die vom Goodwill des Unternehmers abhängig sind. Das ist kein Ausdruck von Verantwortlichkeit.

Immer mehr Familienunternehmen erkennen, dass das Konzept der CSR über den gesamten Wertschöpfungsprozess Verantwortung übernimmt, indem Nehmen und Geben in einem ausgewogenen Verhältnis zum Wohle aller stehen.

Es gibt viele Unternehmer, die schon früh diese Einstellung verfolgten und in ihrer Zeit Pioniere waren. So setzte beispielsweise Oscar Troplowitz, Gründer von Beiersdorf, soziale Standards ein und errichtete als erstes Unternehmen einen Betriebskindergarten[211]. Oder der seinerzeit als „Sozialschwärmer" beschimpfte Robert Bosch, der als einer der ersten Unternehmer den Achtstundentag einführte.[212] Es gibt eine Fülle herausragender Beispiele, wo der Geist des Gründers auch heute noch die Unternehmenskultur ihrer Unternehmen prägt, insbesondere die vielen Unternehmer von klein- und mittelständischen Betrieben, die von der breiten Öffentlichkeit gar nicht wahrgenommen werden.

Institutionelle Investoren

Der Chief Financial Officer des Bergbauunternehmens Rio Tinto fasste die Einstellung vieler Investoren ernüchternd zusammen: „With a few honourable exceptions, most mainstream investors ask little or nothing about social responsibility. That might change in the event of a serious environmental/community/political incident, which raised questions about the company's performance."[213] Die US-amerikanische Rechtssprechung verlangt beispielsweise sogar explizit, dass Unternehmen ausschließlich den Interessen der Aktionäre verpflichtet sind und sonst niemandem.

Die Frage der gesellschaftlichen Verantwortung hat demnach nur wenig Bedeutung für Investitionsentscheidungen. Erst im Falle einer reputationsgefährdenden Krise wird gesellschaftliche Verantwortung relevant.

Daraus kann letztlich der Schluss gezogen werden,

■ dass es noch nicht gelungen ist, Investoren zu vermitteln, dass CSR zur Sicherung und zum Ausbau der Reputation von ausschlaggebender Bedeutung ist, sozusagen eine Art Versicherung der Anteile des Investors, die Reputationsrisiken abdeckt.

■ dass es, ähnlich wie beim Familienunternehmer, noch nicht gelungen ist, die zahlreichen Vorteile von CSR, die sich unmittelbar auf den Gewinn und den Wert des Unternehmens auswirken, zu vermitteln (Ressourceneffizienz, Abfallvermeidung, Produktivitätssteigerung etc.).

Die Chief Executive, Chief Financial und Investor Releationship Officer, die auf dem Weltwirtschaftsgipfel 2003 vertreten waren, fassten die Probleme wir folgt zusammen:[214]

- Problem der Definition von CSR: Jeder scheint über etwas anderes zu sprechen. Ein Problem, das, wie bereits ausgeführt, bei weitem nicht nur Investoren haben.

- Problem der messbaren Zuordenbarkeit auf den Business Case: Es gibt bislang noch keine allgemeingültigen Kennzahlen, wonach sich CSR orientiert. Das macht es auch unmöglich, Unternehmen innerhalb einer Branche zu vergleichen und Benchmarks zu setzen.

- Problem der Qualität und Quantität von Informationen: Da Investoren in der Regel kaum Informationen zu CSR nachfragen, werden ihnen diese erst gar nicht zur Verfügung gestellt. Bei der Fülle an Informationen, die für die Investitionsentscheidungen relevant sind, müssen die Informationen zu CSR sich auf das Wesentliche beschränken und sich auf diejenigen konzentrieren, die sich unmittelbar auf die Rendite auswirken können (z. B. Penetration neuer Märkte durch Einführung von „Green-Technology").

- Problem der geringen Kenntnisse und Kompetenzen: Investoren haben zu wenige Fachkenntnisse bezüglich des CSR-Themas. Die Zusammenhänge von Rendite und CSR sind für den Investor noch nicht eindeutig nachvollziehbar. CSR wird eher noch als „Gutmenschentum" hoffnungsloser Weltverbesserer betrachtet. Darüber hinaus sehen sie auch nur geringe Anreize, sich intensiver mit CSR auseinanderzusetzen.

- Problem des zu langen Zeithorizontes: Der Investor will schnelle Rendite, was im Grunde konträr zu den Zielen eines Unternehmens steht, das langfristig wettbewerbsfähig bleiben möchte. Gerade wenn es um Nachhaltigkeit geht, wird dieser Zielkonflikt besonders deutlich. Dieser Zielkonflikt ist auch einer der Hauptkritikpunkte, die gesellschaftliche Gruppen, allen voran die Politik, an der reinen Ausrichtung am „Shareholder Value" anführen.

In Bezug auf eine vertrauenswürdige und verantwortungsvolle Kommunikation mit Investoren bestehen in Anlehnung an die Global Corporate Citizenship Initiative demnach folgende Herausforderungen an die CSR Communication[215]:

- Festlegung der Werte, Prinzipien und des Zweckes des Unternehmens
  Es muss in der Kommunikation klar und deutlich werden, für was das Unternehmen steht, welche Prinzipien und welches Werteverständnis dem Unternehmen zugrunde liegen. Die Führungskräfte, allen voran der CEO, nehmen hier eine erfolgskritische Rolle ein, wenn es um die Glaubwürdigkeit der Kommunikation geht.

- Bewusstmachung der gesellschaftlichen Verortung des Unternehmens
  Es geht darum, dem Investor die Rolle und die Bedeutung des Unternehmens in der Gesellschaft deutlich zu machen, die über das zur Verfügung stellen von Produkten und Dienstleistungen hinausgeht (z. B. Bedeutung als Arbeitgeber, Technologietransfer, Steuern).

- Präsentation zuverlässiger Kennzahlen
  Der Investor erwartet eine klare und eindeutige Sprache. Er benötigt Key Performance Indicators (KPI), d. h. gewinnauswirkende Kennzahlen, die auf das CSR-Konzept zurückzuführen sind und darüber hinaus international anerkannt, auditiert und vergleichbar sind. Die KPI können durchaus branchenspezifisch variieren, müssen aber eindeutige Rückschlüsse auf die Gesamt-Performance durch CSR zulassen. Die GRI ist mit der Festlegung bestimmter KPI einen wichtigen Schritt in die richtige Richtung gegangen. Weitere nennenswerte freiwillige Konzepte sind die London Principles of Sustainable Finance[216] oder die UNEP's Finance Initiatives[217].
  Vor dem Hintergrund der Forderung nach klaren Kennzahlen, sprießen Rating-Agenturen wie Pilze aus dem Boden, um diesen Bedarf zu decken. Rating-Agenturen sind aber in erster Linie Beratungsagenturen oder sind mit diesen vernetzt. In jedem Fall sind sie in der Regel nicht ausschließlich Rating-Agenturen. Das Motto „wenn ich dich berate, dann ‚rate' ich dich auch gut", führte in der Vergangenheit auch zu Zertifikaten, die zwar gut bewertet wurden, aber im Grunde schlecht waren. Die Rating-Agentur Moody's & Co. gab noch einen Tag vor dem Zusammenbruch Lehman Brothers Bestnoten.[218]

- Sicherung konsistenter und kohärenter Botschaften
  Für die Glaubwürdigkeit der Kommunikation ist es unerlässlich, dass die Kommunikation aus einem Guss ist und langfristig angelegt ist. Die Botschaften müssen in sich stimmig sein und sich durch das ganze Unternehmen über einen längeren Zeitraum ziehen.

Es gibt eine Reihe von Kommunikationsinstrumenten, die im Rahmen der CSR Communication mit Shareholdern zum Einsatz kommen können:

- Vorträge und Präsentationen
  Die wohl weitverbreitetste Form der direkten und persönlichen Kommunikation mit Investoren sind Meetings oder Conference Calls. Investoren suchen den direkten Austausch mit den Entscheidern. Allen voran die Jahreshauptversammlung, bei der die CEOs persönlich direkt auf kritische Fragen eingehen. Zur Vorbereitung solcher Meetings ist es unerlässlich, gut gewappnet zu sein (Q&As, Trainings etc.). Darüber hinaus können weitere Möglichkeiten der Präsentation und des Austausches eingerichtet werden (Capital Markets Day, Investors Days on Sustainability etc.). Wichtig ist die Möglichkeit des direkten

periodisch ausgerichteten Austausches mit den Entscheidungsträgern. Die Einbindung des Themas in bestehende Events ist am wirkungsvollsten, zumal man eine breitere Zielgruppe unter den Investoren antrifft und auch Investoren anspricht, die mit dem Thema noch nicht in Berührung gekommen sind.

- Geschäftsbericht
  Investoren informieren sich in erster Linie in Geschäftsberichten über die Performance eines Unternehmens, zumal diese gesetzlichen Vorschriften unterliegen. In diesen Geschäftsberichten ist es daher über das Vorwort des CEOs hinaus notwendig, auf CSR einzugehen. Wie bereits ausgeführt, sind mittlerweile viele Unternehmen dazu übergangen, ausgewiesene CSR-Berichte zu erstellen. Das ist sicherlich zu begrüßen, findet aber noch wenig Resonanz bei den Investoren. Der Ansatz, den CSR-Bericht mit dem Geschäftsbericht zu verbinden, wäre hier wegweisend.

- Unternehmens-Website
  Hier geht es darum, auch auf der „Investor-Relations-Site" des Unternehmensportals CSR-affine Themen einzubinden, sofern sie für die Performance relevant sind. Auf dieser Site sollte auch nochmals deutlich werden, für was das Unternehmen steht – auch in ethischer Hinsicht.

- Investoren-Workshops
  Workshops mit Inverstoren sind der beste Weg, sie in die strategische Entscheidungsfindung einzubinden und mit ihnen in Dialog zu treten. Workshops sind auch oft Ausgangspunkt für tiefergehende Gespräche und Basis für den persönlichen Austausch.

Allen Bemühungen vorangestellt muss aber sein, anerkannte Indikatoren (KPI) zu entwickeln. Dazu müssen interne Task Forces eingerichtet werden, die unter Einbeziehung der Finanzabteilung die unterschiedlichen CSR-Treiber im Unternehmen einbinden.

Vor dem Hintergrund der aufkommenden Trendthemen, wie beispielsweise Klimawandel oder demografische Entwicklung, die direkt auf strategische Entscheidungen von Unternehmen Einfluss nehmen, gehen letztlich immer mehr Investoren dazu über, ihr Investment an ethischen Kriterien festzumachen. Nicht zuletzt braucht es diese Investoren, die von CSR überzeugt sind und die mit ihrer Geldanlage ein deutliches Zeichen setzen. Sie nehmen tagtäglich an Bedeutung zu. 2006 lag der Anteil nachhaltiger Kapitalanlagen am europäischen Gesamtmarkt mit steigender Tendenz immerhin bei 17,6 Prozent mit einem Volumen von rund 2,7 Billionen Euro.[219] So haben sich mit dem Dow Jones Sustainability Group Index (DJSGI) und der Sustainability Index Gruppe der „Financial Times" (FTSE4GOOD) Indikatoren für die Wertentwicklung börsennotierter „Sustainability Leader" gebildet, die den Investoren in der Unternehmenslandschaft Orientierung bieten sollen, welche Unternehmen in welchem Maße über eine positive ökologische und soziale Performance verfügen. Eine weitere nennenswerte Inititiative in diesem Zusammenhang ist das vom europäischen Dachverband für nachhaltige Geldanlagen (Eurosif) entwickelte „Tranzparenzlogo" für nachhaltige Fonds. Die Erwerber dieses Logos verpflichten sich, „offene, aktuelle und angemessene Informationen" ihrer Nachhaltigkeits-Performance bereitzustellen.[220] Darüber hinaus gibt es mittlerweile unzählige Fonds, die bestimmte ethische Kriterien berücksichtigen. Hinzu kommen die religiös motivierten Geldanalgen. Sharia-konforme Finanzprodukte haben beispielsweise jährliche Wachstumsraten von bis zu 20 Prozent.[221] Ähnliches gilt für die Fonds der christlich orientierten Pax-Bank, auch wenn die Bank erst kürzlich in Verruf geraten ist, weil sie bei Herstellern von Verhütungsmitteln investierte. Eine wirkliche Durchschlagskraft der nachhaltigen Fonds wird aber erwartet, wenn auch die öffentliche Hand, wie beispielsweise in Großbritannien oder Norwegen, bei Investitionen und Unternehmensbeteiligungen auf Nachhaltigkeit achtet.[222]

Immer mehr Investoren setzen sich nicht nur durch ihre Geldanlage für CSR ein, sondern mischen sich darüber hinaus aktiv in den Meinungsbildungsprozess ein. Ein herausragendes Beispiel dafür ist der durch die Börse reich gewordene Milliardär und Finanzjongleur George Soros. Er fordert zum Beispiel das Verbot des Handels von amerikanischen Pensionsfonds mit Rohstoffen, um die explodierenden Preise für Öl und Nahrungsmittel einzudämmen und somit vor allem den Entwicklungsländern eine verlässliche Existenzgrundlage zu geben.[223]

Die Motivation muss dabei nicht vorrangig ethischer Natur sein. Großinvestoren wie zum Beispiel die Münchner Rück verfolgen mit ihren streng auf Nachhaltigkeit ausgerichteten Kriterien der Investitionsbewertung in erster Linie ökonomische Interessen. Ziel ist, einen Beitrag gegen den Klimawandel zu leisten, weil sie für die Auswirkungen der Klimakatastrophen letztlich als Versicherungsunternehmen aufkommen müssen. Nachhaltiges Investment tangiert demnach konkret ihre Geschäftsgrundlage und damit den Business Case.

Mitarbeiter/Interne Kommunikation

„Charity begins at home", sagt ein im angelsächsischen Raum viel gebrauchtes Sprichwort. Übertragen auf das Unternehmen betrifft das vor allem die Mitarbeiter. Sie stehen daher auch im Fokus der internen CSR Communication. Nicht zuletzt deshalb, weil die Mitarbeiter zu den wichtigsten und glaubwürdigsten Botschaftern von CSR gehören. Ihr Urteil ist glaubwürdiger als jede Imageanzeige in einschlägigen Tageszeitungen. Sie geben der CSR ein Gesicht, denn sie repräsentieren das Unternehmen, und ein Unternehmen lebt durch seine Mitarbeiter. Mitarbeiter reden in der Regel über ihren Arbeitgeber, gleich ob der Arbeitgeber mit ihnen redet oder nicht. Ein Unternehmen, das als verantwortungsvolles Unternehmen wahrgenommen wird, macht die Mitarbeiter stolz, weil sie sich als Teil des Unternehmens fühlen. Das wiederum schlägt sich unmittelbar auf die Leistungsbereitschaft nieder, was sich beispielsweise direkt durch eine geringere Fluktuation und einen niedrigeren Krankenstand auf die Produktivität auswirkt. Der Vorwurf dagegen, unverantwortlich zu sein, trifft alle Mitarbeiter gleichermaßen und wirkt sich entsprechend negativ auf die Performance aus.

Wie bereits erläutert, hat CSR etwas mit einem Mindset, einer inneren Einstellung zu tun. Für ein Unternehmen als korporativer Akteur gilt das entsprechend für seine Mitarbeiter. Ganz nach Augustinus' Diktum: Erst wenn die Mitarbeiter für die Idee „brennen", können sie andere „entzünden". Das funktioniert nur, wenn die Belegschaft sich als Teil der CSR fühlt, wenn sie Verantwortung als Wert des Unternehmens lebt und wenn sie das durch ihr Engagement immer wieder zum Ausdruck bringt. CSR kann man nicht verordnen, da nützen auch noch so aufwändige Kampagnen nichts, die einen generischen Wertekatalog auf kleinen Karten für die Geldbörse laminieren und bei denen bunte Plakate die Gänge und Konferenzräume dekorieren. So wird sicher nicht die DNA eines Unternehmens gestaltet. Das Unternehmen kann einen Rahmen vorgeben, kann ermöglichen, kann motivieren und kann vor allem honorieren – die Lust, Verantwortung als Wert zu erleben, muss aber letztlich vom Mitarbeiter selbst kommen. Das wiederum kann das Unternehmen beispielsweise durch gezielte Maßnahmen wie Trainings unter Berücksichtigung soziometrischer und psychodramatischer Methoden unterstützen.

CSR in ein Unternehmen zu implementieren, bedeutet, einen Gestaltungs- und Veränderungsprozess in Gang zu setzen, dessen erfolgreiche Umsetzung maßgeblich von der Kommunikation durch Engagement und Beteiligung der Mitarbeiter bestimmt ist. Denn letztlich muss eine Kultur geschaffen werden, die Verantwortung als Wert integriert. Je genauer man einschätzen kann, was die Veränderung bei den Mitarbeitern auslösen wird, desto genauer kann man entsprechende Maßnahmen einleiten, den Veränderungsprozess erfolgreich umzusetzen.[224] Im Vordergrund stehen dabei Anreizsysteme und Schulungen für Mitarbeiter, sich entsprechend zu verhalten und als verantwortlicher korporativer Akteur zu handeln. Den für alle Veränderungsprozesse gleichermaßen geltenden Reaktionen, wie Angst vor zusätzlicher Arbeit oder Überforderung, muss auch hier begegnet werden. Niccolò Machiavelli wusste schon zu seiner Zeit, wie schwierig es ist, Veränderungen umzusetzen: „There is no more delicate matter to take in hand, nor more dangerous to conduct, nor more doubtful in its success, than to be a leader in the introduction of changes. For he who innovates will have for enemies all those who are well off under the old order of things, and only lukewarm supporters in those who might be better off under the new."[225]

Folgende Kriterien sind bei der internen CSR Communication zu berücksichtigen, wenn man CSR als Wert versteht und dieser von allen Mitarbeitern gelebt und gefühlt werden soll:

■ Die Maxime „Erst zuhören, dann handeln" gewinnt hier besondere Bedeutung. Jeder Change-Communication-Strategie muss eine Analyse und ein Maping der internen Stakeholder vorausgehen. Die unterschiedlichen internen Zielgruppen müssen zunächst verortet und in Bezug auf den anstehenden Veränderungs-prozess analysiert werden. Das kann vor allem durch Workshops, geführte Einzel-/Gruppengespräche, Umfragen etc. umgesetzt werden. Erst wenn man weiß, wo die Mitarbeiter stehen, weiß man, wo man sie abholen kann. Wobei die informellen Kanäle in diesem Fall wichtiger sind als die formellen. Ansonsten läuft man Gefahr, an den Mitarbeitern vorbei zu kommunizieren.

■ Alle Hierarchieebenen im Unternehmen müssen bei der Entwicklung und Implementierung von CSR mit einbezogen und von Anfang an transparent gestaltet werden. Es bietet sich dafür an, beispielsweise eine Art „CSR-Task Force" zu bilden, die Repräsentanten aller Hierarchieebenen einbindet.

■ CSR muss von den Vorgesetzten vorgelebt und die Relevanz des Themas für die Mitarbeiter muss herausgestellt werden. Je offener das Verhältnis zwischen Vorgesetztem und Mitarbeiter ist, desto einfacher ist dieser Prozess. Vorleben heißt nicht vorsetzen, d. h., der Bottom-up-Ansatz muss weiterhin Berücksichtigung finden, nur muss dieser von der Führung demonstrativ gewollt und ermöglicht werden. Bei der Entwicklung von CSR müssen Führungskräfte und Mitarbeiter an einem Strang ziehen und die Verantwortung als Teil des Wertekanons gemeinsam erarbeiten und umsetzen. Keinesfalls darf das Gefühl entstehen, dass das Thema von der Führungsetage entwickelt und dann der Belegschaft oktroyiert wird.

■ Der Veränderungsprozess muss nachhaltig angelegt sein und permanent auf den Prüfstand gestellt werden. Dazu bedarf es immer wieder spürbarer Impulse und gegebenenfalls der Implementierung von Ritualen oder Ähnlichem.

■ Der Betriebsrat und die Gewerkschaften müssen so früh wie möglich ins Boot geholt werden. Ihnen muss unter anderem deutlich gemacht werden, dass sich an ihrer Position nichts ändert, sondern bestehende Vereinbarungen durch freiwilliges Engagement ergänzt und nicht unterminiert werden. Hier spielen auch immer wieder persönliche Eitelkeiten eine Rolle, die mit einem drohenden Machtverlust einhergehen.

■ Externe Kommunikation wirkt intern manchmal mehr, als jede interne Kommunikationsmaßnahme bewirken kann. Insofern ist diese gezielt einzusetzen und in jedem Fall zu berücksichtigen. Wenn der Vorstand beispielsweise gerade wegen Steuerhinterziehung auf der öffentlichen Anklagebank sitzt, wirken CSR-Prozesse eher wie Hohn.

■ Die Standortfrage spielt im Rahmen der internen CSR Communication eine besondere Rolle, zumal die Mitarbeiter sich in der Regel aus dem örtlichen Umfeld des Unternehmens rekrutieren. Gerade in ländlichen Regionen spielen Community Involvements, die sich an den lokalen Issues orientieren, eine besondere Rolle. Corporate-Volunteering-Programme können das unterstützen.

■ Bevor man darüber nachdenkt, neue Kommunikationsmaßnahmen zu finden, sollte man auf die bestehenden und bewährten zurückgreifen und CSR-Botschaften dort integrieren. Denn man sollte Mitarbeiter grundsätzlich nicht mit zu vielen Veränderungen überfrachten. Beziehen die Mitarbeiter ihre Informationen beispielsweise konventionell über das Schwarze Brett oder lesen gerne die Mitarbeiterzeitschrift, dann müssen diese Konventionen auch für die CSR Communication berücksichtigt werden.

■ Verantwortung heißt, die Diversität im Unternehmen wahrzunehmen und zu fördern (das gilt im Übrigen auch gegenüber externen Stakeholdern, z. B. „ethnische Kundenberater"). Ein aktives Diversity Management greift auf die vielfältigen Kompetenzen seiner Mitarbeiter zurück und macht diese zum Wohle aller urbar. Integration und Partizipation sind Teil der CSR und müssen unbedingt in der Strategieentwicklung berücksichtigt werden.

Die Wahl der Kommunikations- bzw. Dialoginstrumente hängt wesentlich von der Unternehmens- und Landeskultur ab und reicht von der Stellenanzeige bis zum Ruhestand des Mitarbeiters. Besonderes Augenmerk muss auf das „Onboarding" gelegt werden. Hier können schon frühzeitig die richtigen Stellschrauben angelegt werden. Der Instrumenten-Mix bedarf außerdem einer Zielgruppensegmentierung innerhalb des Unternehmens. Schließlich tritt man mit einem Schichtarbeiter anders in Dialog als mit einer Führungskraft. Es geht dabei im Sinne der Konsistenz und Kohärenz nicht darum, unterschiedliche Botschaften zu vermitteln, sondern eine zentrale Botschaft so zu vermitteln, dass sie von den unterschiedlichen Zielgruppen gleichermaßen wahrgenommen wird.

Beispiel: „Telefónica O2 Germany. Machen wir unsere Kunden zu Fans, indem wir unsere Mitarbeiter zu Fans machen!"

„ … selbstverständlich [sind] Leistungen wie betriebliche Altersvorsorge, Essensgeld- und Fahrtkostenzuschuss, Zusatzvergütungen, Weiterbildungen oder flexible Arbeitszeiten. Für ein Telekommunikationsunternehmen ist zudem die Ausstattung der Mitarbeiter mit einem modernen Handy inklusive monatlichem Guthaben selbstverständlich. … Familienservice. Dieser bietet umfassende Informationen, Beratung und Vermittlung unterschiedlicher Leistungen rund um die Familie. Dazu gehört die Betreuung von Kindern oder pflegebedürftigen Angehörigen oder das Finden von Tagesmüttern … Das Angebot „Working Moms and Dads" unterstützt Kollegen vor und während der Elternzeit, erleichtert ihnen den Wiedereinstieg ins Berufsleben und hilft, den Spagat zwischen Job und Familie für eine ausgeglichene Work-Life-Balance zu meistern. Am Standort München gibt es sogar eine eigene Tagesstätte, die O2 Bubble Bande, mit 36 Vollzeitplätzen für Kinder zwischen vier Monaten und drei Jahren. In Bremen, Köln, München, Nürnberg und Teltow stehen eigene Kinderbüros bereit: … So bietet das Unternehmen mit wissenschaftlicher Begleitung des Lehrstuhls für Sportwissenschaft der Universität München ein attraktives Sportprogramm. Darüber hinaus befindet sich am Münchner Hauptsitz das STUDIO2, ein firmeneigenes Sport- und Gesundheitszentrum. Auch an den anderen Standorten werden Sport- und Gesundheitsprogramme sowie regelmäßige Aktionen wie der Sports and Family Day mit Beachvolleyball- und Fußball-Turnieren angeboten.

O2 klärt jeden Mitarbeiter über sicheres und gesundheitsgerechtes Arbeiten auf. Gleichzeitig informiert ein breitgefächertes Programmangebot über eine gesunde Arbeits- und Lebensweise, inklusive Beratungen zur Ernährung und Raucherentwöhnung.

Zweimal jährlich finden die Gesundheitstage „Fit for Emotion" statt, zum Beispiel mit Tests zur Muskel- und Lungenfunktion und zur Bestimmung von Blutzucker, Cholesterin oder Body-Mass-Index.

Das Unternehmen ist sich seiner sozialen Verantwortung bewusst und unterstützt aktiv Mitarbeiter, die beruflich oder privat in eine Krise geraten sind. Wenn Dauerstress, Arbeitsplatzkonflikte oder persönliche Nöte zu psychosozialen Problemen führen, kann der Mitarbeiter ein entsprechendes Beratungsangebot nutzen. Außerdem hat O2 einen Unterstützungsfonds eingerichtet, der bedürftigen Mitarbeitern finanziell hilft, die krankheitsbedingt unverschuldet in Not geraten sind.

Engagierte Mitarbeiter
Die Leistungen sind jedoch nicht einseitig, denn umgekehrt profitiert O2 von engagierten Mitarbeitern. Auf einfache und clevere Weise belohnen Führungskräfte gute Leistungen und außergewöhnliches Engagement mit dem „kleinen Lob". In einem Online-Tool ist jeder Führungskraft ein festes Budget zur Einlöse attraktiver Prämien zugeordnet. Im Rahmen der Spirit Awards können Mitarbeiter ihre Kollegen unter anderem für deren gesellschaftliches Engagement nominieren und alle Vorschläge bewerten. Das Awardkonzept vereint Strategie und unternehmenskulturelle Werte und rückt gute Leistung in den Fokus öffentlicher Anerkennung.

Denn Engagement beschränkt sich nicht auf den Arbeitsplatz. So unterstützt O2 ehrenamtliche Tätigkeiten seiner Mitarbeiter für gemeinnützige Vereine und Organisationen über ein Volunteering Programm. Dieses fördert nicht nur den individuellen Einsatz von Kollegen, zum Beispiel mit der Freistellung für zwei „Soziale Tage" pro Jahr seit Mitte 2009. Auch Teams oder Abteilungen haben die Chance, etwas Gutes zu tun in einem Teameinsatz oder sogar im Rahmen einer Teamentwicklung. Das soziale Engagement bringt dem Mitarbeiter neue Erfahrungen fernab vom Joballtag und dem Team ein verbindendes Erlebnis." [226]

Konsument
Im externen Umfeld trägt der Konsument im Grunde genommen die größte gesellschaftliche Verantwortung. Denn der Konsument bestimmt letztlich mit seinem Kaufverhalten, was wie produziert wird. „Jeder Kassenzettel ist ein Stimmzettel"[227] für oder gegen ein Produkt, respektive ein Unternehmen. Johannes Brinkmann spricht in diesem Zusammenhang von „Shared Responsibility"[228]. Wählt der Konsument ein Produkt aus, weil es ethischen Prinzipien genügt, oder verschmäht er es, weil es ethischen Prinzipien nicht genügt, spricht man von einem ethischen Konsumenten. [229] In seiner weitesten Interpretation kann ethischer Konsum daher definiert werden als „the conscious and deliberate choice to make certain consumption choices due to personal and moral beliefs."[230] Geht es danach, sind die Mehrzahl der Europäer ethische Konsumenten. Das lässt sich durch die zahlreichen Studien auf diesem Gebiet nachweisen. So finden immerhin 90 Prozent der deutschen Konsumenten[231] (und sogar 96 Prozent der Europäer[232]), dass sie bei sich selbst anfangen sollten, um einen Beitrag zum Klima bzw. Umweltschutz zu leisten; wie dieser Beitrag aussehen kann, ist jedoch unklar.

Außerdem heißt das keineswegs, dass diese Erkenntnis unbedingt mit ihrem Kaufverhalten zusammenhängen muss. So hatte eine im November und Dezember 2007 von der Europäischen Kommission in Auftrag gegebene Studie unter 29.000 europäischen Verbrauchern herausgefunden: Europäer sehen ihre eigenen Konsumgewohnheiten selten als Umweltsorge, und sie tun – trotz mehrheitlichen Bekenntnissen zum Umweltschutz – am wahrscheinlichsten nichts, wenn es um eine Änderung ihrer Konsumgewohnheiten geht.[233] Das schlägt sich auch in anderen Studien nieder, die untersucht haben, inwieweit der Konsument bereit ist, Konzessionen für „ethische Produkte"[234] einzugehen. Nur 4,2 Prozent der Konsumenten[235] (ca. zehn Prozent im Rahmen einer anderen Umfrage[236]) sind bereit, einen höheren Preis für klimafreundliche Produkte zu zahlen – natürlich vorausgesetzt, dass alle anderen Kriterien wie Qualität, Verfügbarkeit, Service etc. gleich geblieben sind.[237] Trotz alledem beschweren sich 80 Prozent der deutschen Konsumenten, dass es noch viel zu wenig klimafreundliche Produkte[238] auf dem Markt gibt und dass die Produkte, die erhältlich sind, nicht ausreichend als solche gekennzeichnet sind (z. B. Music-Download).[239] Die Bereitschaft, mehr Geld für Produkte auszugeben, hängt unter anderem auch stark von anderen Faktoren wie beispielsweise dem Geschlecht, Alter und Einkommen ab. So kümmern ethische Produkte die 16- bis 27-Jährigen und altersübergreifend die Gruppe mit niedrigem Bildungsgrad am wenigsten, während gebildete Frauen im Alter zwischen 48 und 67 Jahren offenbar die Treiber der Entwicklung zum ethischen Konsum sind.[240] **Abbildung 6.6** veranschaulicht die Gründe, die mit der Kaufzurückhaltung zusammenhängen. Daraus geht deutlich hervor, dass sich das Problembewusstsein noch nicht ausreichend durchgesetzt hat.

Abbildung 6.6   Warum Konsumenten nicht gewillt sind, mehr für umweltvertägliche Produkte zu zahlen

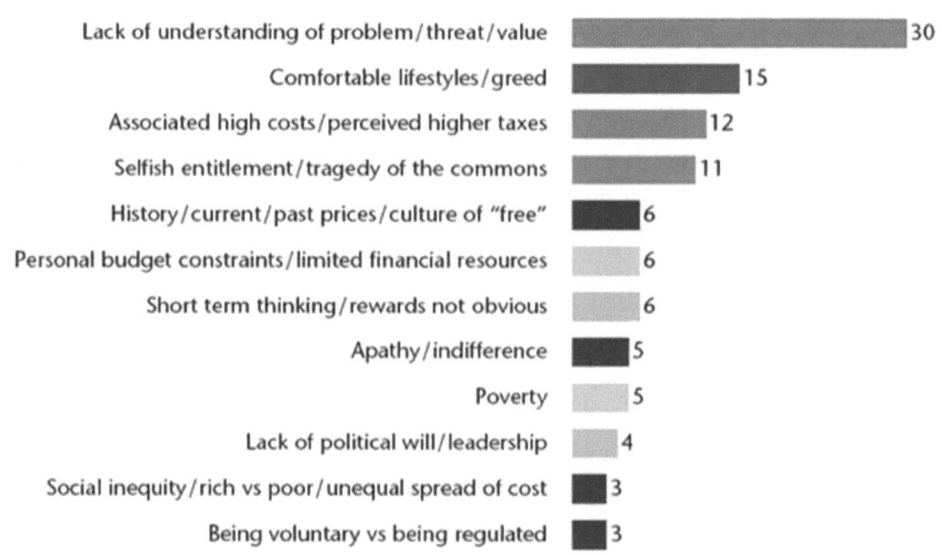

Quelle: National Geographic Society/GlobeScan, Greendex 2008: Consumer Choice and the Environment – A Worldwide Tracking Survey, 2008 entnommen aus Sustainable Consumption Facts and Trends, From a business perspective, The Business Role Focus Area, World Business Council for Sustainable Development (WBCSD), November 2008

Die Initiative Klimaschutz fasst die Ergebnisse ihrer Studie ernüchternd zusammen: Teurer, schlechter oder verzichten assoziieren die Verbraucher mit Klimaschutz. Klimaschutz ist erwünscht, aber ohne klaren Zusatznutzen nicht kaufentscheidend. Konsumenten wollen zwar Orientierung, aber auch Wahlfreiheit. „Nicht auf Lebensqualität, sondern auf CO_2 verzichten."[241] Es gibt aber auch Studien, die statt der vorher genannten 4,2 Prozent immerhin 82 Prozent[242] der Bevölkerung ausmachen, die grundsätzlich bereit wären, einen Aufpreis zu zahlen. Das zeigt deutlich, in welchem Ausmaß Studien dieser Art divergieren können, denn je nach Fragestellung können unterschiedliche Ergebnisse generiert werden. Jedoch kommt hier noch hinzu, dass man bei einer persönlichen oder personalisierten Umfrage, dem Befrager gegenüber, sich letztlich verantwortungsvoller darstellt, als man vermeintlich ist. Norbert Schwarz stellte dazu nachvollziehbar fest: „Respondents may want to edit their private judgment before they report it to the researcher, due to reasons of social desirability and self-presentation."[243]

Abbildung 6.7   Konsumenten waren noch nie so sehr in soziale Themen involviert

Consumers want to make a difference
& prefer brands that do!

⊙ Globally, nearly **9 in 10 consumers (87%)** feel it is their duty to contribute to a better society and the environment

⊙ **82%** of consumers globally say they can personally make a difference by supporting good causes

⊙ 83% of consumers are willing to change consumption habits to make tomorrow's world a better place

⊙ 76% of consumers globally like to buy from brands that make a donation to worthy causes!

Quelle: 2. Globale GoodpurposeTM Studie, Edelman, Winter 2008

Einig sind sich die Studien auf jeden Fall wiederum dann, wenn es um die Frage geht, welchen Beitrag die Unternehmen zu sozialen und ökologischen Fragen leisten sollen. In einer Studie des Gesamtverbands Kommunikationsagenturen (GWA) wurde beispielsweise deutlich, dass 88 Prozent (86 Prozent[244] im Rahmen einer anderen Studie) der deutschen Bevölkerung es für richtig halten, dass Unternehmen sich öffentlich verpflichten, gesellschaftsbezogen verantwortlich tätig zu sein.[245] Das spiegelt sich auch in den Ergebnissen einer sehr optimistischen Studie von Edelmann PR wider (**Abbildung 6.7**). Die Botschaft an die Unternehmen ist demnach klar formuliert: „Tu was, aber schlag' es nicht auf die Preise auf und lass die Qualität nicht darunter leiden!" Eine globale Studie zeigt darüber hinaus, dass der Konsument sich immer mehr seiner Macht gegenüber Unternehmen bewusst wird.[246] (**Abbildung 6.8**)

Abbildung 6.8   Konsumenten glauben daran, dass sie durch ihr Verhalten bestimmen können, wie verantwortlich sich ein Unternehmen verhält

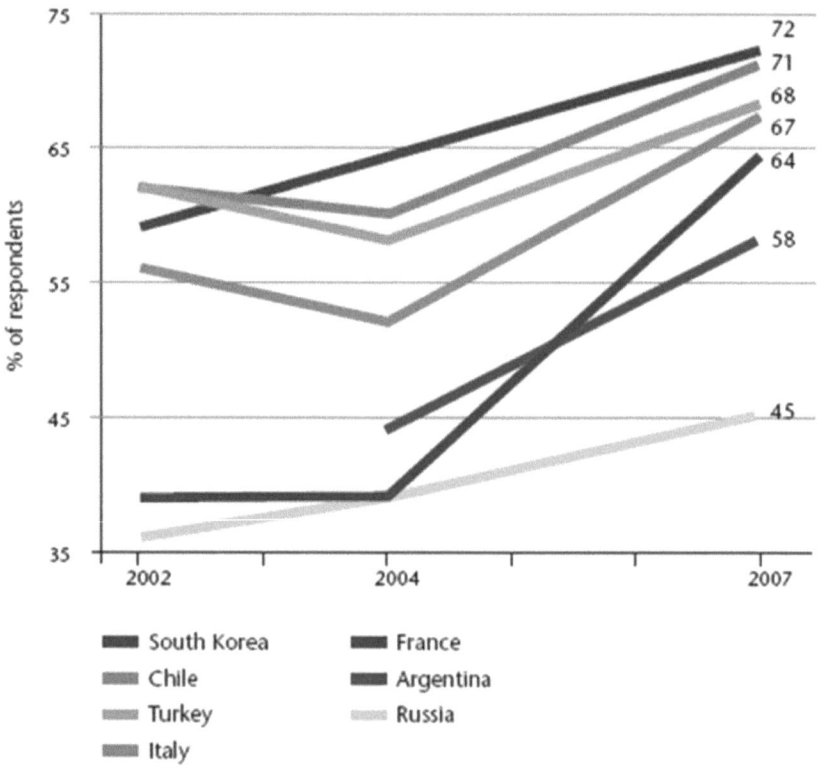

Quelle: GlobeScan, CSR Survey, 2007

Es muss zur Vervollständigung an dieser Stelle noch betont werden, dass der Konsument verantwortliches Verhalten eines Unternehmens in Form eines Aufpreises seiner Produkte zwar kaum honoriert, Skandale aufgrund eines unverantwortlichen Verhaltens aber in jedem Fall durch Kaufzurückhaltung bestraft.[247] Nur rund zwölf Prozent der befragten Bundesbürger lassen sich bei ihren Einkäufen überhaupt nicht durch schlechte Nachrichten beeinflussen.[248] Hier wird nochmals deutlich, welche enorme Bedeutung CSR für die Krisenprävention und das Reputationsmanagement hat.

Um dem Vorwurf der unzureichenden Kenntlichmachung von ethischen Produkten zu begegnen, sollen Siegel und Zertifikate dem Konsumenten signalisieren, dass er frei von schlechtem Gewissen zugreifen kann. Doch der mittlerweile undurchsichtige Dschungel an Siegeln, Testaten und Ähnlichem trägt nicht unbedingt zur Klärung bei. [249] Der Einsatz von Siegeln in der Markenpolitik kann sich vor diesem Hintergrund auch negativ auf die Markenstärke auswirken, vor allem wenn hinzukommt, dass andere entscheidende Markencharakteristika durch die Verwendung von Siegel zu sehr in den Hintergrund geraten. Verbraucherverbände setzen sich bereits seit Langem für ein „2. Preisschild" ein, woraus das gesellschaftliche Engagement kurz und knapp ablesbar sein soll. Der Wert dieser „zweiten Währung" wird maßgeblich von der Glaubwürdigkeit und Reputation des Unternehmens abhängen. Die Bundeszentrale Verbraucherschutz fordert darüber hinaus[250]

- verständliche Information zur Verfügung zu stellen,

- sichere, umweltfreundliche Produkte und Dienstleistungen anzubieten,

- verbraucherfreundlichen Kundenservice vorzuweisen,

- mit Daten über Verbraucher verantwortungsvoll umzugehen.

Heute ist der Konsument wesentlich aufgeklärter, kritischer und nach außen hin selbstbewusster als in der Vergangenheit. Er realisiert zunehmend, dass er durch sein Kaufverhalten Macht hat. Der Konsument fordert Respekt ein, wünscht sich an Entscheidungen zu partizipieren und begrüßt den Dialog, um zu verstehen, mitzugestalten und sich ein eigenes Bild zu machen. Die heile Welt lässt er sich nicht mehr vorgaukeln.

Das Internet mit seinem sozialen Netzwerk spielt in diesem Zusammenhang eine ausschlaggebende Rolle. Hier tauschen Konsumenten ihre Meinungen und Erfahrungen über Produkte aus, was sich konkret auf die Kaufentscheidung auswirkt. Immerhin sind es schon heute 61 Prozent der Konsumenten, die den Inhalten in Blogs vertrauen.[251] Konsumenten vertrauen einander im Zweifel mehr als anderen Informationen – quasi verstanden als „Schicksalsgemeinschaft". Diese Erkenntnis macht sich beispielsweise auch das Viral Marketing zunutze.

Die Vielzahl von Informationen und divergierenden Expertenmeinungen verunsichert aber auch den Konsumenten. Außerdem kennen sie nicht die Verbindung zwischen Qualität und CSR. Der Information-Overload, der den Konsumenten als „Berufskonsumenten" fordert, erzeugt wenig Vertrauen (28 Prozent der US-Amerikaner sagen, dass sie „too busy" sind, um herauszufinden, was nun „grün" ist und was nicht[252]). Der individuelle Nutzen ist für den Konsumenten nicht zu erkennen. Seine ganz persönlichen Bedürfnisse werden damit nicht angesprochen. Hinzu kommt, dass die in der Vergangenheit als ethisch korrekt gepriesenen Produkte, wie Öko-Papier oder elektrische Autos, nicht unbedingt die Erwartungen der Konsumenten getroffen haben. Will man heute ethisch korrekte Produkte auf den Markt bringen, muss man also erst einmal die gewachsenen Vorurteile überwinden.

Nichtsdestotrotz gibt es in den letzten zehn Jahren eine spürbare Veränderung des Marktes in Bezug auf ethische Produkte und es ist absehbar, dass dieser Markt größer wird. So geht beispielswiese Kraft General Foods davon aus, dass in wenigen Jahren 60 bis 80 Prozent des europäischen Kaffeemarkts „FairTrade-Kriterien" genügen wird.[253]

Während noch vor einiger Zeit der Kauf von Bioprodukten oder der Erwerb von energiesparenden Elektrogeräten vielfach Ausdruck einer „luxuriösen Gewissensberuhigung Gutbetuchter" darstellte, handelt es sich heute um zunehmend breitere Konsumentenschichten.[254] Hier sind es meistens sogenannte Patchwork-Ökos, die ihren konventionellen Warenkorb mit Bio-Produkten mischen. Die soziale Schere, die durch das Angebot teurer ökologischer Produkte gegenüber billigen „ungesunden" Produkten zum Ausdruck kommt, darf nicht vernachlässigt werden. Schon jetzt werden Stimmen laut, die die Entwicklung hin zum „Ökospießer" mehr und mehr kritisieren.

Ein typischer Käufer von Öko-Produkten ist der vielzitierte LOHAS (Lifestyle of Health and Sustainability). Ein Akronym, das den YUPPIE und die DINKS ablöst und für einen Lebensstil auf der Basis von Gesundheit und Nachhaltigkeit steht.[255] LOHAS ist angeblich seit 2000 ein „Megatrend", der von dem amerikanischen Soziologen Paul Ray ausgemacht wurde. In Deutschland wurde das Phänomen 2007 durch Eike Wenzel und durch Matthias Horx vom Zukunftsinstitut mit der Studie „Zielgruppe LOHAS" populär. Später floss es auch als „Mindset" in die klassische Mediaplanung ein, als ein Marktsegment, das sich durch Gesundheit und Fitness, Umweltbewusstsein, persönliche Entwicklung, nachhaltiges Leben und soziale Gerechtigkeit auszeichnet. LOHAS-Protagonisten sind demnach durchaus lifestyle-orientiert und fühlen sich als stark individuell geprägte Trendsetter. Außerdem sind sie anspruchsvoll – auch gegenüber der werblichen Ansprache. Soweit die Selbstdefinition, die wohl am ehesten einer Selbstreflexion geschuldet ist, derer, die LOHAS propagieren, während gleichzeitig der Begriff weiterhin mit Attributen überfrachtet wird. Jeder scheint den LOHAS besser zu kennen als der andere, wobei vergessen wird, dass es sich dabei lediglich um den Versuch handelt, einen Trend widerzuspiegeln, der von einer bestimmten Personengruppe segmentiert wird. Es nützt also gar nichts, den Begriff so aufzuladen, wie man es gerade für richtig hält – auch wenn man das durch unzählige Studien belegen möchte. Eine Segmentierung der Zielgruppe muss jedes Unternehmen ohnehin für sich selbst festlegen und wird sich nicht an Begrifflichkeiten orientieren, die nur vage zu erfassen sind und so derart kontrovers diskutiert werden wie dieser. Außerdem wird man dazu verleitet, es einer fiktiven Zielgruppe gerecht zu machen, während man gleichzeitig sein eigenes CSR-Profil zur Disposition stellt. Das würde viel zu kurz greifen. Im Zweifel ist der LOHAS ein Opportunist, der sich selbst am nächsten steht. Das Zukunftsinstitut beschreibt das folgendermaßen: „Die LOHAS leben eine postmoderne Ethik des Sowohl-als-Auch."[256]

Dem Variantenreichtum der Attribute, die mit LOHAS verbunden sind, werden auch die unterschiedlichen Umfrageergebnisse geschuldet. Die Allianz AG hat in einer Umfrage immerhin 44 Prozent der Deutschen ausgemacht, die sich mit dem LOHAS-Trend identifizieren.[257] Das Zukunftsinstitut machte ungefähr ein Drittel der Befragten Deutschen als LOHAS aus[258] und die GfK immerhin 23 Prozent.[259]

Auch wenn der Trend anscheinend von den USA nach Europa schwappte, greifen laut einer Studie Europäer mit um 50 Prozent höherer Wahrscheinlichkeit zu „grünen" Produkten als US-Amerikaner.[260] Die Chinesen übersetzen LOHAS als „Happy Life". LOHAS zählte in China auf Yahoo schon 2007 zu den begehrtesten Suchwörtern: 820.924 Suchanfragen an einem Tag.[261] In Hongkong entsteht ein ganzer Stadtteil, der „LOHAS Park" genannt wird. Dort sollen in Kürze 21.500 Wohnungen auf knapp 33 Hektar entstehen.[262]

Hat man den LOHAS noch gar nicht richtig verdaut, kommt schon der nächster Begriff auf, der PARKO (Akronym für „Partizipativer Konsument"). Er soll die Schnittmenge aus der LOHAS-Zielgruppe und intensiven Online-Usern bilden.[263] Inwieweit dies wirklich als neue Bewegung auszumachen ist und dies tatsächlich einer Zielgruppensegmentierung dienlich ist, bleibt abzuwarten.

Etwas differenziertere und zielführendere Ergebnisse brachte die aktuelle Studie der dritten Auflage von „Consumers Choice 09" [264]. Diese Studie basiert auf einer Umfrage von 20.000 Bundesbürgern und unterscheidet fünf trennscharfe CR-orientierte Konsumententypen, die von der Anzahl relativ gleich verteilt sind (je sieben bis acht Mio. Käuferhaushalte), aber durchaus unterschiedliche Konsumverhalten repräsentieren (**Abbildung 6.9**):

■ „Verantwortungsbewusster Engagierter"
  Ein echter Weltverbesserer von Herzen. Er fühlt sich berufen, seinen Teil zu einer besseren Welt beizutragen. Er engagiert sich für alles, was damit zusammenhängt (Menschenrechte, Klimaschutz, Entwicklungshilfe etc.). Er nimmt dabei seine persönlichen Interessen zurück und stellt sich in den Dienst der guten Sache.

■ „Kritisch Konsumierender"
Er ist ein Kopfmensch (überdurchschnittlich viele Rentner) mit einer fast
dogmatischen Haltung gegenüber Ernährung. Für natürliche, schmackhafte
und qualitativ hochwertige Ernährung gibt er alles. Er geht gegenüber den
anderen Typen am meisten shoppen und gibt für Feines auch viel Geld aus.
Ihn trifft man auch in Fachgeschäften. Entsprechend setzt er sich für alles ein,
was dies unterstützt, und verschmäht alles, was nicht danach handelt. Er
schützt die Natur und seine Ressourcen und erwartet dies auch von anderen,
einschließlich Unternehmen. Er informiert sich über das umwelt- und sozial-
verträgliche Verhalten von Unternehmen entlang der gesamten Wertschöpfungskette.

■ „Fortschrittlicher Macher"
Er packt an. Wenn man ihn braucht, ist er da. Das stellt er auch gerne im Beruf
oder in sonstigen Engagements unter Beweis. Dazu zählt auch die Übernahme
von Verantwortung, was er selbstverständlich auch von Unternehmen erwar-
tet. Wobei er die Priorität auf das nähere Umfeld legt und weniger auf globale
Themen. Er muss sich fit halten und hat wenig Zeit, was sich auch in seinem
Konsumverhalten widerspiegelt. Seine Lebensmittel findet er am ehesten beim
Discounter Lidl.

■ „Ich-zentrierter Genießer"
Ein wahrer Opportunist, der sich selbst am nächsten steht. Ein Genießer, der
beispielsweise 20 Prozent mehr für Wein ausgibt als alle anderen. Er hat ein
ausgeprägtes Markenbewusstsein und kauft entsprechend dort ein, wo er das
wohlsortiert auch erhält. Verantwortung für andere zu tragen ist nicht seine
Stärke. Das soll der Staat übernehmen. Er interessiert sich für alles, was ihn fit
hält, sei es geistig, sportlich oder hinsichtlich seiner Ernährung.

■ „Eigenverantwortlicher Familienmensch"
Die Familie steht an erster Stelle. Danach richtet sich alles aus. Vor diesem
Hintergrund stehen die Ernährung und alles, was mit Nachhaltigkeit zusammenhängt, im Zentrum. „Bio" kauft er, wenn es nicht zu teuer ist. Noch vor
„Bio" würde er Produkte vorziehen, von denen er weiß, woher sie kommen
(regionale/saisonale Spezialitäten etc.). Nichtsdestotrotz kauft er seine Lebensmittel vorrangig beim Discounter Netto ein. Bei größeren Anschaffungen
spielt die Energieeffizienz eine herausragende Rolle. Er ist durchaus sozial
eingestellt. Er zeigt auch am Weltgeschehen Interesse, doch steht ihm das direkte Umfeld näher. Alles andere überfordert ihn leicht.

Abbildung 6.9   Segmentierung von Konsumententypen

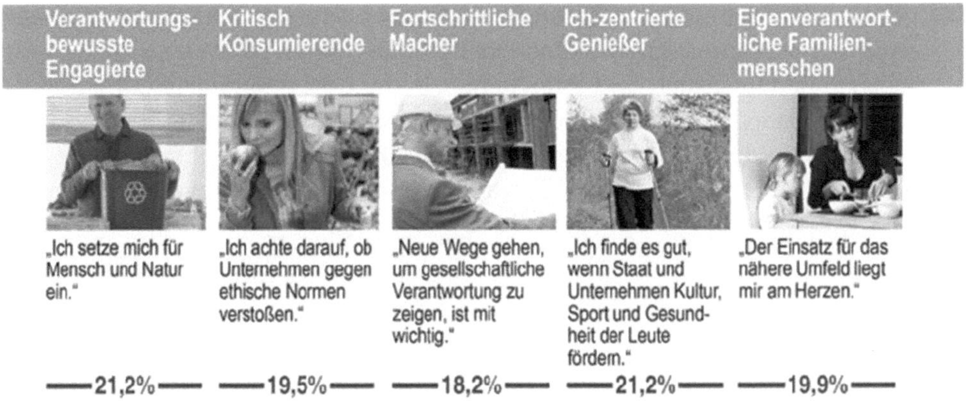

Verantwortungs-bewusste Engagierte	Kritisch Konsumierende	Fortschrittliche Macher	Ich-zentrierte Genießer	Eigenverantwort-liche Familien-menschen
„Ich setze mich für Mensch und Natur ein."	„Ich achte darauf, ob Unternehmen gegen ethische Normen verstoßen."	„Neue Wege gehen, um gesellschaftliche Verantwortung zu zeigen, ist mir wichtig."	„Ich finde es gut, wenn Staat und Unternehmen Kultur, Sport und Gesundheit der Leute fördern."	„Der Einsatz für das nähere Umfeld liegt mir am Herzen."
—21,2%—	—19,5%—	—18,2%—	—21,2%—	—19,9%—

Quelle: Consumers' Choice '09, GfK Panel Service Deutschland, Roland Berger Strategy Consultants, Bundesvereinigung der deutschen Ernährungsindustrie, 3. Ausg., Oktober 2009

Der „Verantwortungsbewusste Engagierte" und der „Kritisch Konsumierende" sind die Treiber von CSR. Für den Konsum von Fast Moving Consumer Goods (FMCG) geben sie laut dieser Studie rund 50 Mrd. Euro aus, das entspricht 41 Prozent der Ausgaben der Gesamtbevölkerung. Bis auf diese beiden CSR-Leittypen hat sich auch in dieser Studie herausgestellt, dass der Unterschied zwischen Anspruch und Wirklichkeit enorm ist. D. h., wenn beispielsweise 21 Prozent der Deutschen bekunden, dass sie gerne „Bio" kaufen, so setzen das nur zwei bis drei Prozent auch tatsächlich um.

Der Stakeholder „Kunde" stellt auf Basis der genannten Studien und hinsichtlich seiner existenziellen Bedeutung für die Kommunikation von CSR eine besondere Herausforderung dar. Das zeigen schon die zahlreichen Standards und Richtlinien in diesem Bereich. Nachfolgend eine Auswahl:

- UN Guidelines for Consumer Protection,

- OECD MNE Guidelines,

- WHO Ethical Criteria for Medical Drug Promotion,

- OECD Guidelines for Consumer Protection in the Context of Electronic Commerce,

- ISO 10000 series on customer satisfaction.

Für die CSR Communication ist vor diesem Hintergrund grundsätzlich Folgendes zu beachten:

- „Zuhören" – dabei ist der direkte Kontakt das wichtigste Kommunikationsinstrument (Hotline), Many-to-One-Dialog, Chats, Foren etc. Nur so können die Zielgruppen lokalisiert und ihre Themen in der CSR Berücksichtigung finden. Schon mit seinem Kaufverhalten vermittelt der Kunde eine Botschaft. Diese Botschaft wahrzunehmen, ist zentrale Voraussetzung für eine gelungene Kommunikation, die sich für den Kunden interessiert und ihn ernst nimmt.

- Grundsätzlich gilt, ethische Produkte bereitzustellen, ohne auf alles andere zu verzichten und ohne Preisaufschlag. Eine Herausforderung an die Innovationskraft in den Forschungs- und Entwicklungsabteilung im Unternehmen.

- Die ethischen Attribute von Produkten müssen klar und deutlich dem Konsumenten kenntlich gemacht werden. Viele Unternehmen spüren bereits deutlich, dass der Informationsbedarf insbesondere in qualitativer Hinsicht stetig wächst. Informationen zu liefern im Sinne der Transparenz, ist Teil der CSR.[265] Das gilt übrigens auch für relevante Unternehmensinformationen, die nicht in unmittelbarem Zusammenhang mit Produkten stehen, jedoch die Marke aufwerten.

- Wenn Siegel oder Ähnliches zum Einsatz kommen, müssen diese unbedingt von unabhängiger Stelle zertifiziert und überwacht werden. Vertrauen schafft Loyalität, man auf keinen Fall aufs Spiel setzen sollte.

- Den Konsumenten mit in die Verantwortung nehmen. Zeigen, welchen Beitrag er leistet, wenn er das Produkt kauft. D. h. den Konsumenten dazu anhalten, seine Macht konstruktiv zu nutzen.[266]

- Erst für gesellschaftsrelevante Issues sensibilisieren, dann mit Produkten den Markt bedienen. Voraussetzung ist, dass es sich tatsächlich um gesellschaftsrelevante Issues handelt und das Ganze nicht nur ein Instrument der Absatzförderung ist.

Politischen Rückenwind bekommen die Unternehmen bereits. So tritt die Europäische Kommission initiativ für das Mainstreaming eines nachhaltigen Konsums ein, fordert aber von Unternehmen:[267]

- Innovation
  Neue Produkte, die den gesellschaftlichen Wert maximieren und die Auswirkung auf die Umwelt minimieren.

- Produktumgang
  Durch Marketingkampagnen sind die Konsumenten zu ermuntern und aufzufordern, Produkte effizienter und nachhaltiger zu benutzen.

■ Sortimentsbeschränkung
Produkte, die nicht nachhaltig sind, müssen sukzessive vom Markt genommen werden.

Zivilgesellschaftliche Organisationen

Neben dem staatlichen und dem ökonomischen Sektor hat sich die Zivilgesellschaft als dritter Sektor in den Industrieländern etabliert. Er wird vertreten durch unterschiedliche Organisationsvarianten, die in der Regel nicht gewinnorientiert sind, sogenannten Nonprofit-Organisationen (NPO). Das unterscheidet sie grundlegend von den, der Gewinnmaximierung verpflichtenden, Unternehmen. Andrew Crane und Dirk Matten definieren zivilgesellschaftliche Organisationen folgendermaßen: „Civil Society organizations include a whole plethora of pressure groups, non-governmental organizations, charities, religious groups and other actors that are neither business nor government organizations, but which are involved in the promotion of certain interests, causes and/or goals."[268] Unter diesen zivilgesellschaftlichen Organisationen gibt es große multinational agierende wie Greenpeace, Rotes Kreuz oder WWF, aber auch Tausende kleinere Organisationen, die lokal, national und international agieren.

Eine spezielle, weitverbreitete Form von Nonprofit-Organisationen sind sogenannte Nichtregierungsorganisationen. Der Begriff Nichtregierungsorganisation (englisch: Nongovernmental Organization: NGO) wurde mit der Gründung der Vereinten Nationen 1945 geprägt. Sie sind Anwalt von politischen Interessen und in bestimmter Weise auch Ausdruck des Gewissens der Zivilgesellschaft, ohne direkt einer politischen Organisation anzugehören. Weltweit wird das Aktionsvolumen der NGOs auf eine Billion Euro geschätzt, womit rund 19 Million Menschen beschäftigt sind (ein Drittel davon ehrenamtlich).[269] Sie wachsen in Anzahl und Bedeutung: Alleine 200.000 NGOs wurden in den letzten 30 Jahren gegründet.[270] **Abbildung 6.10** verdeutlicht, wie breit und vielfältig zivilgesellschaftliche Organisationen strukturiert sind. Die Interessen der NGOs sind durchaus divergierend und zuweilen auch sehr dogmatisch. Letztlich sind NGOs institutionelle Vertreter einer Meinung oder einfach der Hilfe Benachteiligter verpflichtete Organisationen.

Zwischen der Wirtschaft und zivilgesellschaftlichen Organisationen gab es schon immer ein intensives Wechselverhältnis, sei es in Form von gewerkschaftlichen Organisationen, die sich in der Zeit der Industrialisierung formierten und sich seither für die Rechte der Arbeiter stark machen oder durch Spenden von Unternehmen an soziale oder karitative Organisationen. Besonders „religiös" geprägte Unternehmen bzw. Unternehmer sind geneigt, entsprechende Organisationen ihrer jeweiligen Glaubensrichtung zu unterstützen.

Abbildung 6.10   Unterschiedliche Ausprägungen von zivilgesellschaftlichen Organisationen

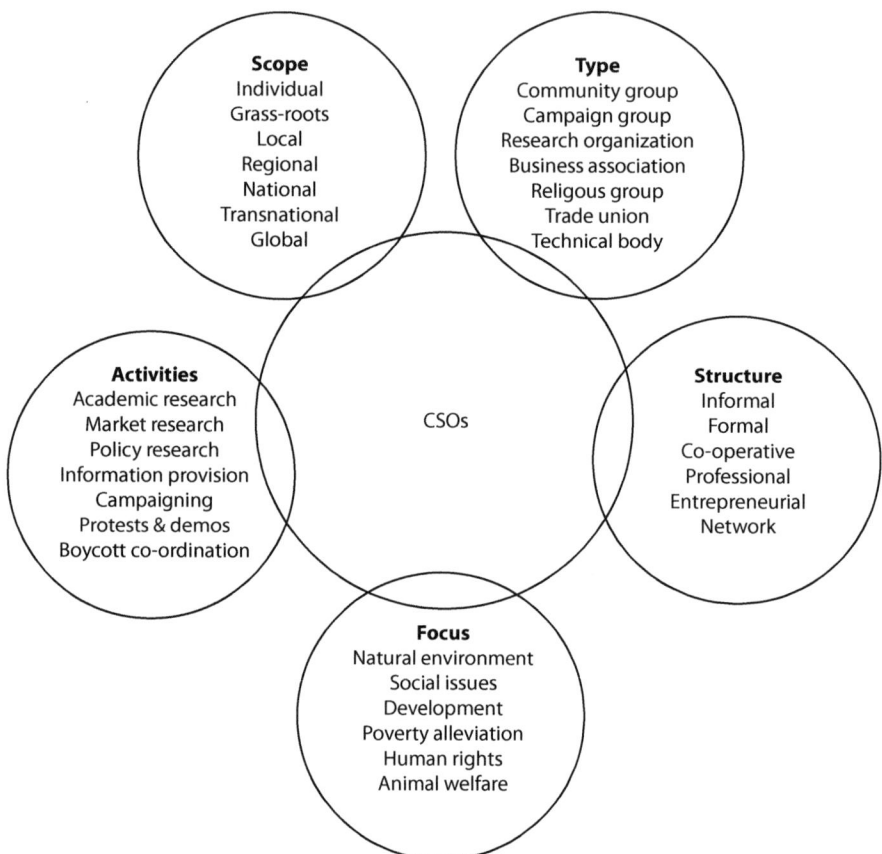

Scope
Individual
Grass-roots
Local
Regional
National
Transnational
Global

Type
Community group
Campaign group
Research organization
Business association
Religous group
Trade union
Technical body

Activities
Academic research
Market research
Policy research
Information provision
Campaigning
Protests & demos
Boycott co-ordination

CSOs

Structure
Informal
Formal
Co-operative
Professional
Entrepreneurial
Network

Focus
Natural environment
Social issues
Development
Poverty alleviation
Human rights
Animal welfare

Quelle: nach McIntosh, M./Thomas, R., Corporate Citizenship and the evolving rela-
tionsship between non-governmental organisations and corporations, London:
British-North American Committee
aus Crane, A./Matten, D., Business Ethics, 2. Aufl., Oxford University Press,
New York, 2007

In Bezug auf Unternehmen verstehen sich viele NGOs als sogenannte „watch-
dogs", die Unternehmen für ihre vermeintlichen Fehler zur Rechenschaft ziehen.
Ihre Aktionen sind in der Regel gewaltfrei, auch wenn man immer wieder gerne
das Vorurteil des „rote Fahne schwenkenden Vermummten" bedient. Neben
teilweise sehr kreativen und äußerst wirksamen Protestaktionen, Boykottaufru-
fen, Demonstrationen und Ähnlichem mehr, kaufen sich NGOs auch direkt durch

Erwerb von Geschäftsanteilen in Unternehmen ein. Als Shareholder erlaubt es diesen „Pressure Groups", stärkeren Einfluss auf das Unternehmen auszuüben, sei es auch nur durch kritische Fragen auf Aktionärsversammlungen. Furore machen auch Gegenveranstaltungen zu Veranstaltungen der Wirtschaft. So wird beispielsweise zeitgleich zum prominenten Davoser Weltwirtschaftgipfel auch der Schmähpreise „Public Eye Award" für das gewissenloseste Unternehmen des Jahres vergeben.[271]

Der Schwerpunkt dieser NGO-Aktivitäten liegt zunehmend in der Kommunikation durch Aktionen und Kampagnen. So machen sie auf ihre Belange und Interessen aufmerksam und stärken gleichzeitig ihre Organisation durch die Werbung von Mitstreitern, sei es finanziell, durch Mitgliedsbeiträge und Spenden, oder aktiv durch meist ehrenamtliches Engagement. Vorreiter für den Kampf um Awareness bei den Medien war Greenpeace. Sie haben es durch spektakuläre und telegene Aktionen geschafft, ihre Interessen und Issues in die öffentliche Diskussion zu bringen. Um Einfluss auf die Geschäftspolitik der Unternehmen zu sichern, teilen sich die Strategien dieser NGOs im Wesentlichen in zwei Lager, die sich im Zweifel aber gegenseitig nicht unbedingt ausschließen müssen:

- Kooperativ, dialogorientiert („bright green"[272])
  Diese NGOs setzen auf Dialog und Kooperation mit Unternehmen, um Veränderungen herbeizuführen. Sie erkennen zunehmend, dass sie mit allzu vernichtenden Urteilen gegenüber einzelnen Unternehmen, andere Unternehmen, die vielleicht guten Willens sind, abschrecken. Mit dem Resultat, dass wohlgesonnene Unternehmen gar nicht erst versuchen, ihre gesellschaftliche Verantwortung aktiv anzugehen. Es kann auch durchaus passieren, dass mit einem allzu forschen Auftreten von NGOs unter Umständen ein zaghafter Anfang guten Willens im Keim erstickt wird. Diese NGOs gehen daher nach Möglichkeit dazu über, Bemühungen von Unternehmen zu loben und nicht nur zu kritisieren. Die Dialogfähigkeit muss aber auf beiden Seiten noch geübt werden. Wichtig ist allerdings, dass die Unabhängigkeit gewahrt bleibt, um der originären Aufgabe als „watch-dog" nachgehen zu können.

- Konfrontativ, provokativ („deep green")
  Diese Kategorie von NGOs verfolgt die Strategie, sich prominente Unternehmen mit starkem Markenprofil und möglichst internationalen Verflechtungen herauszusuchen, um an ihnen beispielhaft die aktuellen Issues der NGOs vor Augen zu führen. Mit möglichst spektakulären und medienwirksamen Aktionen wird auf Probleme aufmerksam gemacht. Das muss nicht immer über die klassischen Werbeträger funktionieren, sondern passiert beispielsweise mehr und mehr über gezielte Guerilla- oder Viral-Marketing-Aktionen. Ihr Argument ist, dass nur auf diese Weise eine öffentliche Debatte geführt werden

kann, da ansonsten die Öffentlichkeit von den Missständen gar nichts mitbekommt. Außerdem setzten sie dadurch Unternehmen unter Druck, Veränderungen herbeizuführen, um ihre Reputation nicht zu gefährden. Die Konfrontation verläuft nicht nur direkt, sondern bezieht die Öffentlichkeit meist als Verbraucher mit in das Kalkül ein. Was in der Gesellschaft kein Thema sei, würde auch in den Unternehmen nicht als solches erkannt und angepackt, so ihr Argument. Das reicht von der Aufklärung bis zur konkreten Schuldzuweisung, wenn es darum geht, dass das Verhalten des Verbrauchers gegen die Interessen der NGOs ist. NGOs werben für ihre Sache oftmals, indem sie das vermeintlich schlechte Gewissen der Beschuldigten anstrengen.

In aller Interesse sollte es aber nicht nur um Schuldzuweisungen gehen. Vielmehr sollten Lösungen gesucht werden, die den Menschen so nehmen, wie er ist, und nicht so, wie man ihn gerne hätte.

In den letzten zehn Jahren, unterstützt durch die Globalisierung und das Internet, wuchs die Macht der NGOs. Die großen Organisationen begrüßen CSR grundsätzlich, stehen aber dem Konzept trotzdem sehr kritisch gegenüber, zumal sie dahinter eine PR-Blase vermuten. In diesem Sinne verstehen sie sich hier auch als Richter des „Greenwashing", wie bereits an anderer Stelle ausgeführt wurde. Sie würden die Freiwilligkeit des CSR-Ansatzes gerne in Gesetze gegossen sehen und befürchten, dass notwendige Gesetze unterminiert oder gar verhindert werden.[273] Ohne einen klaren Ordnungsrahmen mit eindeutigen Regeln und Rechenschaftspflichten, die bindenden Charakter haben, bestünden für Unternehmen kaum Anreize, sich gegenüber Menschen und Natur verantwortungsbewusst zu verhalten, so die verbreitete Meinung der NGOs, die leider noch allzu häufig Bestätigung findet.[274] Demgegenüber stellen NGOs für Unternehmen auch eine unverzichtbare Hilfe dar:

- ■ NGOs können Unternehmen fachlich unterstützen, weil sie sich in bestimmten Feldern besser auskennen.

- ■ NGOs können wichtige Impulse setzen, die von großer Bedeutung für die Sensibilisierung des Managements sind.

- ■ NGOs erhöhen die Glaubwürdigkeit unternehmerischen Handelns. 85 Prozent der Weltbevölkerung sind der Meinung, dass die Unternehmen, die Partnerschaften mit NGOs eingehen, glaubwürdig Verantwortung übernehmen.[275] Die Glaubwürdigkeit von NGOs ist gegenüber Wirtschaftsunternehmen deutlich größer (68 Prozent versus 38 Prozent in der nördlichen, 63 Prozent versus 46 Prozent in der südlichen Hemisphäre).[276] Das wissen auch die NGOs für sich zu nutzen und verstehen sich in diesem Sinne als „eine Art moralische Messlatte"[277]. Vertrauen und Glaubwürdigkeit sind die stärksten Waffen der

NGOs – und zugleich ihre Achillesferse. Schon die Kooperation mit einem Unternehmen kann ihre eigene Reputation gefährden, besonders dann, wenn die Kooperation in Form von „Schweigegeld" (miss-)verstanden wird.

Das spielt den kritischen Stimmen zu, die darauf hinweisen, dass auch NGOs wirtschaftlichen Zwängen unterliegen, die sie dazu verleiten, „unredliche" Aktionen zu unternehmen. So wird Spendenorganisationen immer wieder der Vorwurf gemacht, dass sie die Spenden nicht ausreichend zweckorientiert einsetzen. Das mag auch für die eine oder andere Organisationen zutreffen, aber in der Regel sind die Organisationen völlig transparent. Aktionen wir das „DZI-Spenden-Siegel"[278] oder der jährlich ausgelobte Transparenzpreis für eine vorbildliche Berichterstattung der Wirtschaftsprüfungsgesellschaft PricewaterhouseCoopers (PwC) sollen potenziellen Spendern Transparenz und Sicherheit bieten, dass ihre Spende auch tatsächlich dort landet, wo sie es vorgesehen haben.

Für die Zusammenarbeit mit NGOs ist eine Reihe von Regeln zu beachten:

■ NGOs sind wie alle anderen Stakeholder auf ihre Relevanz für das Unternehmen und die konkreten Issues zu prüfen, zu analysieren und zu verorten. Das gilt auch für die Expertise der NGOs für angestrebte gemeinsame Aktionen.

■ Für gemeinsame Aktionen ist strengstens darauf zu achten, dass die Transparenz über Entscheidungs- und Finanzstrukturen gewahrt bleibt. Außerdem müssen gemeinsam klare Regeln der Zusammenarbeit formuliert werden, auch hinsichtlich der Vertraulichkeit von Daten und Fakten. Hier kann man gegebenenfalls auch auf bestehende Erfahrungen in Kooperationen mit NGOs zurückgreifen. Im Übrigen muss auch innerhalb des Unternehmens der Rahmen der Zusammenarbeit klar abgesteckt sein.

■ Kontakte und Verhandlungen mit NGOs, die strategischer Natur sind, sollten auf höchster Ebene auf Augenhöhe stattfinden. Das setzt aber voraus, dass vor den Verhandlungen Klarheit darüber geschaffen wurde, um was es konkret geht, und dass das, was mit einer Kooperation erreicht werden soll, auch für die NGO von ausreichender Relevanz ist. NGOs werden mittlerweile überhäuft von Anfragen zu einem Dialog. Miteinander reden reicht aber nicht aus, wenn das nicht zielführend für die NGOs ist. Sie wollen nicht instrumentalisiert werden, sondern prüfen Anfragen sehr genau auf ihre Substanz. Außerdem haben NGOs nicht die Kapazitäten und Ressourcen, um sich arbeitsintensiv mit allen Unternehmen auseinanderzusetzen.

Eine angestrebte Partnerschaft mit NGOs setzt grundsätzlich voraus, dass sie ernst gemeint ist und nicht nur einer PR-Initiative dienlich ist, die versucht, NGOs quasi als Garant für CSR-Bemühungen zu „missbrauchen". Das rächt sich früher oder später, wodurch die vermeintliche Imagepolitur schweren Reputationsschaden anrichten kann.

Neben den NGOs sollen hier nochmals die Gewerkschaften als wichtige zivilgesellschaftliche Organisation kurz Erwähnung finden. Der Umgang mit Gewerkschaften und ihren Interessen ist bereits betrieblicher Alltag. Trotz sinkender Mitgliederzahlen sind Gewerkschaften in ihrer Macht nicht zu unterschätzen. Gewerkschaften begrüßen grundsätzlich die Bemühungen von Unternehmen, mehr Verantwortung zu übernehmen, warnen aber gleichzeitig davor, durch freiwillig übernommene Verantwortung sozial- oder tarifpartnerliche Beziehungen aufzuweichen oder gar zu ersetzen.

Aus dem Positionspapier des Deutschen Gewerkschaftsbundes heißt es: „Für die internationale Gewerkschaftbewegung gilt, dass private Normsetzung nicht anstelle der IAO-Verfahren treten und damit der politischen Verantwortung der Regierungen in den Mitgliedsstaaten entzogen werden darf … Immer noch ist die gewerkschaftliche Organisation die wirksamste Methode zur Sicherung von Arbeitsplätzen, menschwürdigen Arbeitsbedingungen und Arbeitsschutz, Respektierung von Tarifverträgen und Gleichbehandlung, Arbeits- und Sozialrecht. Gewerkschaften werden CSR-Strategien, -Initiativen und -Programme nur dann unterstützen, wenn sie mit den nationalen und internationalen Bestimmungen zu Sozial-, Arbeits- und Umweltschutz vereinbar sind und diese eindeutig ergänzen und wenn sie geltende Tarifverträge sowie die darin enthaltenen Normen untermauern und respektieren."[279]

Hier argumentieren die Gewerkschaften ähnlich wie die NGOs und stehen damit in Opposition zu den Berufs-, Branchen- und Arbeitgeberverbänden, einer weiteren nennenswerten Größe unter den zivilgesellschaftlichen Organisationen. Diese Vereinigungen sehen CSR tendenziell noch immer als eine potenzielle Bedrohung, die die liberalen Märkte ihrer Mitglieder einzugrenzen versucht. Sie verweisen daher immer wieder darauf, dass CSR immer mit Freiwilligkeit verbunden ist. Grundsätzlich gibt man sich aber verantwortlich und greift das Thema auf. Das erfolgt allerdings noch sehr zurückhaltend. Die Chance, die CSR für ihre Mitglieder bietet, erkennen die Verbände noch nicht ausreichend, was sich aber zunehmend ändert. So gehen mehr und mehr Branchenverbände dazu über, Hilfestellungen für ihre Unternehmen anzubieten oder branchenspezifische Codes of Conduct aufzustellen, auf die sich ihre Mitgliedsunternehmen im Zweifel berufen können.

> **Beispiel: Ein innovatives Projekt zum Schutz der Biodiversität**[280]
>
> „Save your Logo" richtet sich an Unternehmen, die Pflanzen oder Tiere in ihrem Logo verwenden. Sie werden eingeladen, sich am Schutz dieser Spezies zu beteiligen, um damit gleichzeitig einen Beitrag zur Biodiversität zu leisten. Die Organisation unterscheidet drei Stufen des Engagements, die auf der Website www.saveyourlogo.com näher erörtert werden.
>
> Die Organisation stellt damit ihre Aktivitäten direkt auf das Corporate Design eines Unternehmens ab und eröffnet gleichzeitig die Möglichkeit, glaubwürdig und kommunikationswirksam Verantwortung zu übernehmen. Zu den ersten Unterstützern der Kampagne gehört die Marke „Lacoste", die seit über 75 Jahren ein Krokodil als Logo verwendet. Mit ihrem Engagement setzt sich die Marke aktiv für ausgewählte Projekte ein, um die Tiere zu schützen, zumal bestimmte Spezies dieser Gattung bereits vom Aussterben bedroht sind.

Politik

Was NGOs an CSR kritisieren, ist andererseits wohl auch der Hauptbeweggrund der CSR Communication, sich mit der Politik auseinanderzusetzen, nämlich durch die Übernahme von Verantwortung gesetzlichen Regelungen Vorschub zu leisten. Die Chance besteht für Unternehmen darin, selbst Standards zu setzen, bevor der Staat regulierend eingreift. Das funktioniert natürlich nur dann, wenn den Worten auch Taten folgen. Ansonsten sind diese Bemühungen schnell ausgereizt. Ein anderer wichtiger Beweggrund, den Dialog mit der Politik zu suchen, ist, über Subventionen oder gesetzliche Regelungen bzw. deren Durchsetzung einzufordern, dass die Produkte des Unternehmens oder der Branche ihren Absatz finden. Dadurch können sich interessante Varianten der Demonstration von CSR ergeben. So unterstützte der Deutschland-Chef von Philip Morris, Jacek Olczak, demonstrativ das nationale Raucher-Präventionsprogramm der Bundesregierung als einen wichtigen Schritt auf dem Weg zur Regulierung der Tabakwirtschaft. Hintergrund seines Vorstoßes ist aber, dass Philip Morris ohnehin damit rechnet, dass es immer Raucher geben wird und ein Verbot sich nur marginal auf die Umsatzzahlen auswirkt. Ein größeres Problem stellen eher die illegalen Händler dar, die auch dafür sorgen, dass der Staat rund vier Milliarden Euro im Jahr weniger an Steuern einnimmt.[281]

Die Kommunikationsdisziplin „Public Affairs", die sich vorrangig auf die politische Kommunikation von Unternehmen konzentriert, empfiehlt unter anderem, über den Weg der politischen Meinungsbildung in der Öffentlichkeit Druck auf politische Entscheidungen auszuüben. Dieser Weg ist auch für die CSR Communication durchaus legitim, wenn damit tatsächlich auch gesellschaftliche Interessen verbunden sind und nicht nur unternehmenseigene Profitinteressen. Das setzt voraus, dass dieser Weg konsequent transparent gehalten werden muss,

d. h. auch, dass die Unternehmen ihre Interessen artikulieren und nicht der Spekulation anderer überlassen. Wenn hier Eigen- und Gemeininteresse nicht ausgewogen und transparent sind, kann der Effekt gegenteilig sein und sich auf die Reputation negativ auswirken. Das ist grundsätzlich beim Lobbyismus, der sogenannten „Fünften Gewalt", bislang noch sehr undurchsichtig und ist in der Öffentlichkeit entsprechend negativ konnotiert.[282]

Die Verflechtungen zwischen Wirtschaft und Politik wachsen mit der Unternehmensgröße und der politischen Relevanz (Pharma, Rüstung, Tabak etc.). Die gesellschaftspolitische Bedeutung einzelner Unternehmen nimmt nicht nur in Entwicklungsländern unglaubliche Ausmaße an. Die US-amerikanische Einzelhandelskette Walmart beschäftigt in den USA 1,2 Millionen Mitarbeiter, hinzukommen die unzähligen Zulieferer. Das ist ein gigantisches Netzwerk mit großem Einfluss und Macht, dessen CEO keinesfalls demokratisch gewählt wurde. CSR bekommt in diesem Zusammenhang ein besonderes Gewicht. Die Grenzen zur Vorteilsnahme und Korruption sind fließend – nicht nur in Entwicklungsländern. Hinzu kommt, dass viele Politiker außerhalb Europas und Nordamerikas den westlichen (kapitalistischen) Universalismus eher als eine Bedrohung ihrer kulturellen Identität wahrnehmen und sie an kolonialistische Zeiten erinnert.

Aber nicht nur für Großbetriebe ist der Dialog mit den politischen Entscheidungsträgern von Bedeutung. Besonders in ländlichen Gebieten ist das politische Engagement, meist getragen durch das aktive Einbringen in die Gemeinde, erfolgskritisch, gerade auch für kleine und mittelständische Betriebe. Die wechselseitige Abhängigkeit ist dort am stärksten zu spüren. Ganz von der lokalen Situation abhängig kann dies zum Bespiel auch entscheidender Faktor für gut ausgebildetes Personal sein oder für eine ausreichende Infrastruktur. Viele im ländlichen Gebiet ansässige kleine und mittelständische Unternehmen beklagen die mangelnde Ausbildung und das unzureichende Bildungsangebot. Gemeinsame Bildungsinitiativen können darauf eine Antwort geben. Darüber hinaus bieten sich zahlreiche Aktionen an. Das reicht von der gemeinsamen Feuerwehrübung auf dem Werksgelände bis zum Tag der offenen Tür. Es sind meistens einfache Wege, Zeichen der Verantwortung zu setzen und vor allem Vertrauen durch Transparenz zu gewinnen. Gerade in Krisenzeiten können solche Partnerschaften hilfreich sein. Viele Partnerschaften sind bereits langjährig erprobt, bergen aber vielfach noch Entwicklungspotenzial. Hier sind auch die Kommunen gefragt, nicht nur den Spendenscheck entgegenzunehmen, sondern auf den Kooperationswunsch stärker einzugehen und bürokratische Hürden abzubauen.

Beispiele und Handlungsfelder für erfolgreiche Partnerschaften, die oftmals auch ihren Ausdruck in sogenannten Public-Private-Partnership-Programmen (PPP-Programme)[283] finden, sind

- Einzelhandelsringe
- Lokale Agenda 21 Gruppen
- Bündnisse für Familie
- Regionale Zusammenschlüsse/Metropolregionen
- Ausbildungs- und Schulpartnerschaften
- Kultureinrichtungen und Museen

7 Corporate Philanthropy – Erträge gesellschaftlich investieren und davon profitieren

Übersicht

Das Konzept der CSR berücksichtigt neben der verantwortlichen Gewinnerzielung, d. h. dem kompletten Prozess der Wertschöpfung, auch die verantwortliche Gewinnverwendung. Sie ist Schwerpunkt der inhaltlichen Auseinandersetzung der Corporate Philanthropy und wird abschließend in den nun folgenden Kapiteln näher beleuchtet. Dabei geht es zunächst um eine klare begriffliche Abgrenzung, auf deren Grundlage dann auf die wichtigsten Instrumente der Corporate Philanthropy detaillierter eingegangen wird.

Die Unterscheidung zwischen verantwortlicher Gewinnverwendung und Gewinnerzielung ist nicht unumstritten, denn ähnlich wie bei Definition von CSR ist das Verständnis von Corporate Philanthropy sehr divergierend. Es soll an dieser Stelle auch lediglich auf die beiden Ebenen der CSR hingewiesen werden, die sich keinesfalls gegenseitig ausschließen – im Gegenteil! Schließlich ist die Gewinnverwendung im Sinne der Corporate Philanthropy als strategische Investition in die Zukunftssicherung des Unternehmens zu verstehen und hat damit auch wiederum Einfluss auf den Wertschöpfungsprozess, und damit den Prozess der verantwortlichen Gewinnerzielung (**Abbildung 7.1**). Wichtig ist daher, die Corporate Philanthropy von Anfang an am Wertekanon und dem Wertschöpfungsprozessen strategisch auszurichten. Gerade hier liegt die besondere Herausforderung, einen abgestimmten Mix zu kreieren.

Viele verstehen unter CSR ausschließlich das, was in diesem Buch als Corporate Philanthropy definiert ist. Das liegt vielleicht auch daran, dass Corporate Philanthropy die Übernahme von gesellschaftlicher Verantwortung eines Unternehmens am ehesten sichtbar macht. Schließlich geht es bei Corporate Philanthropy schwerpunktmäßig darum, gesellschaftlich relevante Aktivitäten zu fördern oder selbst zu initiieren. Die Deutsche Bank umschreibt dieses Engagement in ihrer Kampagne von Sommer 2008 treffend mit dem Begriff „Social Capital" (**Abbildung 7.2**). Folgt man deren Ansatz, definiert die Deutsche Bank CSR ebenfalls ausschließlich als gesellschaftliches Engagement, im Sinne des Verständnisses von strategischer Corporate Philanthropy. Der Anspruch, den die Deutsche Bank allerdings formuliert, schließt das erweiterte Verständnis von CSR wiederum ein: „Soziale Verantwortung muss selbstverständlicher Teil unseres Denkens und Handelns sein."[284]

Abbildung 7.1   Ebenen der CSR

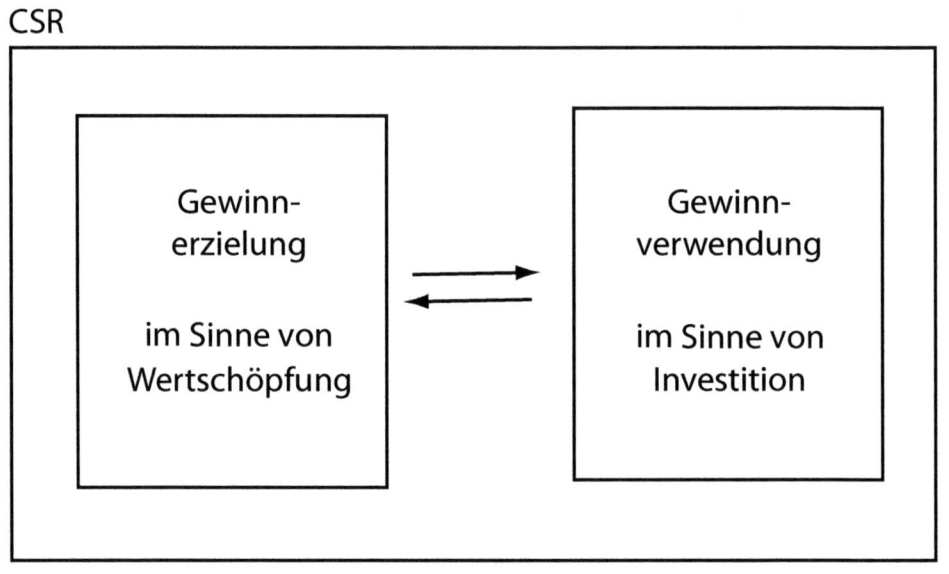

Abbildung 7.2   Die Aktionsfelder von CSR der Deutschen Bank

Quelle: Baron, S., Präsentation der Pressekonferenz: Mehr als Geld: Soziales Kapital schaffen, 10.06.2008

In Deutschland geht die Philanthropie von Unternehmen zurück auf den bereits erwähnten „ehrbaren Kaufmann". Übertragen auf die heutige Zeit, versteht Bundespräsident Horst Köhler die Grundsätze des „ehrbaren Kaufmanns" als ein „ausgeprägtes Verantwortungsbewusstsein, langfristiges Denken und die Orientierung am Ziel der Nachhaltigkeit. Vor allem aber geht es darum, dass die Führungskräfte in den Unternehmen selbst definieren, was für sie den ehrbaren Kaufmann ausmacht, dass sie sich an der gesellschaftlichen Wertediskussion beteiligen."[285] Letztlich konstatiert auch das deutsche Grundgesetz in Artikel 14 Absatz 2: „Eigentum verpflichtet. Sein Gebrauch soll zugleich dem Wohle der Allgemeinheit dienen."

Es gibt kaum ein Unternehmen, was sich nicht in irgendeiner Weise für wohltätige Zwecke und das Gemeinwesen engagiert. Ob es neue Fußbälle für den örtlichen Fußballverein sind oder 100 Mio. Euro, die die Deutsche Bank nach eigenen Angaben jährlich für Corporate-Citizenship-Programme ausgibt. Auffallend ist, dass mit der Größe des Unternehmens das finanzielle Engagement für gemeinnützige Zwecke relativ zum Umsatz sinkt, d. h. kleine und mittelständische Unternehmen fördern relativ mehr als die Großen. Das lässt sich wohl am besten damit erklären, dass kleine und mittelständische Unternehmen in der Regel einfach näher am gesellschaftlichen Geschehen sind. Im Gegensatz dazu hat man besonders bei multinationalen Konzernen zuweilen den Eindruck, dass sie eher ein Pflichtenheft der Konzernzentrale abarbeiten, als dass sie sich tatsächlich einem Engagement verpflichtet fühlen.

Folgt man der Existenzlogik eines Unternehmens, das als Organisation der Gewinnmaximierung verpflichtet ist, muss auch die Corporate Philanthropy im Rahmen der Gewinnverwendung unternehmerischen Prämissen genügen, d. h., die Frage nach dem Business Case stellt sich auch hier. Man spricht in diesem Zusammenhang von strategischer Philanthropie, was sich leider noch häufig auf die öffentlichkeitswirksame Spendenscheckübergabe an eine karitative Einrichtung beschränkt. Ganz nach dem Motto „Tue Gutes und profitiere davon" soll sich das Ganze dann natürlich auf die Reputation und das Image des Unternehmens positiv niederschlagen. „As long as companies remain focused on the public relations benefit of their contributions, they will sacrifice opportunities to create social value"[286] – auch für den nachhaltigen Reputationsgewinn des Unternehmens, wenn dieser unter anderem als Business Case definiert wird. Corporate Philanthropy verkommt ansonsten schnell zum „window dressing", und die Möglichkeit, das Wettbewerbsumfeld eines Unternehmens gewinnbringend mitzugestalten, bleibt unberücksichtigt. Vor allem in Familienunternehmen fehlt ein strategischer Ansatz der Corporate Philanthropy, zumal sich die Entscheidungen über die Aktivitäten im Rahmen der Corporate Philanthropy gerne die Familienunternehmer selbst vorbehalten. In diesem Falle ist es weniger eine strategische

Entscheidung, die sich am Wertschöpfungsprozess des Unternehmens ausrichtet, sondern vielmehr die Frage der Vorlieben des Unternehmers: Der Opernliebhaber fördert dann den Gesangsnachwuchswettbewerb und der Fußballfan den örtlichen Fußballverein.

Michael E. Porter und Mark R. Kramer unterscheiden drei Kategorien bzw. Motive von Corporate Philanthropy:[287]

- **Kommunale Verpflichtungen**
  Förderung bürgerlicher, wohltätiger und bildungsorientierter Einrichtungen und Organisationen auf Basis des Wunsches bzw. des Bedürfnisses des Unternehmens, ein guter Unternehmensbürger (Corporate Citizen) zu sein und seinen Verpflichtungen als solcher nachzukommen.

- **Aufbau von Goodwill**
  Verpflichtung, sich „Causes" von Mitarbeitern, Kunden oder anderen Stakeholdern zu widmen, um gute Beziehungen zu pflegen. Hier bietet sich auch das sogenannte „Corporate Matching Gift Program" an, das vor allem in den USA üblich ist. Das Programm sieht in der Regel vor, Spenden von Mitarbeitern um eine weitere Spende des Unternehmens zu ergänzen. Oftmals geschieht das in Verbindung mit der Freistellung von Mitarbeitern für gemeinnützige Arbeiten (Corporate Volunteering).

- **Strategisches Spenden (Corporate Giving)**
  In diesem Fall fokussiert sich die Corporate Philanthropy auf die Förderung der Wettbewerbsfähigkeit, indem man beispielsweise:
  - Bildungsinitiativen in unterentwickelten Regionen fördert („factor conditions"),
  - Schüler mit PCs ausstattet, die später zu Käufern werden („Demand Conditions"),
  - Transparency International fördert, um Korruption in Märkten zu verhindern, in denen ein Unternehmen aktiv ist („Context for Strategy and Rivalry"),
  - Reiseregionen unterstützt, um die Attraktivität als Reiseziel zu erhöhen („Related and Supporting Industries").

Die strategische Herangehensweise hat den Vorteil, auch in schlechten Zeiten dem Legitimationsdruck von Corporate Philanthropy gegenüber den Shareholdern und Mitarbeitern standzuhalten. Nicht zuletzt brauchen gerade in allgemeinen Krisenzeiten die geförderten Einrichtungen einen verlässlichen Partner. In vielen Fällen ist es auch sinnvoll, die Kräfte mehrerer Unternehmen zu bündeln, um eine ausreichende Durchschlagkraft der Aktivitäten zu erreichen. Außerdem lässt sich damit auch das vermeintliche Problem des Trittbrettfahrens im Keim ersticken.

Der strategische Ansatz im Rahmen der Corporate Philanthropy berücksichtigt im besten Fall das Modell der sogenannten „Venture Philanthropy". Der von John D. Rockefeller III 1969 etablierte Begriff unterstreicht den unternehmerischen Ansatz des Stiftens und Spendens und fordert, nicht nur finanziell, sondern auch mit Know-how und Zugang zu Netzwerken zu fördern. Außerdem sieht dieser Ansatz vor, die Spende um Darlehen und Eigenkapitalinvestitionen oder andere Formen zu ergänzen.[288] Ein herausragendes Beispiel dafür ist die Umsetzung eines Sozialunternehmens von Danone in Bangladesch. Das bisher einzigartige Joint Venture mit dem von Mohammad Yunus gegründeten Sozialunternehmen Grameen produziert Joghurt aus der Milch von Kleinbauern-Betrieben, der auch für die Ärmsten erschwinglich ist. Das Unternehmen verdient dadurch nur so viel Geld, um seine Kosten zu decken und den Eigentümern nach einiger Zeit ihre Einlagen zurückzuzahlen (Social Entrepreneurship).

Neben den in den folgenden Kapiteln vorgestellten Formen und Instrumenten der strategischen Corporate Philanthropy sind die bereits genannten Public-Private-Partnerships (PPP) erwähnenswert. Sie kommen häufig in Entwicklungsländern zum Tragen. PPPs sind dort Kooperationen zwischen Unternehmen und Entwicklungsorganisationen des öffentlichen Sektors. Durch PPP-Projekte werden auf der einen Seite die Kompetenz und die finanziellen Ressourcen der Unternehmen und auf der anderen Seite das regionale Know-how der Entwicklungsorganisationen sowie die Entwicklungspolitik zusammengeführt. Die Synergien können hilfreich sein, damit beide Seiten dadurch ihre jeweiligen Ziele besser, schneller und kostengünstiger erreichen.

Beispiel: Strategische Corporate Philanthropy

Die Bremer Schokoladen-Manufaktur Hachez hat ein innovatives Produktkonzept entwickelt und hilft dabei, den natürlichen Lebensraum von Wildkakao – den Regenwald am Amazonas – zu erhalten. Hachez investiert in eine nachhaltige Methode zur Gewinnung von Wildkakao, indem Anlagen zur Kakaoverarbeitung in der Region finanziert wurden und den Ureinwohnern Abnahmemengen für den Wildkakao garantiert werden. Um die nachhaltigen Erntemethoden dauerhaft zu ermöglichen, arbeitet das Bremer Unternehmen mit Partnerorganisationen, nämlich der GTZ und dem Regenwaldinstitut e. V., in Form einer Public-Private-Partnership (PPP) zusammen, um so unter anderem Rodungsversuchen entgegenzuwirken. Den Flussbewohnern wird dadurch ermöglicht, weiterhin in ihrer bewährten Art und Weise zu leben und zu arbeiten. Eine faire Entlohnung der Flussbewohner im Sinne einer echten Fair-Trade-Beziehung ist garantiert. Mit seinem Engagement trägt Hachez zur Sicherung der Existenz der Flussbewohner bei und bietet gleichzeitig eine Produktinnovation, die den hiesigen Marktbedürfnissen entspricht. Wissenschaftlich begleitet wird das Projekt vom Regenwaldinstitut e. V., das den Kakao als wild gewachsen zertifiziert. An diesem Beispiel lässt sich zeigen, dass Gewinnerzielung und Gewinnverwendung sich durchaus vertragen können.[289]

Corporate Citizenship

Ein bedeutender Aspekt der Corporate Philanthropy ist das Verständnis des Unternehmens in seiner Rolle als korporativer Bürger, dem Corporate Citizen. Das Konzept geht von der Auffassung aus, dass das Unternehmen als korporativer Akteur gleiche Pflichten und Rechte hat wie jeder andere Bürger auch, ohne allerdings den Business Case aus den Augen zu verlieren. Es ist damit eine bestimmte Rollenzuweisung als Mitglied der Gesellschaft verbunden. Manche sprechen auch von Corporate Involvement oder Community Investment, was aber stärker auf die Handlung selbst abzielt und weniger vom Selbstverständnis ausgeht, das mit der Eigenschaft als korporativer Bürger zusammenhängt. Das setzt voraus, dass das Unternehmen auch ein Verständnis über seine Identität gewonnen hat und damit auch seine Handlungsmotive und Aktivitäten im Markt, in der Politik und in der Gesellschaft in Einklang bringen kann.[290] Corporate Citizenship beschränkt sich nicht auf einzelne Wohltätigkeitsaktionen, sondern folgt einer langfristigen und koordinierten Strategie, nutzt die spezifischen Kompetenzen und Ressourcen des Unternehmens, bildet Partnerschaften und steht dafür aktiv im Dialog mit den Stakeholdern. Nur auf dieser Basis hat das Konzept des Corporate Citizenships auch einen konkreten Nutzen für das Unternehmen, der in verschiedenen empirischen Studien belegt wurde, wenngleich dieser Nutzen nicht monetär direkt messbar und zuzuordnen ist. Corporate Citizenship erzielt aus Sicht der Unternehmen vor allem bei den Mitarbeitern und am jeweiligen Firmenstandort seine größte Wirkung. Auch die gestiegene Reputation in der Öffentlichkeit bzw. bei den Medien ist eine einhellige positive Einschätzung aller Untersuchungen.[291]

In den USA wird der Zusammenhang zwischen CSR und Corporate Citizenship im Gegensatz zu Deutschland gerade umgekehrt betrachtet. Während in Deutschland Corporate Citizenship als Teil der CSR verstanden wird, ist in den USA CSR Teil des Verständnisses von Corporate Citizenship.[292] Vor diesem Hintergrund definiert Brad Googins Corporate Citizenship so, wie man in Deutschland wohl eher CSR definieren würde: „Corporate citizenship is the business strategy that shapes the values underpinning a company's mission and the choices made each day by its executives, managers and employees as they engage with society." [293]

Er führt vier Prinzipien an, die einer erfolgreichen Corporate Citizenship zugrunde liegen:[294]

■ Schaden minimieren,
d. h., negative soziale und ökologische Konsequenzen der geschäftlichen Aktivitäten sind zu minimieren.

■ Benefit maximieren,
d. h. sich dem gesellschaftlichen und ökonomischen Wohl verpflichten, während man in Aktivitäten investiert, wovon sowohl die Shareholder als auch andere Stakeholder profitieren.

■ verantwortlich und ansprechbar für Key-Stakeholder sein,
d. h. Aufbau von Beziehungen, die durch Vertrauen geprägt sind und die zur Transparenz und Offenheit beitragen.

■ gute finanzielle Ergebnisse unterstützen,
d. h., es muss Teil der Verpflichtung gegenüber der Gesellschaft sein, Shareholdern einen Anteil des Gewinns zurückzugeben. In diesem Zusammenhang werden Werte an strategischer Bedeutung gewinnen, weil sie die Basis für Vertrauen und Kooperation sind.

Diese vier Prinzipien vorausgesetzt, können folgende Evaluationskriterien für Corporate-Citizenship-Engagements festgelegt werden:

■ Compliance
Steht das Corporate-Citizenship-Engagement im Einklang mit den Werten, Prinzipien und Leitbildern? Werden gesetzliche Bestimmungen beachtet?

■ Differenzierung
Wie sehr kann sich das Unternehmen durch Corporate Citizenship vom Wettbewerb abheben?

■ Relevanz
Wie relevant ist Corporate Citizenship für das Anliegen der Stakeholder?

■ Bekanntheit
Erreicht das Corporate-Citizenship-Engagement die Zielgruppe, die dafür vorgesehen ist?

■ Wirkungs-/Nutzenpotenzial
In welchem Ausmaß hilft das Corporate-Citizenship-Engagement, Ertragspotenziale zu erschließen – sowohl für den Geförderten als auch für das Unternehmen? Steigert es die soziale Akzeptanz?

■ Affinität
Wie weit zahlt das Corporate-Citizenship-Engagement auf das Unternehmen/die Marke ein? Wie sehr fördert es den Unternehmens-/Markencharakter?

- Partnerschaft
  Ist die Partnerschaft im Rahmen des Engagements ausgewogen und von gegenseitigem Respekt getragen?

- Nachhaltigkeit
  Erbringt das Corporate-Citizenship-Engagement Werte, die über den Projektzeitraum und über den vertrieblichen Nutzen hinaus erhalten bleiben?

In diesem Zusammenhang ist erwähnenswert, dass die moderne Zufriedenheitsforschung gezeigt hat, dass es nicht Transferzahlungen des Staates sind, die Menschen glücklicher machen, sondern vor allem Erwerbsarbeit, Bildung und ein Leben aus eigener Kraft zu gestalten. Ein sozialer Staat sollte demnach seine Bürger zu Partizipation, Leistung und Kreativität ermutigen, aktivieren und befähigen, anstatt sie zu alimentieren – Gleiches gilt für Unternehmen als Corporate Citizen.

Corporate Volunteering

Kaum ein anderes Instrument der CSR Communication vermag Verantwortung als Selbstverständnis eines Unternehmens besser zum Ausdruck bringen als Corporate Volunteering. Corporate Volunteering unterstützt das freiwillige und ehrenamtliche Engagement von Mitarbeitern durch deren bezahlte Freistellung für einen bestimmten Zeitraum zur Erfüllung von Tätigkeiten für gemeinnützige Zwecke. Es stellt damit zunächst den einzelnen Mitarbeiter in den Mittelpunkt der Verantwortung und bildet damit das Fundament für alle weiteren Corporate-Philanthropy-Aktivitäten. Der Vorstandsvorsitzende der Deutschen Bank, Josef Ackermann, bemerkt dazu treffend „Nur wenn wir uns auch ganz persönlich im Dienste der Gesellschaft engagieren, wird soziale Verantwortung ein selbstverständlicher Teil unseres Denkens und Handelns und glaubwürdig." (Baron, S., Präsentation der Pressekonferenz: Mehr als Geld: Soziales Kapital schaffen, 10.06.2008) Bereits 27 Prozent der Belegschaft der Bank sind weltweit in Corporate-Volunteering-Programmen involviert – Tendenz steigend. „Volunteerism benefits both society at large and the individual volunteer by strengthening trust, solidarity and reciprocity among citizens, and by purposefully creating opportunities for participation."[295]

Corporate Volunteering nimmt hirarchieübergreifend den Mitarbeiter als Privatmensch in den Blick. Im Innenverhältnis zwischen Vorgesetztem und Mitarbeiter „können ,ethische' Zugeständnisse an den humanen Eigenwert der Mitarbeiter als Personen die Motivation verbessern".[296] Das ist im besonderen Maße dann der Fall, wenn die Belegschaft ein entscheidender Innovations- und Produktionsfaktor ist, was im Normalfall zutrifft. Außerdem können Mitarbeiter durch ehrenamtliches Engagement neben ihren fachlichen, sozialen und kommunikativen

Qualifikationen ihre Teamfähigkeiten verbessern. Nicht zuletzt leisten sie dadurch auch einen positiven Beitrag in der Personalrekrutierung. Denn der humane Eigenwert der Mitarbeiter unterliegt zwar in erster Linie dem Instrumentalwert in der Perspektive der Erfolgslogik, aber auch der normativen Logik der Zwischenmenschlichkeit.[297]

Im Zentrum der Betrachtung muss der gesellschaftliche Nutzen stehen, ohne den es auch keinen Nutzen bzw. Sinn für den Mitarbeiter und für das Unternehmen gibt. Denn das Verständnis über die Sinnhaftigkeit des Corporate Volunteerings ist erfolgskritisch. Diese kann sich an unterschiedlichen Dimensionen festmachen, sei es weil man einen Teil zu einer besseren Welt beitragen kann, sich selbst weiterentwickelt oder einfach nur Geselligkeit erfährt.

Corporate Volunteering hat für die CSR Communication den großen Vorteil, dass sich CSR durch konkretes Handeln in dem Umfeld der Mitarbeiter ausdrückt. Die Mitarbeiter werden so zu Botschaftern einer verantwortlichen Wertehaltung, was allerdings voraussetzt, dass nicht erst das Corporate-Volunteering-Programm Mitarbeiter an das Unternehmen bindet. Die Wertehaltung muss auch sonst im Unternehmen zu spüren sein, sonst kann Corporate Volunteering seine Wirkung nicht entfalten. Keinesfalls sollten Mitarbeiter sich in irgendeiner Weise zum Corporate Volunteering verpflichtet fühlen. Die Mitarbeiter müssen langsam an das Thema herangeführt werden, um auch genau zu verstehen, was das Unternehmen damit verfolgen möchte.

Die möglichen Corporate-Volunteering-Maßnahmen sind vielfältig. Sie unterscheiden sich in der Intensität, Dauer und Art des Mitarbeiterengagements sowie im Grad der Unterstützung durch das Unternehmen. Jedes Unternehmen muss aufgrund seiner eigenen individuellen Schwerpunkte und Interessen ein für sich passendes Corporate-Volunteering-Programm entwickeln. Bewährte Corporate-Volunteering-Instrumente sind:[298]

- ■ Secondment
  Mitarbeiter werden befristet in eine gemeinnützige Organisation entsandt und übernehmen bestimmte Fach- und Führungsaufgaben.

- ■ Patenschaft
  Mitarbeiter übernehmen die Patenschaft für ein vom Unternehmen unterstütztes Projekt.

- ■ Entwicklungsprojekte
  Mitarbeiter können sich für einen bestimmten Zeitraum einem konkreten Problem einer gemeinnützigen Organisation widmen.

■ Pro-bono-Dienstleistung
Aus dem Kompetenzbereich des Unternehmens werden unentgeltliche Leistungen erbracht.

■ Komplementärspende/Matched Giving bzw. Matching Fund
Das Unternehmen erweitert das ehrenamtliche Engagement der Mitarbeiter in einer Gemeinwohlorganisation durch Sach- und/oder Finanzspenden.

Eine relativ neue Form des Corporate Volunteerings ist das Online Volunteering. Hier stellt der Mitarbeiter seine Arbeitszeit und Fähigkeiten über das Internet zur Verfügung. Das ist zwar nur für eingeschränkte Tätigkeiten wie zum Beispiel Beratungsleistungen von Nutzen, hat aber den großen Vorteil, dass es ortsunabhängig umgesetzt werden kann.[299]

Corporate Foundation

Stiftungen genießen in Deutschland ein hohes Ansehen. Mit ihnen verbindet man Imageattribute wie Solidität, Seriosität und Nachhaltigkeit. Sie werden als dem Allgemeinwohl verpflichtend betrachtet und sind in der Regel positiv besetzt. Das sind Werte und Imagekomponenten, die auch zu einer glaubwürdigen CSR Communication beitragen können.

Unternehmensstiftungen sind in der Lage, CSR durch integeres unternehmerisches Handeln zu verdeutlichen, wenn es gelingt, den Bezug zum Unternehmen und seinem Selbstverständnis herzustellen. Das gelingt am besten dann, wenn die Stiftung Ausdruck des Wertekanons des Unternehmens ist und das Leitbild des Unternehmens sich im Stiftungszweck und seiner Satzung ausdrückt. Die Stiftung verdeutlicht idealerweise den Business Case und greift Kernkompetenzen des Unternehmens auf, indem sie auch auf eigene Ressourcen zurückgreift. Wichtig ist dabei, sich auf den Verantwortungsbereich des Unternehmens zu konzentrieren und sich dann über abgegrenzte Themen zu profilieren, wie beispielsweise eine Stiftung für in Not geratene Mitarbeiter.[300] Die Positionierung der Stiftung muss professionell umgesetzt werden, während sie als Teil der gesamtstrategischen Ausrichtung von CSR Communication in den Händen des Unternehmens bleiben sollte. Die Stiftungen müssen einen klar umrissenen Stiftungszweck verfolgen, über eine eindeutig formulierte Positionierung verfügen und schließlich einen eigenständigen Auftritt nach innen und außen vorweisen. Das ist Voraussetzung dafür, um entsprechend erfolgreich in der öffentlichen Meinung positioniert zu werden.[301] Zu den größten Stiftungen in Deutschland zählen Unternehmensstiftungen wie die Bosch-Stiftung, die Körber-Stiftung oder die Bertelsmann-Stiftung. Die knapp 16.500 Stiftungen in Deutschland (76.000 in USA) fördern aus ihrem verzinsten Stiftungsvermögen von ca. zwei Mrd. Euro jährlich das, was der Stifter, verbrieft in der Stiftungssatzung, für förderungswürdig erachtet.[302]

Neben den vorgenannten positiven Imageattributen, verbindet die öffentliche Meinung mit Unternehmensstiftungen, im Speziellen mit Bankstiftungen, gerne auch einmal Steueroasen oder sonstige undurchsichtige Finanzgeschäfte. Hier kann der gut gemeinte Ansatz schnell ins Negative kippen.

Richtig positioniert bietet die Unternehmensstiftung gegenüber den anderen Formen des gesellschaftlichen Engagements eine Reihe von Vorteilen:

- Gemeinnützige Stiftungen sind keinen Einzel- oder Gruppeninteressen Rechenschaft schuldig, sondern sind nur an ihre jeweiligen Satzungen gebunden und können daher auch flexibel arbeiten.

- Stiftungen können unabhängig von größeren Schwankungen im Einkommensbereich und von Erwägungen opportunistischer Art langfristige Ziele verfolgen, die sich unter Umständen erst in späteren Generationen realisieren lassen. Insofern stellen die Stiftungen „dem Flüchtigen das Beständige zur Seite"[303].

- Stiftungen können „anstiften", bis sich andere Träger gefunden haben, um die von einer Stiftung initiierten Projekte weiterzuführen.

- Da Stiftungen mit hoher Verantwortlichkeit für ein geplantes Projekt eintreten und dieses organisatorisch und konzeptionell begleiten, ohne dabei Strukturen der Verantwortung zu verletzen, sind sie sehr effizient in der partnerschaftlichen Zusammenarbeit mit der Öffentlichkeit und den Geförderten selbst.

Wichtig ist festzuhalten, dass die Unternehmensstiftung kein Kommunikationsinstrument ist, sondern allenfalls Kommunikationsträger der CSR und damit des Selbstverständnisses des Unternehmens. Dr. Bernhard Freiherr von Loeffelholz sagte einmal: „Die Stiftung ist kein Marketinginstrument der Bank; die Bank gibt hier kein Geld für ihr äußeres Image, sondern sie ermöglicht eine inhaltlich sinnvolle Arbeit – deren Erfolg dann direkt auf sie zurückstrahlt – das heißt, es geht hier nicht um Fassade, sondern um Substanz." (Loeffelholz, B., Stiftungen als dritte Säule der Kulturförderung, in : Dokumentation eines Kongresses der Hessischen Kulturstiftungen „Europäischer Kulturföderalismus - Postionen und Aufgaben der Kulturstiftungen", Frankfurt/M., 23./24.11.1990) Nur unter diesen Voraussetzungen kann die Stiftung in der Gesellschaft als dritte Säule der Förderung eine Ergänzungsfunktion wahrnehmen, die nicht zuletzt auch von den Politikern erkannt und begrüßt wird. Der ehemalige Bundespräsident Richard von Weizsäcker führte dazu aus: „Die Demokratie ist nur lebensfähig, wenn der Einzelne bereit ist, für das Ganze Verantwortung zu übernehmen. Stifter geben ein Beispiel für verantwortliches Handeln im demokratischen Staat."[304]

Corporate Sponsorship

Corporate Sponsorship ist zwar im Spitzensport ein etabliertes Kommunikationsinstrument, doch hat das mit CSR im eigentlichen Sinne nicht viel zu tun. Sponsoring[305] definiert sich als Geschäft, das eindeutige Leistungen und Gegenleistungen vorsieht. Die Demonstration gesellschaftlicher Verantwortung würde dadurch Teil einer Vereinbarung, die sich dann mit dem Selbstverständnis vor CSR oder der Philanthropie nur in ganz bestimmten Fällen vereinbaren lässt. Sponsoring sollte daher im Rahmen der CSR Communication grundsätzlich mit Vorsicht genossen werden. Es kommt sehr auf das Wie an, wobei auch deutlich zu unterscheiden ist zwischen dem Sponsoring von Spitzensport oder sonstiger medialer Großereignisse und dem zivilgesellschaftlichen Public Sponsorship von Kultur, Ökologie oder Sozialem – und natürlich auch dem Breiten- oder Behindertensport.

In der Regel sind es zwei wesentliche Dinge, die für ein erfolgreiches Sponsoring zusammenkommen müssen. Das sind zum einen eindeutige Imageattribute verknüpft mit Sympathiewerten und zum anderen Aufmerksamkeit und Awareness mit einer möglichst großen Reichweite, wobei die Medien als Träger der Sponsorbotschaft eine herausragende Rolle spielen. Die Logosichtkontakte sind quasi die Währung des Sponsorships, das Hauptevaluationskriterium, wonach sich der Wert des Sponsorships bemisst. Besonders im Spitzensport scheint sich alles nur noch auf die Sichtkontakte mit dem Logo zu reduzieren, obwohl das Logo an sich in diesem Kontext relativ wenig Aussagekraft hat und allenfalls in Verbindung mit dem Sponsorobjekt mit einer Botschaft aufgeladen wird. Die Interpretation dieser Botschaft liegt in der angestrebten Affinität zwischen dem Logo und dem Sponsorobjekt und bleibt dem Rezipienten weitgehend überlassen. Für ausreichend Sichtkontakte sind vor allem die Massenmedien zuständig, allen voran das Fernsehen. Daher kommt es auch stark auf die Telegenität des Sponsorships an. Zwischen den unterschiedlichen Interessen des Sponsors, des Sponsorempfängers und der Medien gibt es durchaus Zielkonflikte, die harmonisiert werden müssen. Manfred Bruhn spricht in dem Zusammenhang vom „magischen Dreieck" des Sponsorings (**Abbildung 7.3**).[306]

Beim Spitzensport und anderen medialen Großereignissen ist es im Rahmen der CSR Communication maßgeblich, wie verantwortlich die Aktivierungsstrategie gestaltet und umgesetzt wird. Die Fußball-Weltmeisterschaft 2010 Südafrika stellte Sponsoren vor besondere Herausforderungen, denn sie mussten der sozialen Schere zwischen Arm und Reich „sympathisch" begegnen.[307]

Außerhalb des Spitzensports tun sich die Unternehmen nach wie vor schwer mit dem Begriff Sponsoring. Das Odium der Eigennützigkeit, das den Sponsoren anhaftet, nur schon aufgrund dessen, weil sie eben gewinnorientierte Unternehmen sind, ist durchaus hin und wieder als Vorurteil bei den zu Gemeinnützigkeit verpflichteten zivilgesellschaftlichen Organisationen anzutreffen. Der Begriff etabliert sich in Deutschland außerhalb des Sportbereichs nur langsam. Zu groß waren und sind teilweise heute noch die Berührungsängste geprägt durch Vorurteile und unrealistische Erwartungshaltungen auf beiden Seiten, der Sponsoren und der Sponsorempfänger. Das hat sich allerdings in den letzten Jahren verbessert und man geht offener und ehrlicher miteinander um. Die Siemens Kulturabteilung, die ihr Kunstengagement bislang als „mäzenatisches Sponsoring" begriffen hat, konnte sich beispielsweise mit wissenschaftlicher Unterstützung der Universität Witten/Herdecke nun auch einer passenderen Begrifflichkeit bedienen, nämlich „Corporate Cultural Responsibility" (erstmals vorgestellt auf gleichnamigem Kongress „Corporate Cultural Responsibility-Symposium" 2008 in Berlin) in Anlehnung an Corporate Social Responsibility. Dieser Begriff trifft nach Auffassung von Siemens am ehesten das Verständnis von Kunstengagement und steht exemplarisch für das Selbstverständnis vieler anderer Unternehmen. Man will fördern, aber durchaus deutlich machen, wer der Förderer ist, was auch von den Rezipienten als legitim wahrgenommen wird. Und darauf kommt es für eine glaubwürdige CSR Communication letztlich an.

Abbildung 7.3   Das „magische Dreieck" des Sponsorings

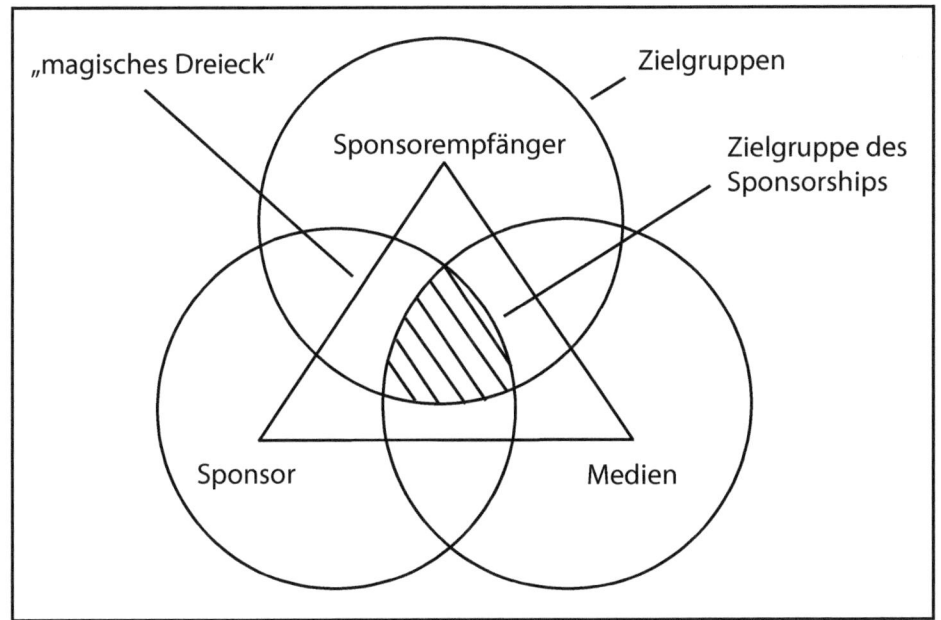

Quelle: In Anlehnung an Bruhn, M., Sponsoring: Systematische Planung und integrativer Einsatz, 4. Aufl., Wiesbaden: Gabler Verlag, 2003

Je nach Sponsorobjekt gibt es unzählige Formen von Sponsoring. Als Beispiel werden hier die wichtigsten Formen aufgeführt, die unter bestimmten Umständen für CSR Communication relevant sind: Sport-Sponsoring, Kunst-/Kultur-Sponsoring, Public Sponsoring (Sozial-Sponsoring, Öko-Sponsoring, Bildungs-/Wissenschafts-Sponsoring) und Medien-Sponsoring (**Abbildung 7.4**).

Abbildung 7.4   Entwicklung des Sponsoringmarktes

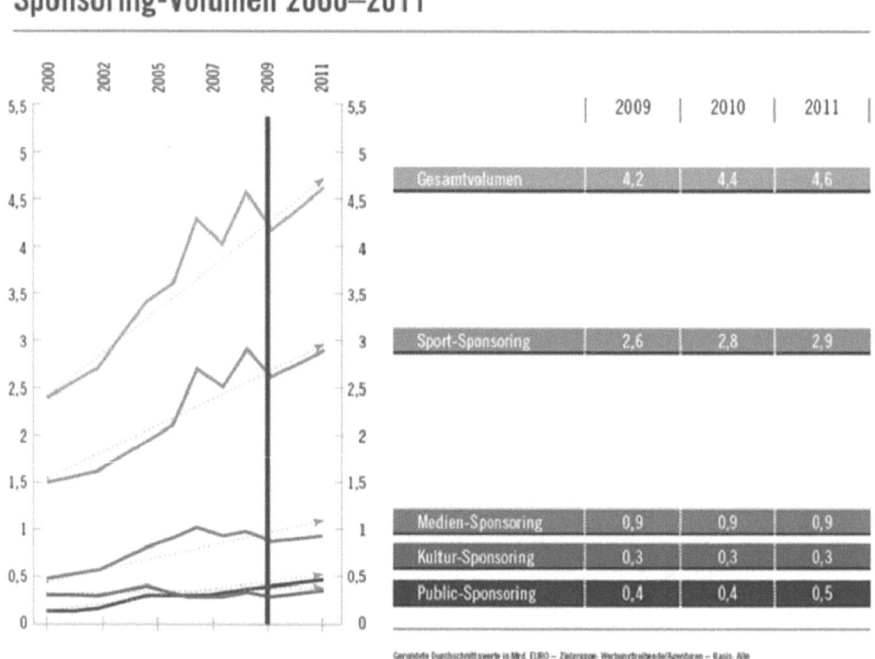

Quelle: pilot checkpoint (Hrsg.), Studie „Sponsor Visions", 2009

Hat sich das Unternehmen nach einem intensiven Selektierungsprozess für ein oder mehrere Sponsorships entschieden, ist die Aktivierungsstrategie ausschlaggebend für den Erfolg des Sponsorings. Sie sollte schon bei der Auswahl der Sponsorships eine Rolle spielen. Die Aktivierungsstrategie macht die erworbenen Rechte im Rahmen des Sponsorings für die Kommunikation erst urbar. Hier sind die Unternehmen gefragt, aktiv das Sponsorship zu gestalten. An dieser Stelle haben vor allem deutsche Unternehmen im Vergleich zu angelsächsischen Unternehmen einen großen Nachholbedarf. Hierzulande werden vielleicht gerade noch Dinners im Rahmen einer gesponserten Operngala ausrichtet oder durch ein firmeninternes Mailing interessierte Stakeholder zu dem ein oder anderen Event eingeladen. Dieses weitgehend passive Sponsoring schöpft das Potenzial von Sponsoring als Kommunikationsinstrument bei weitem nicht aus. Das Verhältnis von Sponsor bzw. Rechtebudget zum Aktivierungsbudget ist in Deutschland lediglich eins zu eins. In anderen Ländern, vor allem im angelsächsischen Raum, liegt das Verhältnis bei ein zu vier und höher zugunsten der Aktivierungsstrategie.

Neben der Auswahl der Sponsorships ist die Aktivierungsstrategie auch entscheidend dafür, inwieweit es dem Ausdruck von CSR gerecht werden und letztlich als Kommunikationsinstrument seine volle Wirkung entfalten kann. Denn Sponsorship ist Übertragungskanal und Kommunikationsbotschaft zugleich. Letztlich sollen die Zielgruppen informiert werden, dass sich das Unternehmen für gesellschaftliche Belange interessiert und engagiert, um damit kognitive Informationen und sinnlich, emotionale Erlebnisdimensionen zu vermitteln. So zählt beispielsweise für Alain-Dominique Perrin, Generaldirektor von Cartier, zu den wichtigsten Aspekten des Kunstsponsorings die Möglichkeit, „eine neue Form des Dialogs nach außen und nach innen"[308] zu finden.

Grundsätzlich kann Corporate Sponsoring als Kommunikationsinstrument hervorragend Imageattribute des Unternehmens oder der Marke durch Affinitäten aufladen und hat zahlreiche Vorteile gegenüber anderen Kommunikationsinstrumenten zu bieten, wovon hier einige aufgeführt werden:

- Zielgruppen kann unerwartet und außergewöhnlich begegnet werden.

- Zielgruppen können außerhalb der vertrauten Umgebung, in nicht kommerziellen Situationen angesprochen werden, um auf diese Weise höhere Aufmerksamkeitswerte zu erzielen.

- Ohne mit anderen Unternehmen direkt zu konkurrieren, kann man sich auf neutralem Boden darstellen.

- Selektive, eng segmentierbare Teilzielgruppen können direkt angesprochen werden.

Die Grenzen zwischen der Förderung als Good Corporate Citizen und der als Sponsor sind fließend. Allerdings ist das Selbstverständnis ein grundlegend anderes. Die Semantik spielt in diesem Fall eine kritische Rolle. Deshalb kommt es auch bei immerhin 24 Prozent der Unternehmen zu einer Umverteilung der Sponsorbudgets zugunsten von CSR-Aktivitäten, wenn es um Kultur, Bildung, Soziales, Ökologie oder den Breitensport geht.[309]

Spätestens das Finanzamt trifft eine Unterscheidung zwischen der Förderung als Good Corporate Citizen respektive einer Spende und dem Sponsoring, was in

Deutschland landeshoheitlich unterschiedlich geregelt wird. Während die Förderung als Spende behandelt wird und damit nur eingeschränkt abzugsfähig ist,[310] gilt das Sponsoring als Werbe- und Betriebsausgabe und ist damit zu 100 Prozent abzugsfähig. Das ist immer dann der Fall, wenn vertraglich geregelt ist, wie Leistung und Gegenleistung definiert werden.

Fast noch wichtiger als das Sponsorship selbst ist der Umgang mit den Anfragen und der damit zum Ausdruck gebrachten Anspruchshaltung der Stakeholder. Hier liegt die hohe Kunst vor allem in der richtigen Absage, die in der Regel weit häufiger vorkommt als das Sponsorship selbst. Die Absage bzw. der Umgang mit den Anfragen ist ein wichtiges Instrument der CSR Communication, denn die Anfragenden sind zum Teil wichtige Multiplikatoren relevanter Stakeholdersegmente. Sie werden in deutschen Unternehmen oft unsensibel und überheblich, meist von mit dieser Situation völlig überforderten, ungeschulten Praktikanten, „abgefertigt". Das fängt schon mit der Kontaktaufnahme des Sponsorsuchenden an. Die wenigsten Unternehmen können in der Zentrale einen Ansprechpartner benennen, der dann auch zu erreichen ist. Dazu überzugehen, die Flut der Anfragen nur noch schriftlich zu bearbeiten, verhindert die Chance des direkten Dialogs. Selten bekommen die Stakeholder den Eindruck, dass ihr Anliegen wichtig ist und dass ihr Engagement Wertschätzung erfährt. Außerdem versäumt das Unternehmen, gerade bei dieser engagierten Zielgruppe ihr eigenes Engagement kundzutun.

Abbildungsverzeichnis

Anmerkungen und Literatur

Noch ein Hinweis zum gewählten Duktus:

- Die Kommunikationsbranche bedient sich weitgehend der Begrifflichkeiten aus dem Englischen. Zwar haben sich dadurch auch seltsame Blüten von Anglizismen gebildet, doch klingen die Übersetzungen meistens nicht viel besser. Außerdem erklären sie häufig nicht ausreichend die gesamte Begriffsdimension durch ein einzelnes übersetztes Wort. Daher werden die branchenüblichen Anglizismen in diesem Buch ohne Wertung übernommen. Wörtliche Zitate aus dem englischen Sprachraum wurden im Original belassen.

- Wenn im Folgenden Bezug auf Personen im Allgemeinen genommen wird, verwende ich die männliche Form (daher keine „LeserIn" oder „LeserInnen"). Das soll keinesfalls als diskriminierend gegenüber Frauen gewertet werden.

[1]   Weber, M., Vortrag: Politik als Beruf, 1919

[2]   Böckenförde, E.-W. (Richter am Bundesverfassungsgericht) zitiert in: Erfolgsgrundlage: Vertrauen, Rede von Bundespräsident Horst Köhler anlässlich der Verleihung des Max-Weber-Preises für Wirtschaftsethik, 27.05.2008

[3]   Rivoli, P., Vortrag, 3rd International Conference on Corporate Social Responsibility, Berlin, 8.-10.10.2008

[4]   Loeffelholz, B. Freiherr von, Marktwirtschaft als Kulturprodukt, in: Politik und Kultur, Zeitung des deutschen Kulturrates, Nr. 06/09, November/Dezember 2009

[5]   Ulrich, P., Die Grossunternehmung als quasi-öffentliche Institution, Stuttgart, 1977

[6]   Capra, F., Wendezeit. Bausteine für ein neues Weltbild, 13. Aufl., München, 1986

[7]   Koslowski, P., Wirtschaft als Kultur, Wien, 1989

[8]   Hoff, A./Strümpel, B., Unternehmen und Gesellschaft, in: Haedrich, G./Bartenheier, G./Kleinert, H. (Hrsg.), Öffentlichkeitsarbeit: Dialog zwischen Institution und Gesellschaft, Berlin/New York, 1982

[9]   Merkel, A. (Bundeskanzlerin), Video-Podcast vom 06.02.2010

[10] Der Volkswirt Hans Diefenbacher hat gemeinsam mit dem Umweltwissenschaftler Roland Zieschank im Auftrag des Umweltbundesamts einen ähnlichen alternativen Wohlstandsindikator für Deutschland entwickelt: http://www.umweltdaten.de/publikationen/fpdf-l/3902.pdf

[11]   Loeffelholz, B. Freiherr von, Stiftungen als dritte Säule der Kulturförderung, in: Dokumentation eines Kongresses der Hessischen Kulturstiftungen „Europäischer Kulturföderalismus – Positionen und Aufgaben der Kulturstiftungen", Frankfurt/M., S. 95-101, 23./24.11.1990

[12]   Inglehart, R., Kultureller Umbruch. Wertewandel in der westlichen Welt, Frankfurt, 1989

[13]   Definition: Ein Wirtschaftssystem, das seinen Wertschöpfungsprozess über das Kapital hinaus auch an ethischen Werten orientiert.

[14]   Young, J. T., Economics as a Moral Science: The Political Economy of Adam Smith, Cheltenham, 1997 | | 787 Keynes, J. M. to Roy F. Harrod , 4.07.1938

[15]   Goldschmidt, N./Nutzinger, H. G. (Hrsg.), Vom homo oeconomicus zum homo culturalis, Reihe: Kulturelle Ökonomik, Marburg, Bd. 8, 2009

[16]   Rifkin, J., „Ich habe mich mit vielen angelegt", in: Der Tagesspiegel, 28.02.2010

[17]   Yunus, M., Die Armut besiegen, München, 2008

[18]   Becker, L., „Wer nichts von Ökonomie weiß, muss viel glauben", in: FAZ.NET, 14.09.2009

[19]   Creutzber, D./Hess, D., Manager gestehen Kommunikationsfehler, in: www.Handelsblatt.com, 29.02.2008

[20]   Suchanek, A., Diskussionsbeitrag, 2. Werteforum Marktwirtschaft und Ethik, Unternehmer in der Verantwortung, Wirtschaftsrat der CDU e. V./Konrad Adenauer Stiftung e. V., Berlin, 17.03.2008

[21]   Rohrbeck, F., Tue Gutes, Boss!, in: www.taz.de, 27.04.2005

[22]   Unterscheidung der Motivation für CSR nach „Stakeholder-Driven",„Performance-Driven" und „Value-Driven" in Anlehnung an: Maignan I./Ralston, D., CSR in Europe and in the U.S.: „Insight from Business' Self-presentations", in: Journal of International Business Studies, Vol. 33 (3), S. 497-514, 2002

[23]   Zedtwitz-Arnim, G.-V. Graf von, Tue Gutes und rede darüber, Ullstein, Berlin, 2004

[24]   Hamann, G./Heuser, U. J., Können Unternehmen gut sein?, in: DIE ZEIT, 27.03.2008

[25]   Suchanek, A., Moral als Managementaufgabe, in: Schmidt, M./Beschorner, Th. (Hrsg.), Werte- und Reputationsmanagement, Mering, München, S. 63-82, 2005

[26]   Ulrich, P., Integrative Wirtschaftsethik, 3. Aufl., Bern u. a., 1997/2001

27   Friedman, M., The social responsibility of business is to increase its profit, in: New York Times Magazine, S.122-126, 13.09.1970

28   Suchanek, A., Business Ethics and the Golden Rule, Wittenberg Center for Global Ethics, Wittenberg, 2008

29   Ochmann, F., Die gefühlte Moral, Berlin, 2008

30   Anmerkung: Es gibt auch unzählige Vertreter der Meinung, dass der Klimawandel lediglich ein Hype sei! Stichwort: Klimalüge, Beispiel: http://www.klimaskeptiker.info

31   Fischer, W. B., Kulturförderung als Unternehmensziel der Migros, Vortrag, Zürich, 1991

32   Statuten des Migros-Genossenschaft-Bund, Artikel 2, 07.10.1983

33   Richtlinien des Migros-Genossenschaft-Bund (Ein Vermächtnis der Stifter Gottlieb und Adele Duttweiler), These 10, 1950

34   Fischer, W. B., Kulturförderung als Unternehmensziel der Migros, Vortrag, Zürich, 1991

35   Vertrag zwischen dem Migros-Genossenschaft-Bund und der Genossenschaft Migros Luzern, Juni 1984

36   Vertrag zwischen dem Migros-Genossenschaft-Bund und der Genossenschaft Migros Luzern, Juni 1984

37   Bowen, H., Social Responsibilities of the Businessman, New York, 1953

38   Grünbuch der Kommission „Europäische Rahmenbedingungen für die soziale Verantwortung der Unternehmen", KOM (2001) 366 endg, 2001

39   Elkington, J., Towards the sustainable corporation: Win-win-win business strategies for sustainable development. In: California Management Review 36, Nr. 2, S. 90-100, 1994

40   Visser, W., Business Frontiers: Social Responsibility, Sustainable Development & Economic Justice, Hyderabad, 2005

41   Fehrenbach, F., Rede auf dem Nachhaltigkeitskongress in Stuttgart, 15.03.2009

42   Carroll, A. B./Buchholtz, A. K., Business and society: ethics and stakeholder management, 4. Aufl., Cincinnati 2000

43   Rivoli, P., Vortrag, 3rd International Conference on Corporate Social Responsibility, Berlin, 8.-10.10.2009

44   Samuelson, R. J., Food vs. Fuel, in: The Washington Post, 12.12.2007

45   Kyriakides, R., Weblog http://robertkyriakides.wordpress.com/2008/02/18/biomass-biomess, geladen 18.02.2008

46   Crane, A./Matten, D., Business Ethics, 2. Aufl., New York, 2007

47   Ramthun, Ch., Erkaufte Ruhe, in: Wirtschaftswoche, S. 28-34, 02.06.2005,

48   Maucher, H. (Nestlé-Ehrenpräsident), Interview, in: Wirtschaftswoche, S. 34, 02.06.2005

49   ISO 26000 Entwurf vom 12.03.2009

50   Beispiel aus Indonesien: „Mit einer Anpassung des Gesetzes für Gesellschaften mit beschränkter Haftung vom 20. Juli 2007 wurden gemäß Artikel 74 alle im Rohstoffsektor tätigen oder natürliche Ressourcen beeinträchtigenden Gesellschaften verpflichtet, sich in der Corporate Social Responsibility zu engagieren und die entsprechenden Kosten zu budgetieren", zitiert aus Halfmann, A., Indonesien: CSR bleibt gesetzliche Pflicht, in: CSR.NET, 03.08.09

51   Frederick, W. C., From CSR1 to CSR2, The maturing of business-and-society thought (1978), in: Business & Society, Ausg. 33(2), S. 150-164, 1994

52   Carroll, A. B., A three dimensional model of corporate social performance, Academy of Management Review 4, S. 497-505, 1979

53   Sommerlatte, T., Gesellschaftliches Engagement – gezielt auswählen (Vortrag), Sommersymposium der Initiative „Freiheit und Verantwortung", Berlin, 24.06.2004

54   Schwartländer, J., Stichwort Verantwortung, in: Krings, H./Baumgartner, H. M./Wild, Ch., Kösel (Hrsg.), Handbuch philosophischer Grundbegriffe, München, 1974

55   Dahrendorf, R. Lord, Die verlorene Ehre des Kaufmanns, in: Tagesspiegel, 12.06.2009

56   Jonas, H., Das Prinzip Verantwortung: Versuch einer Ethik für die technologische Zivilisation, Frankfurt/M., 1979

57   Studie „Umweltbewußtsein und Umweltverhalten Deutschland 2008" im Auftrag von BMU und Umweltbundesamt, 2008

58   Markl, H., Das Spiel mit der Nachhaltigkeit, in: Welt online vom 22.12.2008

59   Der Begriff Nachhaltigkeit wurde erstmalig bereits im Mittelalter in der Forstwirtschaft geprägt, um ungezügelten Waldrodungen entgegenzuwirken. Eine erste niedergeschriebene Erwähnung fand der Begriff Nachhaltigkeit in „Sylvicultura oeconomica, oder haußwirthliche Nachricht und Naturmäßige Anweisung zur wilden Baum-Zucht" (1713) von Hans Carl von Carlowitz

60   Der Brundtland Bericht wurde nach dem damaligen Vorsitzenden Gro Harlem Brundtland benannt. Report of the World Commission on Environment and Development: Our Common Future, Transmitted to the General Assembly as an Annex to document A/42/427 – Development and International Cooperation: Environment Oslo, 20.03.1987

61 Bemerkenswert ist in diesem Zusammenhang die Rede der damals 12-jährigen Severn Suzuki vor dem versammelten Plenum der „Rio Summit", http://www.youtube.com/watch?v=1h7Can3tPEc

62 Porter, M. E./Kramer, M. R., "Strategy and Society: The Link Between Competitive Advantage and Corporate Social Responsibility", in: Business Review 80 (12), S. 56-68, 2006

63 Laszlo, C., The Sustainable Company, Washington: Island Press, 2003

64 Collins, J.W., Is business ethics an oxymoron?, in: Business Horizons, September-October, S. 1-8, 1994

65 Crane, A./Matten, D., Business Ethics, 2. Aufl., New York, 2007

66 Beispiel für den Ansatz eines globalen Ethikkodizes: http://www.weltethos. org/dat-english/03-declaration.htm // Wie unterschiedlich Werte definiert werden, demonstrieren dagegen die Autoren (meist religiöse Würdenträger) folgender Publikation: Faith and the Global Agenda: Values for the Post-Crisis Economy, World Economic Forum, Genf, 2010

67 Zielcke, A., Die Angst vor dem Gutmenschen, in: Süddeutsche Zeitung, 11.03.2010

68 De Botton, A. zitiert aus Zielcke, A., Die Angst vor dem Gutmenschen, in: Süddeutsche Zeitung, 11.03.2010

69 „Die geheimen Verführer" ist ein Sachbuch zum Thema Werbung, das der US-amerikanische Konsumkritiker Vance Packard im Jahr 1957 unter dem englischen Originaltitel „The Hidden Persuaders" veröffentlichte. Das Buch wurde auch außerhalb der USA ein Bestseller und veränderte die Sicht der Verbraucher auf die Werbung. Er kritisiert die Überredung der Konsumenten zu Kaufentscheidungen, die nichts mit seinen tatsächlichen Bedürfnissen und auch nichts mit der Qualität des angebotenen Produkts zu tun haben.

70 Hellmann, K.-U., Soziologie der Marke, Frankfurt, 2003

71 Angehrn, O., Marketing und Kultur, in: Gesellschaft für Konsum-, Markt- und Absatzforschung e. V. (Hrsg.), Jahrbuch der Absatz- und Verbrauchsforschung, 32. Jahrg., Berlin, S. 201-208, 2/1986

72 Grothe, A., Kommunikation als Erfolgsfaktor (auch) für das betriebliche Umweltmanagement (Präsentation), Berlin, 10.11.2008

73 Zurstiege, G., Zwischen Kritik und Faszination. Was wir beobachten, wenn wir die Werbung beobachten, wie sie die Gesellschaft beobachtet, Köln, 2005

74 Clark, C. E., Differences between Public Relations and Social Responsibility. An Analysis, in: Public Relations Review, 26 (3), S. 363-380, Herbst 2000

75 Hansen, E. G./Reichwald, R., CSR Leadership Study, Leading Corporate Re-
    sponsibility in Multinational Corporations, Report No. 01/2009 of the Institute
    for Infromation, Organization and Management, TUM Business Scholl, Tech-
    nische Universität München, 2009

76 Hoffjann, O., PR-Beratung und Corporate Social Responsibility, in: Raupp,
    J./Jarolimek, S./Schultz, F. (Hrsg.), Handbuch Corporate Social Responsibility.
    Kommunikationswissenschaftliche Grundlagen und methodische Zugänge.
    Mit Lexikonteil, VS-Verlag, Wiesbaden, vorauss. 2011

77 In Anlehnung an das Bonmot der Werber: „Der Köder muss dem Fisch
    schmecken, nicht dem Angler."

78 Neugebauer, Ch., „Wir haben uns alle lieb …", in: Forum Wirtschaftsethik
    04/2007

79 Röttger, U., Mit der nötigen Distanz, in: Pressesprecher, S. 46-49, 04/2009

80 Im Rahmen der Studie „European Communication Monitor" vom 28.01.2009
    wurden europäische Public-Relations(PR)- Experten befragt, welche Trends
    und relevanten Themen sie im Bereich Unternehmenskommunikation bis
    2011 feststellen können. Teilgenommen haben mehr als 1.500 Kommunikati-
    onsmanager und PR-Praktiker aus 37 europäischen Ländern. Quelle: Zerfass,
    A./Moreno, A./Tench, R./Verčič, D./Verhoeven, P., European Communication
    Monitor 2009. Trends in Communication Management and Public Relations –
    Results of a Survey in 37 Countries (Chart Version), Brüssel: Euprera, Sep-
    tember 2009

81 Robbins, L., An Essay on the Nature and Significance of Economic Science,
    London, 1932

82 Palazzo, G., Die dunkle Seite der Macht, in: „Nachhaltigkeit", Sonderveröf-
    fentlichung in PR Report, Oktober 2008

83 Concise Oxford English Dictionary, 11. Aufl., Oxford, 10.07.2008

84 Halfmann, A., CSR verfehlt Wirkung auf Kaufentscheidung, in: CSR NEWS,
    25.08.2009

85 Hamann, G./Heuser, U. J., Können Unternehmen gut sein?, in: DIE ZEIT,
    27.03.2008

86 Hollender, J., Localwashing Is The New Greenwashing, in: CSRwire Talkback,
    01.02.2010

87 Baue, B., Greenwash is Good?, in: CSRwire, 14.10.2009

88 Adidas Sustainability Revue 2009

89 Streeck, K., Kirchtürme, High Heels und Werbeagenturen, München, 2008

90 George Bernard Shaw, irischer Literatur-Nobelpreisträger, 1856-1950

[91] AccountAbility, AA1000 AccountAbility Series of Standards 2008, http://www.accountability21.net/aa1000series

[92] Nielsen, A. E./Thomsen, Ch., CSR Communication. A SME-oriented Approach, Aarhus School of Business, University of Aarhus, in: Proceedings of the 2007 Association for Business Communicaiton Annual Convention, 2007

[93] Crane, A./Matten, D., Business Ethics, 2. Aufl., New York, 2007

[94] Wieland, J., Interview DNWE-Expertenforum: Effektive Compliance braucht Vertrauenskultur, in: CSR.NEWS, 12.03.2009

[95] Die beiden anderen Voraussetzungen sind: „Responsiveness" und „Compliance", in: AccountAbility, AA1000 Accounabiltiy Principles Standards 2008

[96] Kapitel „7.5 Communication on social responsibility" und „7.6 Enhancing credibility regarding social responsibility", ISO 26000 Entwurf vom 12.03.2009

[97] Wieland, J., Interview des DNWE-Expertenforum: Effektive Compliance braucht Vertrauenskultur, in: CSR.NEWS, 12.03.2009

[98] Inwieweit tatsächlich damit etwas Gutes in dem jeweiligen Produktionsland getan wird, steht auf einem anderen Blatt. Denn in vielen Ländern ist Kinderarbeit bedauerlicherweise noch Konvention. Ein Kind ernährt unter Umständen die ganze Familie. Kinderarbeit zu verbieten, ohne Altvernativen anzubieten, kann mitunter verheerende existenzielle Auswirkungen haben. http://www.tdh.de/content/themen/schwerpunkte/kinderarbeit/faq.htm

[99] Hamann, G./Heuser, U. J., Können Unternehmen gut sein?, in: DIE ZEIT, 27.03.2008

[100] Das Leitbild des „ehrbaren Kaufmanns" geht bis ins 12. Jahrhundert zurück und erfährt durch die CSR-Debatte wieder eine Renaissance. In Hamburg hat sich der Begriff institutionell noch bis heute als Versammlung „Eines Ehrbaren Kaufmanns zu Hamburg e. V." (VEEK) erhalten. Das Leitbild steht für ein verantwortungsbewusstes Wirtschaften und verbindet damit Attritbute wie ehrlich, sittlich, moralisch etc.

[101] Das Management-Modell, das unter Federführung von Hans Ulrich an der Universität St. Gallen 1972 erstmals niedergeschrieben wurde, erfuhr 2002 seine Erweiterung maßgeblich durch Johannes Rüegg-Stürm. Der integrative und ganzheitliche Ansatz wurde weiter vertieft und ergänzt.

[102] Matten, D./Crane, A.,What is Stakeholder Democracy? Perspectives and Issues, in: Business Ethics: A European Review, Vol. 14, S. 6-13, Januar 2005 || Beispiel: http://www.stakeholderdemocracy.org/

[103] Bruhn, M., Integrierte Unternehmens- und Markenkommunikation, Stuttgart, 2003

[104] Welzer, H., Die Kunst der Wahrnehmungsanpassung – Warum nachhaltiges Wissen nicht zu nachhaltigem Handeln führt, in: CSR.NEWS, 06.11.2009

[105] Beispiel: Sustainable Dance Club: http://www.watt-rotterdam.nl/

[106] Wiedmann, K.-P.,Corporate Social Responsibility (CSR) von Energieunternehmen: zwischen wirtschaftlichem Handeln und gesellschaftlicher Verantwortung, in: Schriftenreihe Marketing Management der Leibniz Universität Hannover, 2006

[107] Siehe http://www.sapsustainabilityreport.com/materialityAll.html

[108] Die Ethical Brand Monitor-Erhebung wird unter 5.000 Befragten durchgeführt. Zu jeder der über 350 Marken werden durchschnittlich 350 Verbraucher (n = 350) befragt. Pro Branche werden bis zu 25 Marken erhoben. Quelle: (http://www.ethicalbrandmonitor.de/)

[109] Mit der Höhe des ethischen Markenwerts (EBV) steigt die Markenpräferenz Dröge, A./Blumberg, M., CSR zählt beim Kauf, in: Markenartikel 6/2009

[110] Meffert, H./Burmann, Ch./Kirchgeorg, M., Marketing, 10. Aufl., Wiesbaden, 2008

[111] Dröge, A., CSR und Glaubwürdigkeit, in: Markenartikel 6/2008

[112] Streeck, K., Kirchtürme, High Heels und Werbeagenturen, München, 2008

[113] Hall, R., The Strategic Analysis of Intangible Resources, in: Strategic Management Journal, Vol. 13, S. 135–144, 1992

[114] Valentino, B., MBA Toolkit CSR: Corporate Communication, in: ChinaCSR (http://www.csrchina.net/), 12.04.2007

[115] Eisenegger, M., "Die Sozialreputation ist ein Minenfeld", in: WiWo.de (Interview mit Jochen Mai), 11.02.2008

[116] Im asiatischen Raum hat Reputation auch viel mit Ehre zu tun.

[117] Burkhardt, R., Reputation Management in Small and Medium-sized Enterprises, Remseck, 2007

[118] Fombrun, C. J., Reputation: Realizing Value from the Corporate Image, New York, 1996

[119] Liehr, K./Peters, P./Zerfaß, A., Reputationsmessung: Grundlagen und Verfahren, in: communicationcontrolling.de, Dossier Nr. 1, Berlin/Leipzig, April 2009.

[120] Caspar, H., Corporate Governance und Reputation, in: Neue Zürcher Zeitung, S. 29-30, 27.01.2001

[121] Langen, R./Wreschniok, R., http://www.reputation-centre.org/en/research. html, geladen 26.02.2010

[122] Zitiert nach: K. M. Leisinger, Der Stoff aus dem verantwortungsvolle Führungspersönlichkeiten sind, in: DNWE, Expertenstatements Menschenrechte, 16.11.2009

[123] Killius, Ph., Wertschöpfung durch Corporate Responsibility, in: CSR.NEWS, 15.07.2009

[124] Voswinkel, S., Anerkennung und Reputation, Konstanz, 2001

[125] Eisenegger, M., Reptuation in der Mediengesellschaft, Wiesbaden, 2005

[126] Bromley, D.B., „Reputation, image and impression management", Chichester, 1993

[127] Eisenegger, M., Reptuation in der Mediengesellschaft, Wiesbaden, 2005

[128] Eisenegger, M., Reptuation in der Mediengesellschaft, Wiesbaden, 2005

[129] Fehr, M., Universität der Künste Berlin, Institut für Kunst im Kontext (Vortrag), Berlin, 19.02.2009

[130] Fichter, Ch./Jonas, K., How brand images change consumers' product ratings, in: Zeitschrift für Psychologie/Journal of Psychology. Vol 216(4), S. 226-234, 2009

[131] Haase, M., Stakeholder Approach und Leistungslehre, Ansatzpunkte einer betriebswirtschaftlich-ethischen Theorie der Unternehmung, in: Bink, A./Priddat, B. P. (Hrsg.), zfwu,Corporate Governance and Business Ethics, 9/2, S. 196-221, 2008

[132] Schein, E. H., Unternehmenskultur: Ein Handbuch für Führungskräfte, Frankfurt/M., 1995.

[133] Koslowski, P., Wirtschaft als Kultur, Wien, 1989

[134] Rüegg-Stürm, J., Das neue St. Galler Management-Modell, in: Dubs, R. u. a. (Hrsg.), Einführung in die Managementlehre, Bern, 2004

[135] Weidmann, K.-P., Corporate Social Responsibility, Stakeholder Alignment, and Corporate Success – Research Questions, Basic Framework, and Empirical Evidence, im Rahmen der „10th RI Conference on Reputation, Image, Identity & Competitiveness", New York, 25-28.05.2006

[136] Röttger, U. (Hrsg.), Issues Management, Wiesbaden, 2001

[137] Storck, Ch./Liehr, K., Reputationsmanagement – Business case, Anforderungen, Erfolgsfaktoren (Vortrag), Münster, 2008

[138] Fombrun, C./Harris Interactive/ Riel, C. van, http://www.reputationinstitute.com/advisory-services/reptrak

[139] Schwaiger, M., Components and Parameters of corporate reputation – an empirical study, in: Schmalenbach Business Review, Nr. 56, S. 46-71, 2004

[140] Ingenhoff, D., Integrated Reputation Management System (IReMS): Ein integriertes Analyseinstrument zur Messung und Steuerung von Werttreibern der Reputation, in: PR Magazin, Nr. 7, S. 55-62, 2007

[141] Liehr, K./Peters, P./Zerfaß, A., Reputationsmessung: Grundlagen und Verfahren, in: communicationcontrolling.de, Dossier Nr. 1, Berlin/Leipzig: DPRG/Universität Leipzig, April 2009

[142] Eisenegger, M./Imhoff, K., Das Wahre, das Gute und das Schöne: Reputations-Management in der Mediengesellschaft, in: fög – Forschungsbereich Öffentlichkeit und Gesellschaft (Hrsg), fög Discussion paper 2007-0001

[143] Schaffner, P., Vorsicht beim Kodex, in: FAZ.NET, 10.09.09

[144] Walter, B.L., Codes of Conduct der Weltkonzerne – Interkultureller Anspruch mit Tücken, in: Public Affairs Manager, 1. Jg., Heft 1, Berlin, S. 35-42, 2005

[145] Weiand, A., Developing a common corporate culture at E.ON, Gütersloh, 2008

[146] Walter, B.L., Codes of Conduct der Weltkonzerne – Interkultureller Anspruch mit Tücken, in: Public Affairs Manager, 1. Jg., Heft 1, Berlin, S. 35-42, 2005

[147] Bondy, K./ Matten, D./ Moon, J.,Multinational Corporation Codes of Conduct: Governance Tools for Corporate Social Responsibility?, in: Corporate Governance: An International Review, Vol. 16, Issue 4, S. 294-311, Juli 2008.

[148] Weiand, A., Developing a common corporate culture at E.ON, Bertelsmann Stiftung, 2008 // Piwinger, M./ Zerfaß, A. (Hrsg.), Handbuch Unternehmenskommunikation, Wiesbaden, 2007

[149] Beispiele: Großbritannien, Frankreich, Dänemark, Argentinien, Neuseeland etc.

[150] BUND, Gesellschaftliche Verantwortung von Unternehmen, Standpunkt von BUND, 2009

[151] Schnappauf, W., Das Industrieland Deutschland und die Soziale Marktwirtschaft – Erfolgsmodell in einer globalisierten Welt, Rede im Rahmen der Fachkonferenz der Konrad-Adenauer-Stiftung, 21.01.2010

[152] Umfrage des Berliner Instituts für ökologische Wirtschaftsforschung (IÖW) und der bundesweiten Unternehmensinitiative future e. V., August 2009

[153] AccountAbility, AA1000 AccountAbility Series of Standards 2008

[154] Zu den bekanntesten zählen: IÖW/Future-Ranking, Accountability Ranking, Good Compnay Ranking

155 Sywottek, Ch., Macht's gut, in: brand eins, S. 66, Oktober 2004

156 Nähere dazu siehe Kapitel „Corporate Philanthropy – Erträge gesellschaftlich investieren"

157 Mirvis, Ph. H., A global scan of corporate citizenship, in: Corporate Citizenship Around the World, Global Education Research Network/Boston College Center for Corporate Citizenship (Hrsg.), S. 115-127, 2009

158 http://www.sapsustainabilityreport.com/materialityAll.html

159 BASF war in Deutschland das erste Unternehmen, das den CSR-Bericht und den Geschäftsbericht in einen einheitlichen Bericht zusammengeführt hat, 2009

160 Pavlovsky K., Deloitte, Center for Sustainability Performance, CSR Press Release, 10.08.2009

161 World Business Council for Sustainable Development (WBCSD), Sustainable development reporting – Striking the balance, Dezember 2002

162 Bhagwati, J., Vortrag, 3rd International Conference on Corporate Social Responsibility, Berlin, 8.-10.10.2009

163 Schwender, C., Der Ecotainment-Index zur Messung der kognitiv-emotionalen Beteiligung an TV-Beiträgen, in: Schwender, C./Schulz, W. F./Kreeb, M. (Hrsg.), Medialisierung der Nachhaltigkeit, Marburg, 2008

164 Studie „Journalismus 2009": Zum Status des deutschen Journalismus, Pressemitteilung. 30.03.2009

165 Podiumsveranstaltung „Kommunikation und Nachhaltigkeit" vom 05.12.2009

166 Valentino, B., MBA Toolkit for CSR: Corporate Communications in CSR News, 12.04.2007

167 Grimberg, S., Nachhaltigkeit und Medien – Ein Missverständnis?, in: BNE-Journal, Ausgabe 5, November 2008

168 http://www.digitaldivide.net/

169 http://www.bitkom.org/

170 Joshi, I. (Hrsg.), Asian Women in the Information Age, Singapur, 1999

171 O'Reilly, T., „What is Web 2.0", 30.09.2005

172 Downes, S., Blog: www.downes.ca/post/31741, 17.10.2005

173 Crane, A., Corporate greening as amoralization, in: Organization Studies, 21/4, S. 673-696, 2000

174 Lobo, S., Weshalb meine Schuhgröße im Netz steht, in: Tagesspiegel, 22.02.2009

175 Beispiel: http://www.frostablog.de/blog/

[176] Houston, P., Blogging: The Truth is Out There ... Somewhere, in: Pharmaceutical Executive Europe Magazin, 04.02.2009

[177] http://www.justmeans.com/

[178] http://www.bitc.org.uk/

[179] making sense, Studie 2008

[180] Pinck, A., Gut getarntes Eigenlob bringt Geld, in: Supplement der FTD, S. A/, 31.05.2006

[181] Nebel, O., ohne Titel, in: „Weltwoche", S. 7, 04.02.1988

[182] http://www.greenpeace.org/international/campaigns/forests/asia-pacific/dove-palmoil-action

[183] Beispiel: http://www.washright.com

[184] Wemcken, R. (Interview) in: BNE-Journal, Ausgabe 5, November 2008

[185] Ethical Corporation Institute, Guide to industry initiatives in Corporate Social Responsibility, www.ethicalcorpinstitute.com/initiatives, Mai 2009

[186] Grill, M., Kranke Geschäfte. Wie die Pharmaindustrie uns manipuliert, Reinbek, 2007

[187] Gesellschaftlich verantwortungsvolles unternehmerisches Handeln, Factsheet Bundesministerium für wirtschaftliche Zusammenarbeit und Entwicklung, 2009

[188] Siehe auch "Charta der Vielfalt", http://www.vielfalt-als-chance.de/

[189] http://www.presseportal.de/pm/56001/1086376/bild

[190] Hoch, S. J. (Hrsg.), Wharton on Making Decisions, New York, S. 137, 2004

[191] Pressekodex des deutschen Presserats, Ziffer 7, http://www.presserat.info/pressekodex.0.html in der Fassung vom 03.12.2008

[192] Szyszka, P./Schütte, D./Urbahn, K., Public Relations in Deutschland, Konstanz 2009

[193] Der Deutsche Werberat wurde 1972 unter dem Dach des Zentralverbands der deutschen Werbewirtschaft e. V. gegründet. http://www.zaw.de/

[194] AccountAbility, AA1000 Stakeholder Engagement Standard, 2008

[195] Freeman, R. E., Strategic Management: A Stakeholder Approach, Boston, 1984

[196] Freeman, R. E., The Stakeholder Approach Revisited, in: Zeitschrift für Wirtschafts- und Unternehmensethik, Vol. 5/No. 3, S. 228-241, 2004

[197] Ulrich, P., Integrative Wirtschaftsethik – Grundlagen einerlebensdienlichen Ökonomie, Bern, 1998

[198] Rüegg-Stürm, J., Das neue St. Galler Management-Modell, in: Dubs, Rolf u. a. (Hrsg.), Einführung in die Managementlehre, Bern, 2004

199 Blattberg, C. , „Welfare: Towards the Patriotic Corporation". From Pluralist to Patriotic Politics: Putting Practice First, New York, S. 172–184, 2004

200 Kinnicutt, S., Do you know your global stakeholder landscape?, Boston College Center for Corporate Citizenship, 2008

201 Werner, M. H., Verantwortung, in: Düwell, M./Hübenthal, C./Werner, M. H. (Hrsg.), Handbuch Ethik, Stuttgart/Weimar, S. 541-548, 2006

202 Morsig, M.,/Schultz, M., Corporate Social Responsibility communications: stakeholder information, response and involvement stragtegies, in: A European Review, Vol. 15, No. 4, S. 323-338, Oktober 2006

203 Morsig, M.,/Schultz, M., Corporate Social Responsibility communications: stakeholder information, response and involvement stragtegies, in: A European Review, Vol. 15, No. 4, S. 323-338, Oktober 2006

204 AccountAbility, AA1000 Assurance Standard, 2003

205 AccountAbility, AA1000 Stakeholder Engagement Standard, 2008

206 Läufer, M., Creating a Sustainability Culture – A (Human Resources) Management Perspective, in: Kümmerer, K. (Hrsg.), Green and Sustainable Pharmacy, Heidelberg

207 Gardner, J. R./Rachlin, R./Sweeny, H. W. A., Handbook of Strategic Planning, 1986

208 Gardner, J. R./Rachlin, R./Sweeny, H. W. A., Handbook of Strategic Planning, 1986

209 Mitchell, R. K./Agle, B. R./Sonnenfeld, J. A., Who Matters to CEOs? An Investigation of Stakeholders Attributes and Salience, Corporate Performance and CEO Values, 1999

210 May, P./Eiben, J./ Peter, F. von, Gemeinnütziges Engagement von Familienunternehmen, Studie von INTES Akademie für Familienunternehmen, Dezember 2008

211 Interview mit Michael Schink und Manuela Rousseau, in: Markenartikel, S. 21-25, 5/2006

212 Lamparter, D. H., Robert Bosch, in: DIE ZEIT, Sonderbeilage DIE ZEIT GESCHICHTE, Nr. 47/64 Jg., Nov. 2009

213 VALUES AND VALUE: Communicating the Strategic Importance of Corporate Citizenship to Investors (Findings of a 2003 CEO Survey), World Economic Forum and The Prince of Wales International Business Leaders Forum, 2004

[214] VALUES AND VALUE: Communicating the Strategic Importance of Corporate Citizenship to Investors (Findings of a 2003 CEO Survey), World Economic Forum and The Prince of Wales International Business Leaders Forum, 2004

[215] VALUES AND VALUE: Communicating the Strategic Importance of Corporate Citizenship to Investors (Findings of a 2003 CEO Survey), World Economic Forum and The Prince of Wales International Business Leaders Forum, 2004

[216] www.forumforthefuture.org.uk

[217] www.unepfi.net

[218] Matecki, C., in: Klartext, DGB-Bundesvorstand, Bereich Wirtschafts- und Steuerpolitik, Nr. 28/2009, 31.07.2009

[219] PricewaterhouseCoopers in Zusammenarbeit mit oekom research, Corporate Responsibility bei Auslandsinvestitionen, S. 11, Juni 2009

[220] 26 Prozent der 230 europäischen Nachhaltigkeitsfonds (78 Prozent der deutschsprachigen Länder) haben bereits das Transparenzlogo, Stand: Februar 2010

[221] http://pressetext.com/news/080807001/

[222] Stellungnahme des Forums nachhaltige Geldanlagen und des Corporate Responsibility Interface Center (CRIC) im Rahmen der Aktionswoche Klima und Finanzen, Februar 2010

[223] Ohne Autor, Soros fordert Spekulationsverbot, in: Stern, 28/2008

[224] Grothe, A., Kommunikation als Erfolgsfaktor (auch) für das betriebliche Umweltmanagement, Präsentation, Berlin, 10.11.2008

[225] Machiavelly, N., The Prince, 1513

[226] O2: Immer engagiert, Gegenseitige Unterstützung hilft Mitarbeitern und dem Unternehmen, in: Plattform Nachhaltig Wirtschaften, 13.07.2009

[227] Bundeszentrale Verbraucherschutz

[228] Brinkmann, J., Looking at Consumer Behavior in a Moral Perspective, in: Journal of Business Ethics, Vol. 5/No. 2, S. 129-141, 2004

[229] Auger, P./Devinney, T. M./Louviere, J. J., Measuring the imprtance of ethical consumerism: a multi-country empirical investigation, Carnegie Mellon University. S. 207–221, 2007

[230] Crane, A./Matten, D., Business Ethics: A European Perspective: Managing Corporate Citizenship and Sustainability in the Age of Globalization, Oxford: Oxford University Press, 2004

231 Initiative „2° – Deutsche Unternehmer für Klimaschutz", Klimaschutz für Alle! Klimafreundlicher Konsum als neue Säule für den Klimaschutz, 01-2009

232 Europäische Kommission, Directorate General Environment/ Eurobarometer 295, Attitudes of European Citizens towards the Environment, März 2008

233 Europäische Kommission, Studie unter 29.000 europäischen Verbrauchern unter dem Titel „Einstellungen der europäischen Bürger zur Umwelt", November/Dezember 2007

234 Hier definiert als Produkte, die bestimmten ethischen Kriterien unterliegen (u.a. ökologische, soziale und moralische Kriterien)

235 Damit liegt Deutschland in der Bereitschaft, Mehrkosten für Klimaschutz in Kauf zu nehmen, hinter Spanien (6,3 Prozent), Japan (8,5 Prozent), Frankreich (12,1 Prozent), Großbritannien (19,1 Prozent), den USA (22,2 Prozent) und Australien (23,4 Prozent), Quelle: Initiative „2° – Deutsche Unternehmer für Klimaschutz", Klimaschutz für Alle! Klimafreundlicher Konsum als neue Säule für den Klimaschutz, 01-2009

236 Ergebnis einer Anfang August durchgeführten onlinerepräsentativen Panelstudie der Kommunikationsagentur Faktenkontor in Kooperation mit Toluna unter 1.000 Bundesbürgern, August 2009

237 Auger, P./Devinney, T. M./Louviere, J. J., Measuring the imprtance of ethical consumerism: a multi-country empirical investigation, Carnegie Mellon University, S. 207–221, 2007

238 Initiative „2° – Deutsche Unternehmer für Klimaschutz", Klimaschutz für Alle! Klimafreundlicher Konsum als neue Säule für den Klimaschutz, 01-2009

239 Auger, P./Devinney, T. M./Louviere, J. J., Measuring the imprtance of ethical consumerism: a multi-country empirical investigation, Carnegie Mellon University. S. 207–221, 2007 // Pedersen, E. R./Neergard, P., Caveat emptor – let the buyer beware! Environmental labelling and the limitations of 'green' consumerism. Business Strategy and the Environment, 15(1), S. 15–29., 2006

240 Lerch, D. C., Einkaufen für eine bessere Welt, in: Tagesspiegel, S. 23, 06.09.2009,

241 Initiative „2° – Deutsche Unternehmer für Klimaschutz", Klimaschutz für Alle! Klimafreundlicher Konsum als neue Säule für den Klimaschutz, 01-2009

242 Otto Group Trend Studie 2009: Die Zukunft des ethischen Konsums, Trendbüro

[243] Schwarz, N., „Self-Reports: How the Questions Shape the Answers", in: American Psychologist 54(2), S. 93–105, 1999 // Schwarz, N./Grayson, C. E./Knauper, B., „Formal Features of Rating Scales and the Interpretation of Question Meaning." International Journal of Public Opinion Research 10(2), S. 177–183, 1998

[244] Initiative „2° – Deutsche Unternehmer für Klimaschutz", Klimaschutz für Alle! Klimafreundlicher Konsum als neue Säule für den Klimaschutz, 01-2009

[245] GWA Frühjahrsmonitor: Corporate Social Responsibility gewinnt an Bedeutung, Studie der GWA in Zusammenarbeit mit Czaia Marktforschung, März 2008

[246] Ein relative junge Bewegung organisiert sogenannte „Carrotmobs", um verantwortliche Unternehmen durch Aufmerksamkeit und Kauf von Produkten zu belohnen (http://carrotmob.org)

[247] Nebenzahl, I. D./Jaffe, E. D./Kavak, B., Consumers' punishment and rewarding process via purchasing behavior, in: Teaching Business Ethics, 5(3), S. 283–305, 2001

[248] Ergebnis einer Anfang August durchgeführten onlinerepräsentativen Panelstudie der Kommunikationsagentur Faktenkontor in Kooperation mit Toluna unter 1.000 Bundesbürgern, August 2009

[249] Cachaço, B., Behind the logos of „Sustainable" products, in: Impactus, Nr. 13, November-Januar 2009 || Der Rat für Nachhaltigkeit veröffentlicht jährlich einen Ratgeber, 2009

[250] Positionspapier der Bundeszentrale Verbraucherschutz zur gesellschaftlichen Verantwortung von Unternehmen vom 16.10.2008

[251] Am meisten Vertrauen den Blogs die Südkoreaner (81 Prozent) gefolgt von den Taiwanesen (76 Prozent). Am wenigsten vertrauen die Finnen (35 Prozent)

[252] Gesellschaft für Konsumforschung (GfK), Custom Research North America, 2009

[253] Annemieke Wijn von Kraft Foods, Rede bei TBLI Conference Frankfurt November 3rd 2005, zitiert aus Harrsion, R., the future of ethical consumerism, in: Impactus, Nr. 13, Januar 2009

[254] econsense – Forum Nachhaltige Entwicklung der Deutschen Wirtschaft, Unternehmen Klimaschutz – auf erfolgreichen Pfaden?, November 2007

[255] http://www.lohas.de/

[256] Zukunft Institut, Executive Summary zu „Der Auftritt der LOHAS – die neue Lifestyle-Avantgarde klopft an unsere Tür", Januar 2007

[257] Allianz Deutschland AG, Allianz-Umfrage LOHAS, in: http://www.allianz-deutschland.de/presse/news/news_2009-02-06.html, München, 06.02.2009

[258] Zukunftsinstitut, Der Auftritt der LOHAS – die neue Lifestyle-Avantgarde klopft an unsere Tür, Januar 2007

[259] http://www.gfk.com/group/press_information/press_releases/002734/index.en.html, Pressemitteilung vom 04.07.2008

[260] Novelli, P., Neue Forschungsstudie zeigt: Europäer haben höheres Umweltbewusstsein als US-Amerikaner, in: http://www.presseportal.de/meldung/ 1073314/, 29.10.2007:

[261] Runge, A., Moderner Ablasshandel, in: P.T.Magazin, S. 46, 3/2009

[262] http://www.lohaspark.com.hk/tchi/

[263] Neugebauer, Ch., Nach dem LOHAS kommt der PARKOS, in: Glocalist Daily News, 23.07.2009

[264] Consumers' Choice '09, GfK Panel Service Deutschland, Roland Berger Strategy Consultants, Bundesvereinigung der deutschen Ernährungsindustrie, 3. Ausg., Oktober 2009

[265] Beispiel: Der Outdoor-Ausrüster Patagonia illustriert im Internet den Produktionsweg für fast alle Produkte inkl. ökologischem Fußabdruck. Nähere Informationen unter: http://www.patagonia.com/web/eu/footprint/index.jsp

[266] Beispiel: Kampagne der Deutschen Telekom: „Millionen fangen an". Nähere Informationen unter: http://www.millionen-fangen-an.de/

[267] Europäische Kommission, Directorate General Environment/ Eurobarometer 295, Attitudes of European Citizens towards the Environment, März 2008

[268] Crane, A./Matten, D., Business Ethics, 2. Aufl., New York, 2007

[269] Crane, A./Matten, D., Business Ethics, 2. Aufl., New York, 2007

[270] GlobeScan, Report on Issues and Reputation, 2005

[271] Preis wird jährlich auf einer Gegenveranstaltung zum Weltwirtschaftsgipfel in Davos von der globalisierungskritischen Organisation "Erklärung von Bern" (EvB) und der Umweltorganisation Greenpeace vergeben.

[272] Hoffman, A., The Dark Green/Bright Green Devide, Sustainability Blog by the Erb Institute, University of Michigan, 13.05.2009

[273] Standpunkt von BUND, Gesellschaftliche Verantwortung von Unternehmen, BUND, S. 8, Oktober 2008

[274] Doane, D., The Myth of CSR. The problem with assuming that companies can do well while also doing good is that markets don't really work that way, in: Stanford Social Innovation Review, Stanford, S. 23–29, 2005

275 GlobeScan, Report on Issues and Reputation, 2005

276 GlobeScan,Report on Issues and Reputation, 2005

277 attac-Pressesprecherin Frauke Distelrath zitiert aus: Klein, S./Voigt, M.-O.,
     Ringen um Einfluss, Aussage von, in: pressesprecher 04/2008

278 Deutsches Zentralinstitut für soziale Fragen/DZI

279 Positionspapier des deutschen Gewerkschaftsbunds: Die soziale Verantwor-
     tung von Unternehmen (CSR) aus Sicht der internationalen Gewerkschafts-
     bewegung, Verfasser: Dr. Jürgen Eckl, Referatsleiter Internationales bei DGB
     Bundesvorstand, 2009

280 http://www.saveyourlogo.org/en

281 Hoffmann, K. P., Tabakkonzern wirbt für Rauchverbot, in: Tagesspiegel, S. 16,
     06.02.09

282 Langels, O., Die „fünfte Gewalt", Eine kurze Geschichte des Lobbyismus in
     Deutschland, in: dradio, zeitreisen, 09.12.2009, 19:30 Uhr (http://www.dra-
     dio.de/dkultur/sendungen/zeitreisen/1084836/)

283 Definition: „Public Private Partnership (PPP) bezeichnet die Zusammenarbeit
     zwischen öffentlichen Organen, zum Beispiel Kommunen oder nationalen
     Regierungen, und Unternehmen zur Umsetzung vormals rein öffentlicher
     Aufgaben, wie Wasserversorgung, Bildung und Infrastruktur. Hierbei stellen
     Firmen finanzielle Mittel, Expertisen und Dienstleistungen zur Entlastung der
     öffentlichen Hand zur Verfügung. Kritiker von PPP bemängeln diese Aus-
     dehnung des Einflussbereichs privatwirtschaftlicher Unternehmen auf die
     Sphäre staatlicher Aufgaben." (Quelle: Bundesministerium für Arbeit und
     Soziales, http://www.csr-in-deutschland.de/portal/generator/6188/__n-s.html)

284 Ackermann, J., Deutsche Bank AG, Gesellschaftliche Verantwortung – Ge-
     schäftsbericht 2008

285 Rede von Bundespräsident Horst Köhler anlässlich der Verleihung des Max-
     Weber-Preises für Wirtschaftsethik, „Erfolgsgrundlage: Vertrauen", Berlin,
     27.05.2008

286 Porter, M. E./Kramer M. R., The Competitive Advantage of Corporte Phi-
     lanthropy, in: Harvard Business Review, R0212D, Dezember 2002

287 Porter, M. E./Kramer M. R., The Competitive Advantage of Corporte Phi-
     lanthropy, in: Harvard Business Review, R0212D, Dezember 2002

288 Alberg-Seberich, M., Zivilgesellschaftliche Organisationen stärken = Venture
     Philanthropy?, in: BBE-Newsletter 8/2009

289 http://www.wild-cocoa.de/, geladen 10.03.2009

290 Haase, M., Stakeholder Approach und Leistungslehre, Ansatzpunkte einer betriebswirtschaftlich-ethischen Theorie der Unternehmung, in: Bink, A./ Priddat, B. P. (Hrsg.), zfwu,Corporate Governance and Business Ethics, 9/2, S. 196-221, 2008

291 Naehrlich, S., Corporate Citizenship in Deutschland: Tue Gutes und profitiere davon?, in: CSR.NEWS, 25.06.2009

292 Weitere Hinweise zur semantischen Differenzierung siehe auch Lang, S./Heuberger, F./Schwerk, A., German Perspective on Corporate Citizenship, in: Corporate Citizenship Around the World, Global Education Research network/Boston College Corporate Citizenship (Hrsg.), 2009 // Googins, B., Corporate Citizenship: Lost in Translation, Juni 2007

293 Boston College Center for Corporate Citizenship, http://www.bcccc.net/ index.cfm, geladen 01.03.2009

294 Boston College Center for Corporate Citizenship, http://www.bcccc.net/ index.cfm, geladen 01.03.2009

295 United Nations Volunteers, http://www.unv.org 2009

296 Keck, W., Unternehmen als Corporate Citizens (Seminararbeit), 31.03.2003

297 Ulrich, P., Integrative Wirtschaftsethik – Grundlagen einer lebensdienlichen Ökonomie, Bern: Verlag Paul Haupt, 1998

298 Unter anderem: Studie aus Sicht deutscher Großunternehmen, Corporate Volunteering als Recruiting-Maßnahme für Spitzenkräfte in Deutschland, Institut für Management der Humboldt-Universität zu Berlin/Agentur Scholz & Friends, Reputation in Zusammenarbeit mit der Financial Times Deutschland, Berlin, Januar 2008

299 Jähnert, H., Freiwilliges Online-Engagement in Deutschland – Stand, Perspektiven, Herausforderungen, Akademie für Ehrenamtlichkeit Deutschland, Juli 2009

300 Beispiel: Carl Gustav Vogel Stiftung

301 Walter, B. L., Engagement im Stiftungswesen – Der Faktor „Imagetransfer", in: Stiftungen fördern mit Gewinn, Köln, 2003

302 Göring, A., Unternehmen Stiftung, München, 2009

303 Löffelholz, B. Freiherr von, o. Titel, in: Schatz, R. (Hrsg.), Unternehmen Stiftung. Anleitung für die denkende Hand, Bonn, 1992

304 Richard v. Weizsäcker zitiert aus Burens, P.C., Stifter als Anstifter, Zürich, 1987

305 Der Begriff Sponsoring kommt zwar aus dem Angelsächsischen, doch wurde in Deutschland bereits im Mittelalter vom „Sponsieren" gesprochen, worunter man anfangs „Kupplerei" oder „Freierei" verstand; später wurde er aber zunehmend mit dem Begriff „Bürgschaft" und „Partnerschaft" in Verbindung gebracht, was der heutigen Bedeutung wohl am nächsten kommt.

306 Bruhn, M., Sponsoring: Systematische Planung und integrativer Einsatz, 4. Aufl., Wiesbaden, 2003

307 Beispiel Sony: Sie beteiligen sich unter anderem an einem Projekt, das ausgewählten afrikanischen Ländern „public viewing Spots" auf großen Leinwänden ermöglicht. Sony Pressemitteilung vom 3.12.2009

308 Alain-Dominique Perrin zitiert nach Roth, P., Kultur Sponsoring: Meinungen, Chancen und Probleme; Konzepte, Beispiele, Landsberg a. L., 1989

309 pilot checkpoint (Hrsg.), Studie „Sponsor Visions", 2009

310 In Deutschland: 20 Prozent des zu versteuernden Einkommens oder vier Prozent der gesamten Umsätze sowie die im Kalenderjahr gezahlten Löhne und Gehälter.

Danksagung

Ein Buch zu schreiben, ist auch immer mit Entbehrungen verbunden, die vor allem die Familie am meisten zu spüren bekommt. Meine Familie hat mir nicht nur den nötigen Freiraum zur Verfügung gestellt, sondern mich auch moralisch und inspirierend unterstützt. Meiner Frau und meiner Tochter gilt daher mein größter Dank. Ihnen widme ich das Buch.

Das Buch wäre nicht zustande gekommen, wenn mir nicht die vielen Freunde und Bekannten zur Seite gestanden hätten. Sei es, indem sie mich mit interessanten Informationen versorgten, einen kritischen Blick auf mein Manuskript warfen, sich auf endlose Diskussion einließen … Herzlichen Dank!

Außerdem danke ich Ulrike M. Vetter, Cheflektorin Management beim Gabler Verlag, für ihr großes Engagement.

Der Autor

Bernd Lorenz Walter arbeitet als unabhängiger Berater für strategische Kommunikation und Reputation. Die Kommunikation von Verantwortung und Nachhaltigkeit im Sinne einer wertebasierten Unternehmens- und Markenführung steht dabei im Zentrum seiner Arbeit. Zu seinen Kunden zählen sowohl Agenturen und Unternehmen als auch zivilgesellschaftliche Organisationen. Darüber hinaus ist er Trainer und Coach von Führungskräften. Vorher hatte er in verschiedenen Agenturen gearbeitet.

Der Autor ist Lehrbeauftragter für den Fachbereich Corporate Social Responsibility Communication am Institute Corporate Responsibility Management an der Steinbeis Hochschule Berlin*. Außerdem hat er einen Lehrauftrag an der Berliner Hochschule für Technik und Wirtschaft zum Thema ethische Unternehmensführung. An der Mediendesign Hochschule verantwortet er die Module Agentur Management und Konzeption.

Bernd Lorenz Walter ist Autor diverser Essays und Buchbeiträge.

Weitere Informationen: www.BLWalter.com

Kontakt: Tel +49 (0)30 44356122, welcome@BLWalter.com

---

* Teil des akademischen Netzwerkes der Global Compact Initiative der Vereinten Nationen und Working Group Leader für die Arbeitsgruppe „Incorporation of the Principles for Responsible Management Education (PRME) in Executive Degree Programs" der Vereinten Nationen

Stichwortverzeichnis